LITUANO
VOCABULÁRIO

PALAVRAS MAIS ÚTEIS

PORTUGUÊS
LITUANO

Para alargar o seu léxico e apurar
as suas competências linguísticas

5000 palavras

Vocabulário Português-Lituano - 5000 palavras
Por Andrey Taranov

Os vocabulários da T&P Books destinam-se a ajudar a aprender, a memorizar, e a rever palavras estrangeiras. O dicionário é dividido em temas, cobrindo todas as principais esferas de atividades quotidianas, negócios, ciência, cultura, etc.

O processo de aprendizagem, utilizando os dicionários baseados em temáticas da T&P Books dá-lhe as seguintes vantagens:

- Informação de origem corretamente agrupada predetermina o sucesso em fases subsequentes da memorização de palavras
- Disponibilização de palavras derivadas da mesma raiz, o que permite a memorização de unidades de texto (em vez de palavras separadas)
- Pequenas unidades de palavras facilitam o processo de estabelecimento de vínculos associativos necessários para a consolidação do vocabulário
- O nível de conhecimento da língua pode ser estimado pelo número de palavras aprendidas

Copyright © 2019 T&P Books Publishing

Todos os direitos reservados. Nenhuma parte desta publicação pode ser reproduzida, total ou parcialmente, por quaisquer métodos ou processos, sejam eles eletrónicos, mecânicos, de fotocópia ou outros, sem a autorização escrita do editor. Esta publicação não pode ser divulgada, copiada ou distribuída em nenhum formato.

T&P Books Publishing
www.tpbooks.com

ISBN: 978-1-78400-924-3

Este livro também está disponível em formato E-book.
Por favor visite www.tpbooks.com ou as principais livrarias on-line.

VOCABULÁRIO LITUANO
palavras mais úteis

Os vocabulários da T&P Books destinam-se a ajudar a aprender, a memorizar, e a rever palavras estrangeiras. O vocabulário contém mais de 5000 palavras de uso comum organizadas tematicamente.

O vocabulário contém as palavras mais comummente usadas
Recomendado como adicional para qualquer curso de línguas
Satisfaz as necessidades dos iniciados e dos alunos avançados de línguas estrangeiras
Conveniente para o uso diário, sessões de revisão e atividades de auto-teste
Permite avaliar o seu vocabulário

Características especias do vocabulário

- As palavras estão organizadas de acordo com o seu significado, e não por ordem alfabética
- As palavras são apresentadas em três colunas para facilitar os processos de revisão e auto-teste
- As palavras compostas são divididas em pequenos blocos para facilitar o processo de aprendizagem
- O vocabulário oferece uma transcrição simples e adequada de cada palavra estrangeira

O vocabulário contém 155 tópicos incluindo:

Conceitos básicos, Números, Cores, Meses, Estações do ano, Unidades de medida, Roupas & Acessórios, Alimentos & Nutrição, Restaurante, Membros da Família, Parentes, Caráter, Sentimentos, Emoções, Doenças, Cidade, Passeios, Compras, Dinheiro, Casa, Lar, Escritório, Trabalho no Escritório, Importação & Exportação, Marketing, Pesquisa de Emprego, Desportos, Educação, Computador, Internet, Ferramentas, Natureza, Países, Nacionalidades e muito mais ...

TABELA DE CONTEÚDOS

Guia de pronunciação	9
Abreviaturas	11

CONCEITOS BÁSICOS	12
Conceitos básicos. Parte 1	12

1. Pronomes	12
2. Cumprimentos. Saudações. Despedidas	12
3. Como se dirigir a alguém	13
4. Números cardinais. Parte 1	13
5. Números cardinais. Parte 2	14
6. Números ordinais	15
7. Números. Frações	15
8. Números. Operações básicas	15
9. Números. Diversos	15
10. Os verbos mais importantes. Parte 1	16
11. Os verbos mais importantes. Parte 2	17
12. Os verbos mais importantes. Parte 3	18
13. Os verbos mais importantes. Parte 4	19
14. Cores	20
15. Questões	20
16. Preposições	21
17. Palavras funcionais. Advérbios. Parte 1	21
18. Palavras funcionais. Advérbios. Parte 2	23

Conceitos básicos. Parte 2	25
19. Dias da semana	25
20. Horas. Dia e noite	25
21. Meses. Estações	26
22. Unidades de medida	28
23. Recipientes	29

O SER HUMANO	30
O ser humano. O corpo	30
24. Cabeça	30
25. Corpo humano	31

Vestuário & Acessórios	32
26. Roupa exterior. Casacos	32
27. Vestuário de homem & mulher	32

28. Vestuário. Roupa interior	33
29. Adereços de cabeça	33
30. Calçado	33
31. Acessórios pessoais	34
32. Vestuário. Diversos	34
33. Cuidados pessoais. Cosméticos	35
34. Relógios de pulso. Relógios	36

Alimentação. Nutrição	37
35. Comida	37
36. Bebidas	38
37. Vegetais	39
38. Frutos. Nozes	40
39. Pão. Bolaria	41
40. Pratos cozinhados	41
41. Especiarias	42
42. Refeições	43
43. Por a mesa	44
44. Restaurante	44

Família, parentes e amigos	45
45. Informação pessoal. Formulários	45
46. Membros da família. Parentes	45

Medicina	47
47. Doenças	47
48. Sintomas. Tratamentos. Parte 1	48
49. Sintomas. Tratamentos. Parte 2	49
50. Sintomas. Tratamentos. Parte 3	50
51. Médicos	51
52. Medicina. Drogas. Acessórios	51

HABITAT HUMANO	53
Cidade	53
53. Cidade. Vida na cidade	53
54. Instituições urbanas	54
55. Sinais	55
56. Transportes urbanos	56
57. Turismo	57
58. Compras	58
59. Dinheiro	59
60. Correios. Serviço postal	60

Moradia. Casa. Lar	61
61. Casa. Eletricidade	61

62. Moradia. Mansão	61
63. Apartamento	61
64. Mobiliário. Interior	62
65. Quarto de dormir	63
66. Cozinha	63
67. Casa de banho	64
68. Eletrodomésticos	65

ATIVIDADES HUMANAS	**66**
Emprego. Negócios. Parte 1	**66**
69. Escritório. O trabalho no escritório	66
70. Processos negociais. Parte 1	67
71. Processos negociais. Parte 2	68
72. Produção. Trabalhos	69
73. Contrato. Acordo	70
74. Importação & Exportação	71
75. Finanças	71
76. Marketing	72
77. Publicidade	73
78. Banca	73
79. Telefone. Conversação telefónica	74
80. Telefone móvel	75
81. Estacionário	75
82. Tipos de negócios	76

Emprego. Negócios. Parte 2	**78**
83. Espetáculo. Feira	78
84. Ciência. Investigação. Cientistas	79

Profissões e ocupações	**80**
85. Procura de emprego. Demissão	80
86. Gente de negócios	80
87. Profissões de serviços	81
88. Profissões militares e postos	82
89. Oficiais. Padres	83
90. Profissões agrícolas	83
91. Profissões artísticas	84
92. Várias profissões	84
93. Ocupações. Estatuto social	86

Educação	**87**
94. Escola	87
95. Colégio. Universidade	88
96. Ciências. Disciplinas	89
97. Sistema de escrita. Ortografia	89
98. Línguas estrangeiras	90

Descanso. Entretenimento. Viagens   92

99. Viagens   92
100. Hotel   92

EQUIPAMENTO TÉCNICO. TRANSPORTES   94
Equipamento técnico. Transportes   94

101. Computador   94
102. Internet. E-mail   95
103. Eletricidade   96
104. Ferramentas   96

Transportes   99

105. Avião   99
106. Comboio   100
107. Barco   101
108. Aeroporto   102

Eventos   104

109. Férias. Evento   104
110. Funerais. Enterro   105
111. Guerra. Soldados   105
112. Guerra. Ações militares. Parte 1   106
113. Guerra. Ações militares. Parte 2   108
114. Armas   109
115. Povos da antiguidade   111
116. Idade média   111
117. Líder. Chefe. Autoridades   113
118. Viloação da lei. Criminosos. Parte 1   114
119. Viloação da lei. Criminosos. Parte 2   115
120. Polícia. Lei. Parte 1   116
121. Polícia. Lei. Parte 2   117

NATUREZA   119
A Terra. Parte 1   119

122. Espaço sideral   119
123. A Terra   120
124. Pontos cardeais   121
125. Mar. Oceano   121
126. Nomes de Mares e Oceanos   122
127. Montanhas   123
128. Nomes de montanhas   124
129. Rios   124
130. Nomes de rios   125
131. Floresta   125
132. Recursos naturais   126

7

A Terra. Parte 2	128
133. Tempo	128
134. Tempo extremo. Catástrofes naturais	129

Fauna	130
135. Mamíferos. Predadores	130
136. Animais selvagens	130
137. Animais domésticos	131
138. Pássaros	132
139. Peixes. Animais marinhos	134
140. Amfíbios. Répteis	134
141. Insetos	135

Flora	136
142. Árvores	136
143. Arbustos	136
144. Frutos. Bagas	137
145. Flores. Plantas	138
146. Cereais, grãos	139

PAÍSES. NACIONALIDADES	140
147. Europa Ocidental	140
148. Europa Central e de Leste	140
149. Países da ex-URSS	141
150. Asia	141
151. América do Norte	142
152. América Central do Sul	142
153. Africa	143
154. Austrália. Oceania	143
155. Cidades	143

GUIA DE PRONUNCIAÇÃO

Letra	Exemplo Lituano	Alfabeto fonético T&P	Exemplo Português
Aa	adata	[a]	chamar
Ąą	ąžuolas	[a:]	rapaz
Bb	badas	[b]	barril
Cc	cukrus	[ts]	tsé-tsé
Čč	česnakas	[tʃ]	Tchau!
Dd	dumblas	[d]	dentista
Ee	eglė	[æ]	semana
Ęę	vedęs	[æ:]	primavera
Ėė	ėdalas	[e:]	plateia
Ff	fleita	[f]	safári
Gg	gandras	[g]	gosto
Hh	husaras	[ɣ]	agora
I i	ižas	[i]	sinónimo
Į į	mįslė	[i:]	cair
Yy	vynas	[i:]	cair
J j	juokas	[j]	géiser
Kk	kilpa	[k]	kiwi
L l	laisvė	[l]	libra
Mm	mama	[m]	magnólia
Nn	nauda	[n]	natureza
Oo	ola	[o], [o:]	noite
Pp	pirtis	[p]	presente
Rr	ragana	[r]	riscar
Ss	sostinė	[s]	sanita
Šš	šūvis	[ʃ]	mês
Tt	tėvynė	[t]	tulipa
Uu	upė	[u]	bonita
Ųų	siųsti	[u:]	blusa
Ūū	ūmėdė	[u:]	blusa
Vv	vabalas	[ʋ]	fava
Zz	zuikis	[z]	sésamo
Žž	žiurkė	[ʒ]	talvez

Comentários

- Um macron como em (ū), ou um ogonek como em (ą, ę, į, ų) podem ser usados para marcar a extensão de uma vogal em Letão oficial moderno. Os acentos Agudos como em (Áá Ą́ą́), graves como em (Àà), e til como em (Ãã Ą̃ą̃) são usados para indicar acentuações tonais. No entanto, essas acentuações tonais geralmente não se escrevem, exceto em dicionários, gramáticas e quando necessário, para maior clareza na diferenciação de palavras homónimas e no uso em dialetos.

ABREVIATURAS
usadas no vocabulário

Abreviaturas do Português

adj	-	adjetivo
adv	-	advérbio
anim.	-	animado
conj.	-	conjunção
desp.	-	desporto
etc.	-	etecetra
ex.	-	por exemplo
f	-	nome feminino
f pl	-	feminino plural
fem.	-	feminino
inanim.	-	inanimado
m	-	nome masculino
m pl	-	masculino plural
m, f	-	masculino, feminino
masc.	-	masculino
mat.	-	matemática
mil.	-	militar
pl	-	plural
prep.	-	preposição
pron.	-	pronome
sb.	-	sobre
sing.	-	singular
v aux	-	verbo auxiliar
vi	-	verbo intransitivo
vi, vt	-	verbo intransitivo, transitivo
vr	-	verbo reflexivo
vt	-	verbo transitivo

Abreviaturas do Lituano

dgs	-	plural
m	-	nome feminino
m dgs	-	feminino plural
v	-	nome masculino
v dgs	-	masculino plural

CONCEITOS BÁSICOS

Conceitos básicos. Parte 1

1. Pronomes

eu	àš	['aʃ]
tu	tù	['tu]
ele	jìs	[jɪs]
ela	jì	[jɪ]
nós	mẽs	['mʲæs]
vocês	jũs	['ju:s]
eles, elas	jiẽ	['jiɛ]

2. Cumprimentos. Saudações. Despedidas

Olá!	Sveĩkas!	['svʲɛɪkas!]
Bom dia! (formal)	Sveikì!	[svʲɛɪ'kʲɪ!]
Bom dia! (de manhã)	Lãbas rýtas!	['lʲa:bas 'rʲi:tas!]
Boa tarde!	Labà dienà!	[lʲa'ba dʲɪɛ'na!]
Boa noite!	Lãbas vãkaras!	['lʲa:bas 'va:karas!]
cumprimentar (vt)	sveĩkintis	['svʲɛɪkʲɪntʲɪs]
Olá!	Lãbas!	['lʲa:bas!]
saudação (f)	linkéjimas (v)	[lʲɪŋ'kʲɛjɪmas]
saudar (vt)	sveĩkinti	['svʲɛɪkʲɪntʲɪ]
Como vai?	Kaĩp sẽkasi?	['kʌɪp 'sʲækasʲɪ?]
O que há de novo?	Kàs naũjo?	['kas 'nɑujɔ?]
Até à vista!	Ikì pasimãtymo!	[ɪkʲɪ pasʲɪmatʲi:mo!]
Até breve!	Ikì greĩto susìtikimo!	[ɪ'kʲɪ 'grʲɛɪto susʲɪtʲɪ'kʲɪmɔ!]
Adeus!	Lìkite sveikì!	['lʲɪkʲɪtʲɛ svʲɛɪ'kʲɪ!]
despedir-se (vr)	atsisveĩkinti	[atsʲɪ'svʲɛɪkʲɪntʲɪ]
Até logo!	Ikì!	[ɪ'kʲɪ!]
Obrigado! -a!	Ãčiū!	['a:tʂʲu:!]
Muito obrigado! -a!	Labaĩ ãčiū!	[lʲa'bʌɪ 'a:tʂʲu:!]
De nada	Prãšom.	['pra:ʃom]
Não tem de quê	Nevertà padėkõs.	[nʲɛver'ta padʲe:'ko:s]
De nada	Nėrà ùž ką̃.	[nʲe:'ra 'ʊʒ ka:]
Desculpa!	Atléisk!	[at'lʲɛɪsk!]
Desculpe!	Atléiskite!	[at'lʲɛɪskʲɪtʲɛ!]
desculpar (vt)	atléisti	[at'lʲɛɪstʲɪ]
desculpar-se (vr)	atsiprašýti	[atsʲɪpra'ʃɪ:tʲɪ]

As minhas desculpas	Mano atsiprašymas.	['ma:nɔ atsʲɪ'praːʃɪːmas]
Desculpe!	Atleiskite!	[atʲlʲɛɪskʲɪtʲɛ!]
perdoar (vt)	atleisti	[atʲlʲɛɪstʲɪ]
Não faz mal	Nieko baisaus.	['nʲɛkɔ bʌɪ'sɑʊs]
por favor	prašom	['praːʃom]

Não se esqueça!	Nepamiršskite!	[nʲɛpa'mʲɪrʃkʲɪtʲɛ!]
Certamente! Claro!	Žinoma!	['ʒʲɪnoma!]
Claro que não!	Žinoma ne!	['ʒʲɪnoma nʲɛ!]
Está bem! De acordo!	Sutinku!	[sʊtʲɪŋ'kʊ!]
Basta!	Užteks!	[ʊʒ'tʲɛks!]

3. Como se dirigir a alguém

Desculpe (para chamar a atenção)	Atsiprašau, ...	[atsʲɪpra'ʃɑʊ, ...]
senhor	Ponas	['poːnas]
senhora	Pone	['poːnʲɛ]
rapariga	Panelé	[pa'nʲælʲeː]
rapaz	Ponaiti	[po'nʌɪtʲɪ]
menino	Berniuk	[bʲɛr'nʲʊk]
menina	Mergaité	[mʲɛr'gʌɪtʲeː]

4. Números cardinais. Parte 1

zero	nulis	['nʊlʲɪs]
um	vienas	['vʲɪɛnas]
dois	du	['dʊ]
três	trìs	['trʲɪs]
quatro	keturi	[kʲɛtʊ'rʲɪ]

cinco	penki	[pʲɛŋ'kʲɪ]
seis	šeši	[ʃɛ'ʃʲɪ]
sete	septyni	[sʲɛptʲiː'nʲɪ]
oito	aštuoni	[aʃtʊɑ'nʲɪ]
nove	devyni	[dʲɛvʲiː'nʲɪ]

dez	dešimt	['dʲæʃɪmt]
onze	vienuolika	[vʲɪɛ'nʊɑlʲɪka]
doze	dvylika	['dvʲiːlʲɪka]
treze	trylika	['trʲiːlʲɪka]
catorze	keturiolika	[kʲɛtʊ'rʲolʲɪka]

quinze	penkiolika	[pʲɛŋ'kʲolʲɪka]
dezasseis	šešiolika	[ʃɛ'ʃʲolʲɪka]
dezassete	septyniolika	[sʲɛptʲiː'nʲolʲɪka]
dezoito	aštuoniolika	[aʃtʊɑ'nʲolʲɪka]
dezanove	devyniolika	[dʲɛvʲiː'nʲolʲɪka]

vinte	dvidešimt	['dvʲɪdʲɛʃɪmt]
vinte e um	dvidešimt vienas	['dvʲɪdʲɛʃɪmt 'vʲɪɛnas]
vinte e dois	dvidešimt du	['dvʲɪdʲɛʃɪmt 'dʊ]

vinte e três	dvìdešimt trìs	['dvʲɪdʲɛʃɪmt 'trʲɪs]
trinta	trìsdešimt	['trʲɪsdʲɛʃɪmt]
trinta e um	trìsdešimt víenas	['trʲɪsdʲɛʃɪmt 'vʲiɛnas]
trinta e dois	trìsdešimt dù	['trʲɪsdʲɛʃɪmt 'dʊ]
trinta e três	trìsdešimt trìs	['trʲɪsdʲɛʃɪmt 'trʲɪs]
quarenta	kẽturiasdešimt	['kʲætʊrʲæsdʲɛʃɪmt]
quarenta e um	kẽturiasdešimt víenas	['kʲætʊrʲæsdʲɛʃɪmt 'vʲiɛnas]
quarenta e dois	kẽturiasdešimt dù	['kʲætʊrʲæsdʲɛʃɪmt 'dʊ]
quarenta e três	kẽturiasdešimt trìs	['kʲætʊrʲæsdʲɛʃɪmt 'trʲɪs]
cinquenta	peñkiasdešimt	['pʲɛŋkʲæsdʲɛʃɪmt]
cinquenta e um	peñkiasdešimt víenas	['pʲɛŋkʲæsdʲɛʃɪmt 'vʲiɛnas]
cinquenta e dois	peñkiasdešimt dù	['pʲɛŋkʲæsdʲɛʃɪmt 'dʊ]
cinquenta e três	peñkiasdešimt trìs	['pʲɛŋkʲæsdʲɛʃɪmt 'trʲɪs]
sessenta	šẽšiasdešimt	['ʃæʃæsdʲɛʃɪmt]
sessenta e um	šẽšiasdešimt víenas	['ʃæʃæsdʲɛʃɪmt 'vʲiɛnas]
sessenta e dois	šẽšiasdešimt dù	['ʃæʃæsdʲɛʃɪmt 'dʊ]
sessenta e três	šẽšiasdešimt trìs	['ʃæʃæsdʲɛʃɪmt 'trʲɪs]
setenta	septýniasdešimt	[sʲɛp'tʲiːnʲæsdʲɛʃɪmt]
setenta e um	septýniasdešimt víenas	[sʲɛp'tʲiːnʲæsdʲɛʃɪmt 'vʲiɛnas]
setenta e dois	septýniasdešimt dù	[sʲɛp'tʲiːnʲæsdʲɛʃɪmt 'dʊ]
setenta e três	septýniasdešimt trìs	[sʲɛptʲiːnʲæsdʲɛʃɪmt 'trʲɪs]
oitenta	aštúoniasdešimt	[aʃtʊɑnʲæsdʲɛʃɪmt]
oitenta e um	aštúoniasdešimt víenas	[aʃtʊɑnʲæsdʲɛʃɪmt 'vʲiɛnas]
oitenta e dois	aštúoniasdešimt dù	[aʃ'tʊɑnʲæsdʲɛʃɪmt 'dʊ]
oitenta e três	aštúoniasdešimt trìs	[aʃ'tʊɑnʲæsdʲɛʃɪmt 'trʲɪs]
noventa	devýniasdešimt	[dʲɛ'vʲiːnʲæsdʲɛʃɪmt]
noventa e um	devýniasdešimt víenas	[dʲɛ'vʲiːnʲæsdʲɛʃɪmt 'vʲiɛnas]
noventa e dois	devýniasdešimt dù	[dʲɛ'vʲiːnʲæsdʲɛʃɪmt 'dʊ]
noventa e três	devýniasdešimt trìs	[dʲɛ'vʲiːnʲæsdʲɛʃɪmt 'trʲɪs]

5. Números cardinais. Parte 2

cem	šim̃tas	['ʃɪmtas]
duzentos	dù šimtaĩ	['dʊ ʃɪm'tʌɪ]
trezentos	trìs šimtaĩ	['trʲɪs ʃɪm'tʌɪ]
quatrocentos	keturì šimtaĩ	[kʲɛtʊ'rʲɪ ʃɪm'tʌɪ]
quinhentos	penkì šimtaĩ	[pʲɛŋ'kʲɪ ʃɪm'tʌɪ]
seiscentos	šešì šimtaĩ	[ʃɛ'ʃɪ ʃɪm'tʌɪ]
setecentos	septynì šimtaĩ	[sʲɛptʲiːnʲɪ 'ʃɪmtʌɪ]
oitocentos	aštuonì šimtaĩ	[aʃtʊɑ'nʲɪ ʃɪm'tʌɪ]
novecentos	devynì šimtaĩ	[dʲɛvʲiː'nʲɪ ʃɪm'tʌɪ]
mil	tū́kstantis	['tuːkstantʲɪs]
dois mil	dù tū́kstančiai	['dʊ 'tuːkstantʂʲɛɪ]
De quem são ...?	trỹs tū́kstančiai	['trʲiːs 'tuːkstantʂʲɛɪ]
dez mil	dẽšimt tū́kstančių	['dʲæʃɪmt 'tuːkstantʂʲuː]
cem mil	šim̃tas tū́kstančių	['ʃɪmtas 'tuːkstantʂʲuː]

| um milhão | milijõnas (v) | [mʲɪlʲɪˈjoːnas] |
| mil milhões | milijárdas (v) | [mʲɪlʲɪˈjardas] |

6. Números ordinais

primeiro	pìrmas	[ˈpʲɪrmas]
segundo	añtras	[ˈantras]
terceiro	trẽčias	[ˈtrʲætsʲæs]
quarto	ketvìrtas	[kʲɛtˈvʲɪrtas]
quinto	peñktas	[ˈpʲɛŋktas]
sexto	šẽštas	[ˈʃæʃtas]
sétimo	septiñtas	[sʲɛpˈtʲɪntas]
oitavo	aštuñtas	[aʃˈtʊntas]
nono	deviñtas	[dʲɛˈvʲɪntas]
décimo	dešim̃tas	[dʲɛˈʃɪmtas]

7. Números. Frações

fração (f)	trùpmena (m)	[ˈtrʊpmʲɛna]
um meio	víena antróji	[ˈvʲiɛna anˈtroːjɪ]
um terço	víena trečióji	[ˈvʲiɛna trʲɛˈtʂʲoːjɪ]
um quarto	víena ketvirtóji	[ˈvʲiɛna kʲɛtvʲɪrˈtoːjɪ]
um oitavo	víena aštuntóji	[ˈvʲiɛna aʃtʊnˈtoːjɪ]
um décimo	víena dešimtóji	[ˈvʲiɛna dʲɛʃɪmˈtoːjɪ]
dois terços	dvì trẽčioosios	[dvʲɪ ˈtrʲætsʲoosʲos]
três quartos	trỹs ketvìrtosios	[ˈtrʲiːs kʲɛtˈvʲɪrtosʲos]

8. Números. Operações básicas

subtração (f)	atimtìs (m)	[atʲɪmˈtʲɪs]
subtrair (vi, vt)	atim̃ti	[aˈtʲɪmtʲɪ]
divisão (f)	dalýba (m)	[daˈlʲiːba]
dividir (vt)	dalìnti	[daˈlʲɪntʲɪ]
adição (f)	sudėjìmas (v)	[sʊdʲeːˈjɪmas]
somar (vt)	sudéti	[sʊˈdʲeːtʲɪ]
adicionar (vt)	pridéti	[prʲɪˈdʲeːtʲɪ]
multiplicação (f)	daugýba (m)	[dɑʊˈɡʲiːba]
multiplicar (vt)	dáuginti	[ˈdɑʊɡʲɪntʲɪ]

9. Números. Diversos

algarismo, dígito (m)	skaitmuõ (v)	[skʌɪtˈmʊɑ]
número (m)	skaĩčius (v)	[ˈskʌɪtsʲʊs]
numeral (m)	skaĩtvardis (v)	[ˈskʌɪtvardʲɪs]
menos (m)	mìnusas (v)	[ˈmʲɪnʊsas]

Português	Lituano	IPA
mais (m)	pliùsas (v)	[ˈplʲusas]
fórmula (f)	fòrmulė (m)	[ˈformʊlʲeː]
cálculo (m)	išskaičiãvimas (v)	[ɪʃskʌɪˈtʂʲævʲɪmas]
contar (vt)	skaičiúoti	[skʌɪˈtʂʲuatʲɪ]
calcular (vt)	apskaičiúoti	[apskʌɪˈtʂʲuatʲɪ]
comparar (vt)	sulýginti	[sʊˈlʲiːgʲɪntʲɪ]
Quanto, -os, -as?	Kíek?	[ˈkʲiɛk?]
soma (f)	sumà (m)	[sʊˈma]
resultado (m)	rezultãtas (v)	[rʲɛzʊlʲˈtaːtas]
resto (m)	likùtis (v)	[lʲɪˈkʊtʲɪs]
alguns, algumas ...	kẽletas	[ˈkʲælʲɛtas]
um pouco de ...	nedaũg ...	[nʲɛˈdaʊg ...]
resto (m)	vìsa kìta	[ˈvʲɪsa ˈkʲɪta]
um e meio	pusañtro	[pʊˈsantrɔ]
dúzia (f)	tùzinas (v)	[ˈtʊzʲɪnas]
ao meio	peř pùsę	[ˈpʲɛr ˈpʊsʲɛː]
em partes iguais	põ lýgiai	[ˈpoː lʲiːgʲɛɪ]
metade (f)	pùsė (m)	[ˈpʊsʲeː]
vez (f)	kártas (v)	[ˈkartas]

10. Os verbos mais importantes. Parte 1

Português	Lituano	IPA
abrir (vt)	atidarýti	[atʲɪdaˈrʲiːtʲɪ]
acabar, terminar (vt)	užbaĩgti	[ʊʒˈbʌɪktʲɪ]
aconselhar (vt)	patarinéti	[patarʲɪˈnʲeːtʲɪ]
adivinhar (vt)	atspéti	[atˈspʲeːtʲɪ]
advertir (vt)	pérspėti	[ˈpʲɛrspʲeːtʲɪ]
ajudar (vt)	padéti	[paˈdʲeːtʲɪ]
almoçar (vi)	pietáuti	[pʲiɛˈtaʊtʲɪ]
alugar (~ um apartamento)	núomotis	[ˈnʊamotʲɪs]
amar (vt)	myléti	[mʲiːˈlʲeːtʲɪ]
ameaçar (vt)	grasìnti	[graˈsʲɪntʲɪ]
anotar (escrever)	užrašinéti	[ʊʒraʃɪˈnʲeːtʲɪ]
apanhar (vt)	gáudyti	[ˈgaʊdʲiːtʲɪ]
apressar-se (vr)	skubéti	[skʊˈbʲeːtʲɪ]
arrepender-se (vr)	gailétis	[gʌɪˈlʲeːtʲɪs]
assinar (vt)	pasirašinéti	[pasʲɪraʃɪˈnʲeːtʲɪ]
atirar, disparar (vi)	šáudyti	[ˈʃaʊdʲiːtʲɪ]
brincar (vi)	juokáuti	[jʊaˈkaʊtʲɪ]
brincar, jogar (crianças)	žaĩsti	[ˈʒʌɪstʲɪ]
buscar (vt)	ieškóti	[ɪɛʃˈkotʲɪ]
caçar (vi)	medžióti	[mʲɛˈdʒʲotʲɪ]
cair (vi)	krìsti	[ˈkrʲɪstʲɪ]
cavar (vt)	raũsti	[ˈraʊstʲɪ]
cessar (vt)	nustóti	[nʊˈstotʲɪ]
chamar (~ por socorro)	kviẽsti	[ˈkvʲɛstʲɪ]

T&P Books. Vocabulário Português-Lituano - 5000 palavras

chegar (vi)	atvažiúoti	[atva'ʒʲuatʲɪ]
chorar (vi)	verkti	['vʲɛrktʲɪ]
começar (vt)	pradėti	[pra'dʲeːtʲɪ]
comparar (vt)	lýginti	['lʲiːgʲɪntʲɪ]
compreender (vt)	suprasti	[sʊp'rastʲɪ]
concordar (vi)	sutìkti	[sʊ'tʲɪktʲɪ]
confiar (vt)	pasitikéti	[pasʲɪtʲɪ'kʲeːtʲɪ]
confundir (equivocar-se)	suklýsti	[sʊk'lʲiːstʲɪ]
conhecer (vt)	pažinóti	[paʒʲɪ'notʲɪ]
contar (fazer contas)	skaičiúoti	[skʌɪ'tʂʲuatʲɪ]
contar com (esperar)	tikétis ...	[tʲɪ'kʲeːtʲɪs ...]
continuar (vt)	tęsti	['tʲɛːstʲɪ]
controlar (vt)	kontroliúoti	[kɔntro'lʲuatʲɪ]
convidar (vt)	kviesti	['kvʲɛstʲɪ]
correr (vi)	bėgti	['bʲeːktʲɪ]
criar (vt)	sukùrti	[sʊ'kʊrtʲɪ]
custar (vt)	kainúoti	[kʌɪ'nʊatʲɪ]

11. Os verbos mais importantes. Parte 2

dar (vt)	dúoti	['dʊatʲɪ]
dar uma dica	užsiminti	[ʊʒsʲɪ'mʲɪntʲɪ]
decorar (enfeitar)	puõšti	['pʊaʃtʲɪ]
defender (vt)	giñti	['gʲɪntʲɪ]
deixar cair (vt)	numesti	[nʊ'mʲɛstʲɪ]
descer (para baixo)	leistis	['lʲɛɪstʲɪs]
desculpar (vt)	atleisti	[at'lʲɛɪstʲɪ]
desculpar-se (vr)	atsiprašinéti	[atsʲɪpraʃʲɪ'nʲeːtʲɪ]
dirigir (~ uma empresa)	vadováuti	[vado'vaʊtʲɪ]
discutir (notícias, etc.)	aptarinéti	[aptarʲɪ'nʲætʲɪ]
dizer (vt)	pasakýti	[pasa'kʲiːtʲɪ]
duvidar (vt)	abejóti	[abʲɛ'jɔtʲɪ]
enganar (vt)	apgaudinéti	[apgaʊdʲɪ'nʲeːtʲɪ]
entrar (na sala, etc.)	įeiti	[iː'ɛɪtʲɪ]
enviar (uma carta)	išsiųsti	[ɪʃ'sʲuːstʲɪ]
errar (equivocar-se)	klýsti	['klʲiːstʲɪ]
escolher (vt)	išsirinkti	[ɪʃsʲɪ'rʲɪŋktʲɪ]
esconder (vt)	slėpti	['sʲlʲeːptʲɪ]
escrever (vt)	rašýti	[ra'ʃʲiːtʲɪ]
esperar (o autocarro, etc.)	láukti	['lʲaʊktʲɪ]
esperar (ter esperança)	tikétis	[tʲɪ'kʲeːtʲɪs]
esquecer (vt)	užmir̃šti	[ʊʒ'mʲɪrʃtʲɪ]
estudar (vt)	studijúoti	[stʊdʲɪ'jʊatʲɪ]
exigir (vt)	reikaláuti	[rʲɛɪka'lʲaʊtʲɪ]
existir (vi)	egzistúoti	[ɛgzʲɪs'tʊatʲɪ]
explicar (vt)	paaiškinti	[pa'ʌɪʃkʲɪntʲɪ]
falar (vi)	sakýti	[sa'kʲiːtʲɪ]

17

faltar (clases, etc.)	praleidinėti	[pralʲɛɪdʲɪ'nʲe:tʲɪ]
fazer (vt)	daryti	[da'rʲi:tʲɪ]
ficar em silêncio	tylėti	[tʲi:'lʲe:tʲɪ]
gabar-se, jactar-se (vr)	gìrtis	['gʲɪrtʲɪs]
gostar (apreciar)	patìkti	[pa'tʲɪktʲɪ]
gritar (vi)	šaũkti	['ʃɑʊktʲɪ]
guardar (cartas, etc.)	sáugoti	['sɑʊgotʲɪ]
informar (vt)	informúoti	[ɪnfor'mʊɑtʲɪ]
insistir (vi)	reikaláuti	[rʲɛɪka'lʲɑʊtʲɪ]
insultar (vt)	įžeidinėti	[iːʒʲɛɪdʲɪ'nʲe:tʲɪ]
interessar-se (vr)	domėtis	[do'mʲe:tʲɪs]
ir (a pé)	eĩti	['ɛɪtʲɪ]
ir nadar	máudytis	['mɑʊdʲi:tʲɪs]
jantar (vi)	vakarieniáuti	[vakarʲiɛ'nʲæʊtʲɪ]

12. Os verbos mais importantes. Parte 3

ler (vt)	skaityti	[skʌɪ'tʲi:tʲɪ]
libertar (cidade, etc.)	išláisvinti	[ɪʃʲlʲʌɪsvʲɪntʲɪ]
matar (vt)	žudyti	[ʒʊ'dʲi:tʲɪ]
mencionar (vt)	minėti	[mʲɪ'nʲe:tʲɪ]
mostrar (vt)	ródyti	['rodʲi:tʲɪ]
mudar (modificar)	pakeĩsti	[pa'kʲɛɪstʲɪ]
nadar (vi)	plaũkti	['plʲɑʊktʲɪ]
negar-se a ...	atsisakyti	[atsʲɪsa'kʲi:tʲɪ]
objetar (vt)	prieštaráuti	[prʲiɛʃta'rɑʊtʲɪ]
observar (vt)	stebėti	[ste'bʲe:tʲɪ]
ordenar (mil.)	nurodinėti	[nʊrodʲɪ'nʲe:tʲɪ]
ouvir (vt)	girdėti	[gʲɪr'dʲe:tʲɪ]
pagar (vt)	mokėti	[mo'kʲe:tʲɪ]
parar (vi)	sustóti	[sʊs'totʲɪ]
participar (vi)	dalyváuti	[dalʲi:'vɑʊtʲɪ]
pedir (comida)	užsakinėti	[ʊʒsakʲɪ'nʲe:tʲɪ]
pedir (um favor, etc.)	prašyti	[pra'ʃɪ:tʲɪ]
pegar (tomar)	im̃ti	['ɪmtʲɪ]
pensar (vt)	galvóti	[galʲ'votʲɪ]
perceber (ver)	pastebėti	[paste'bʲe:tʲɪ]
perdoar (vt)	atléisti	[at'lʲɛɪstʲɪ]
perguntar (vt)	kláusti	['klʲɑʊstʲɪ]
permitir (vt)	léisti	['lʲɛɪstʲɪ]
pertencer a ...	priklausyti	[prʲɪklʲɑʊ'sʲi:tʲɪ]
planear (vt)	planúoti	[plʲa'nʊɑtʲɪ]
poder (vi)	galėti	[ga'lʲe:tʲɪ]
possuir (vt)	mokėti	[mo'kʲe:tʲɪ]
preferir (vt)	teĩkti pirmenýbę	['tʲɛɪktʲɪ pʲɪrmʲɛ'nʲi:bʲɛ:]
preparar (vt)	gamìnti	[ga'mʲɪntʲɪ]
prever (vt)	numatyti	[nʊma'tʲi:tʲɪ]

T&P Books. Vocabulário Português-Lituano - 5000 palavras

prometer (vt)	žadėti	[ʒaˈdʲeːtʲɪ]
pronunciar (vt)	ištarti	[ɪʃˈtartʲɪ]
propor (vt)	siūlyti	[ˈsʲuːlʲiːtʲɪ]
punir (castigar)	baūsti	[ˈbaʊstʲɪ]

13. Os verbos mais importantes. Parte 4

quebrar (vt)	láužyti	[ˈlʲaʊʒʲiːtʲɪ]
queixar-se (vr)	skųstis	[ˈskuːstʲɪs]
querer (desejar)	norėti	[noˈrʲeːtʲɪ]
recomendar (vt)	rekomendúoti	[rʲɛkomʲɛnˈdʊatʲɪ]
repetir (dizer outra vez)	kartóti	[karˈtotʲɪ]

repreender (vt)	bárti	[ˈbartʲɪ]
reservar (~ um quarto)	rezervúoti	[rʲɛzʲɛrˈvʊatʲɪ]
responder (vt)	atsakýti	[atsaˈkʲiːtʲɪ]
rezar, orar (vi)	mélstis	[ˈmʲɛlʲstʲɪs]
rir (vi)	juóktis	[ˈjʊaktʲɪs]

roubar (vt)	võgti	[ˈvoːktʲɪ]
saber (vt)	žinóti	[ʒʲɪˈnotʲɪ]
sair (~ de casa)	išeīti	[ɪˈʃɛɪtʲɪ]
salvar (vt)	gélbėti	[ˈɡʲælʲbʲeːtʲɪ]
seguir ...	sékti ...	[ˈsʲɛktʲɪ ...]

| sentar-se (vr) | séstis | [ˈsʲeːstʲɪs] |
| ser necessário | būti reikalìngu | [ˈbuːtʲɪ rʲɛɪkaˈlʲɪnɡʊ] |

| ser, estar | būti | [ˈbuːtʲɪ] |
| significar (vt) | reīkšti | [ˈrʲɛɪkʃtʲɪ] |

| sorrir (vi) | šypsótis | [ʃɪːpˈsotʲɪs] |
| subestimar (vt) | neįvertinti | [nʲɛɪːˈvʲɛrtʲɪntʲɪ] |

| surpreender-se (vr) | stebétis | [stʲɛˈbʲeːtʲɪs] |
| tentar (vt) | bandýti | [banˈdʲiːtʲɪ] |

| ter (vt) | turéti | [tʊˈrʲeːtʲɪ] |
| ter fome | norėti válgyti | [noˈrʲeːtʲɪ ˈvalʲɡʲiːtʲɪ] |

| ter medo | bijóti | [bʲɪˈjotʲɪ] |
| ter sede | norėti gérti | [noˈrʲeːtʲɪ ˈɡʲærtʲɪ] |

tocar (com as mãos)	čiupinéti	[tʃʲʊpʲɪˈnʲeːtʲɪ]
tomar o pequeno-almoço	pùsryčiauti	[ˈpʊsrʲiːtʃʲɛʊtʲɪ]
trabalhar (vi)	dìrbti	[ˈdʲɪrptʲɪ]

| traduzir (vt) | vērsti | [ˈvʲɛrstʲɪ] |
| unir (vt) | apjùngti | [aˈpjʊŋktʲɪ] |

vender (vt)	pardavinéti	[pardavʲɪˈrʲnʲeːtʲɪ]
ver (vt)	matýti	[maˈtʲiːtʲɪ]
virar (ex. ~ à direita)	sùkti	[ˈsʊktʲɪ]
voar (vi)	skrìsti	[ˈskrʲɪstʲɪ]

19

14. Cores

cor (f)	spalvà (m)	[spalʲˈva]
matiz (m)	ãtspalvis (v)	[ˈaːtspalʲvʲɪs]
tom (m)	tònas (v)	[ˈtonas]
arco-íris (m)	vaivórykštė (m)	[vʌɪˈvorʲiːkʃtʲeː]

branco	baltà	[balʲˈta]
preto	juodà	[jʊɑˈda]
cinzento	pilkà	[pʲɪlʲˈka]

verde	žalià	[ʒaˈlʲæ]
amarelo	geltóna	[gʲɛlʲˈtona]
vermelho	raudóna	[rɑʊˈdona]

azul	mėlyna	[ˈmʲeːlʲiːna]
azul claro	žydrà	[ʒʲiːdˈra]
rosa	rõžinė	[ˈroːʒʲɪnʲeː]
laranja	oránžinė	[oˈranʒʲɪnʲeː]
violeta	violėtinė	[vʲɪjoˈlʲɛtʲɪnʲeː]
castanho	rudà	[rʊˈda]

dourado	auksìnis	[ɑʊkˈsʲɪnʲɪs]
prateado	sidabrìnis	[sʲɪdaˈbrʲɪnʲɪs]

bege	smėlio spalvõs	[ˈsmʲeːlʲɔ spalʲˈvoːs]
creme	krèminės spalvõs	[ˈkrʲɛmʲɪnʲeːs spalʲˈvoːs]
turquesa	tur̃kio spalvõs	[ˈtʊrkʲɔ spalʲˈvoːs]
vermelho cereja	vỹšnių spalvõs	[vʲiːʃnʲu spalʲˈvoːs]
lilás	alỹvų spalvõs	[aˈlʲiːvu spalʲˈvoːs]
carmesim	aviẽtinės spalvõs	[aˈvʲɛtʲɪnʲeːs spalʲˈvoːs]

claro	šviesì	[ʃvʲiɛˈsʲɪ]
escuro	tamsì	[tamˈsʲɪ]
vivo	ryškì	[rʲiːʃˈkʲɪ]

de cor	spalvótas	[spalʲˈvotas]
a cores	spalvótas	[spalʲˈvotas]
preto e branco	juodaĩ báltas	[jʊɑˈdʌɪ ˈbalʲtas]
unicolor	vienspálvis	[vʲɛnsˈpalʲvʲɪs]
multicor	įvairiaspálvis	[iːvʌɪrʲæsˈpalʲvʲɪs]

15. Questões

Quem?	Kàs?	[ˈkas?]
Que?	Ką̃?	[ˈkaː?]
Onde?	Kur̃?	[ˈkʊr?]
Para onde?	Kur̃?	[ˈkʊr?]
De onde?	Ìš kur̃?	[ɪʃ ˈkʊr?]
Quando?	Kadà?	[kaˈda?]
Para quê?	Kám?	[ˈkam?]
Porquê?	Kodė́l?	[kɔˈdʲeːlʲ?]
Para quê?	Kám?	[ˈkam?]

Como?	Kaĩp?	['kʌɪp?]
Qual?	Kóks?	['koks?]
Qual? (entre dois ou mais)	Kurìs?	[kʊ'rʲɪs?]
A quem?	Kám?	['kam?]
Sobre quem?	Apiẽ ką̃?	[a'pʲɛ 'kaː?]
Do quê?	Apiẽ ką̃?	[a'pʲɛ 'kaː?]
Com quem?	Sù kuõ?	['sʊ 'kʊɑ?]
Quanto, -os, -as?	Kíek?	['kʲiɛk?]
De quem?	Kienõ?	[kʲiɛ'noː?]

16. Preposições

com (prep.)	sù ...	['sʊ ...]
sem (prep.)	bè	['bʲɛ]
a, para (exprime lugar)	į̃	[iː]
sobre (ex. falar ~)	apiẽ	[a'pʲɛ]
antes de ...	ikì	[ɪ'kʲɪ]
diante de ...	priẽš	['prʲɛʃ]
sob (debaixo de)	põ	['poː]
sobre (em cima de)	vìrš	['vʲɪrʃ]
sobre (~ a mesa)	añt	['ant]
de (vir ~ Lisboa)	ìš	[ɪʃ]
de (feito ~ pedra)	ìš	[ɪʃ]
dentro de (~ dez minutos)	põ ..., ùž ...	['poː ...], ['ʊʒ ...]
por cima de ...	per̃	['pʲɛr]

17. Palavras funcionais. Advérbios. Parte 1

Onde?	Kur̃?	['kʊr?]
aqui	čià	['tʃʲæ]
lá, ali	teñ	['tʲɛn]
em algum lugar	kažkur̃	[kaʒ'kʊr]
em lugar nenhum	niẽkur	['nʲɛkʊr]
ao pé de ...	priẽ ...	['prʲɛ ...]
ao pé da janela	priẽ lángo	['prʲɛ 'lʲaŋɔ]
Para onde?	Kur̃?	['kʊr?]
para cá	čià	['tʃʲæ]
para lá	teñ	['tʲɛn]
daqui	ìš čià	[ɪʃ tʃʲæ]
de lá, dali	ìš teñ	[ɪʃ tʲɛn]
perto	šalià	[ʃa'lʲæ]
longe	tolì	[to'lʲɪ]
perto de ...	šalià	[ʃa'lʲæ]
ao lado de	artì	[ar'tʲɪ]

perto, não fica longe	netoli̇̀	[nʲɛ'tolʲɪ]
esquerdo	kairỹs	[kʌɪ'rʲiːs]
à esquerda	i̇š kairė̃s	[ɪʃ kʌɪ'rʲeːs]
para esquerda	į̀ kaìrę	[iː 'kʌɪrʲɛː]

direito	dešinỹs	[dʲɛʃɪ'nʲiːs]
à direita	i̇š dešinė̃s	[ɪʃ deʃɪ'nʲeːs]
para direita	į̀ dẽšinę	[iː 'dʲæʃɪnʲɛː]

à frente	prı̇́ekyje	['prʲɪɛkʲiːjɛ]
da frente	prı̇́ekinis	['prʲɪɛkʲɪnʲɪs]
em frente (para a frente)	pirmỹn	[pʲɪr'mʲiːn]

atrás de ...	galè	[ga'lʲɛ]
por detrás (vir ~)	i̇š gãlo	[ɪʃ 'gaːlʲɔ]
para trás	atgal̃	[at'galʲ]

| meio (m), metade (f) | vidurỹs (v) | [vʲɪdʊ'rʲiːs] |
| no meio | per̃ vidurı̇̀ | ['pʲɛr 'vʲɪːdʊrʲɪː] |

de lado	šóne	['ʃonʲɛ]
em todo lugar	visur̃	[vʲɪ'sʊr]
ao redor (olhar ~)	aplinkui	[ap'lʲɪŋkʊi]

de dentro	i̇š vidaũs	[ɪʃ vʲɪ'daʊs]
para algum lugar	kažkur̃	[kaʒ'kʊr]
diretamente	tiẽsiai	['tʲɛsʲɛɪ]
de volta	atgal̃	[at'galʲ]

| de algum lugar | i̇š kur̃ nór̃s | [ɪʃ 'kʊr 'nors] |
| de um lugar | i̇š kažkur̃ | [ɪʃ kaʒ'kʊr] |

em primeiro lugar	pı̇̀rma	['pʲɪrma]
em segundo lugar	ãntra	['antra]
em terceiro lugar	trẽčia	['trʲætʂʲæ]

de repente	staigà	[stʌɪ'ga]
no início	pradžiój	[prad'ʒʲoːj]
pela primeira vez	pı̇̀rmą kar̃tą	['pʲɪrmaː 'kartaː]
muito antes de ...	daũg laı̇̀ko prieš ...	['daʊg 'lʲʌɪkɔ 'prʲɛʃ ...]
de novo, novamente	i̇š naũjo	[ɪʃ 'naʊjɔ]
para sempre	visám laı̇̀kui	[vʲɪ'sam 'lʲʌɪkʊi]

nunca	niekadà	[nʲiɛkad'a]
de novo	vė̃l	['vʲeːlʲ]
agora	dabar̃	[da'bar]
frequentemente	dažnaı̇̀	[daʒ'nʌɪ]
então	tadà	[ta'da]
urgentemente	skubiaı̇̀	[skʊ'bʲɛɪ]
usualmente	i̇prastaı̇̀	[iːpras'tʌɪ]

a propósito, ...	bejè, ...	[bɛ'jæ, ...]
é possível	i̇manoma	[iː'maːnoma]
provavelmente	tikė́tina	[tʲɪ'kʲeːtʲɪna]
talvez	gãli bū́ti	['gaːlʲɪ 'buːtʲɪ]
além disso, ...	bè tõ, ...	['bʲɛ toː, ...]

por isso ...	todėl ...	[toˈdʲeːlʲ ...]
apesar de ...	nepáisant ...	[nʲɛˈpʌɪsant ...]
graças a ...	... dėka	[... dʲeːˈka]

que (pron.)	kas	[ˈkas]
que (conj.)	kas	[ˈkas]
algo	kažkas	[kaʒˈkas]
alguma coisa	kažkas	[kaʒˈkas]
nada	nieko	[ˈnʲɛkɔ]

quem	kas	[ˈkas]
alguém (~ teve uma ideia ...)	kažkas	[kaʒˈkas]
alguém	kažkas	[kaʒˈkas]

ninguém	niekas	[ˈnʲɛkas]
para lugar nenhum	niekur	[ˈnʲɛkʊr]
de ninguém	niekieno	[ˈnʲɛˈkʲiɛnɔ]
de alguém	kažkieno	[kaʒkʲiɛˈnoː]

tão	taip	[ˈtʌɪp]
também (gostaria ~ de ...)	taip pat	[ˈtʌɪp ˈpat]
também (~ eu)	irgi	[ˈɪrgʲɪ]

18. Palavras funcionais. Advérbios. Parte 2

Porquê?	Kodėl?	[kɔˈdʲeːlʲ?]
por alguma razão	kažkodėl	[kaʒkoˈdʲeːlʲ]
porque ...	... todėl, kad	[... toˈdʲeːlʲ, ˈkad]
por qualquer razão	kažkodėl	[kaʒkoˈdʲeːlʲ]

e (tu ~ eu)	ir	[ɪr]
ou (ser ~ não ser)	arba	[arˈba]
mas (porém)	bet	[ˈbʲɛt]

demasiado, muito	pernelyg	[pʲɛrnʲɛˈlʲiːg]
só, somente	tiktai	[tʲɪkˈtʌɪ]
exatamente	tiksliai	[tʲɪksˈlʲɛɪ]
cerca de (~ 10 kg)	maždaug	[maʒˈdɑʊg]

aproximadamente	apytikriai	[aˈpʲiːtʲɪkrʲɛɪ]
aproximado	apytikriai	[aˈpʲiːtʲɪkrʲɛɪ]
quase	beveik	[bʲɛˈvʲɛɪk]
resto (m)	visa kita (m)	[ˈvʲɪsa ˈkʲɪta]

cada	kiekvienas	[kʲiɛkˈvʲiɛnas]
qualquer	bet kuris	[ˈbʲɛt kʊˈrʲɪs]
muito	daug	[ˈdɑʊg]
muitas pessoas	daugelis	[ˈdɑʊgʲɛlʲɪs]
todos	visi	[vʲɪˈsʲɪ]

em troca de ...	mainais į̃ ...	[mʌɪˈnʌɪs iː ..]
em troca	mainais	[mʌɪˈnʌɪs]
à mão	rankiniu būdu	[ˈraŋkʲɪnʲʊ buːˈdʊ]
pouco provável	kaži	[kaˈʒʲɪ]

provavelmente	tikriáusiai	[tʲɪkˈrʲæʊsʲɛɪ]
de propósito	týčia	[ˈtʲiːtʂʲæ]
por acidente	netyčia	[nʲɛˈtʲiːtʂʲæ]
muito	labaĩ	[lʲaˈbʌɪ]
por exemplo	pãvyzdžiui	[ˈpaːvʲiːzdʒʲʊi]
entre	tar̃p	[ˈtarp]
entre (no meio de)	tar̃p	[ˈtarp]
tanto	tiẽk	[ˈtʲɛk]
especialmente	ýpač	[ˈɪːpatʂ]

Conceitos básicos. Parte 2

19. Dias da semana

segunda-feira (f)	pirmādienis (v)	[pʲɪrˈmaːdʲiɛnʲɪs]
terça-feira (f)	antrādienis (v)	[anˈtraːdʲiɛnʲɪs]
quarta-feira (f)	trečiādienis (v)	[trʲɛˈtʂʲædʲiɛnʲɪs]
quinta-feira (f)	ketvirtādienis (v)	[kʲɛtvʲɪrˈtaːdʲiɛnʲɪs]
sexta-feira (f)	penktādienis (v)	[pʲɛŋkˈtaːdʲiɛnʲɪs]
sábado (m)	šeštādienis (v)	[ʃɛʃˈtaːdʲiɛnʲɪs]
domingo (m)	sekmādienis (v)	[sʲɛkˈmaːdʲiɛnʲɪs]
hoje	šiandien	[ˈʃændʲiɛn]
amanhã	rytój	[rʲiːˈtoj]
depois de amanhã	porýt	[poˈrʲiːt]
ontem	vākar	[ˈvaːkar]
anteontem	užvakar	[ˈʊʒvakar]
dia (m)	dienà (m)	[dʲiɛˈna]
dia (m) de trabalho	dárbo dienà (m)	[ˈdarbɔ dʲiɛˈna]
feriado (m)	šveñtinė dienà (m)	[ˈʃventʲɪnʲeː dʲiɛˈna]
dia (m) de folga	išeiginė dienà (m)	[ɪʃɛɪˈgʲɪnʲeː dʲiɛˈna]
fim (m) de semana	savaítgalis (v)	[saˈvʌɪtgalʲɪs]
o dia todo	vìsą diēną	[ˈvʲɪsa: ˈdʲɛnaː]
no dia seguinte	sēkančią diēną	[ˈsʲɛ̃kantʂʲæː ˈdʲɛnaː]
há dois dias	priēš dvì dienàs	[ˈprʲɛʃ ˈdvʲɪ dʲiɛˈnas]
na véspera	išvakarėse	[ˈɪʃvakarʲeːse]
diário	kasdiēnis	[kasˈdʲɛnʲɪs]
todos os dias	kasdiēn	[kasˈdʲɛn]
semana (f)	savaítė (m)	[saˈvʌɪtʲeː]
na semana passada	praeitą savaítę	[ˈpraʲɛɪta: saˈvʌɪtʲɛː]
na próxima semana	ateinančią savaítę	[aˈtʲɛɪnantʂʲæː saˈvʌɪtʲɛː]
semanal	kassavaítinis	[kassaˈvʌɪtʲɪnʲɪs]
cada semana	kàs savaítę	[ˈkas saˈvʌɪtʲɛː]
duas vezes por semana	dù kartùs peř savaítę	[ˈdu karˈtʊs pʲɛr saˈvʌɪtʲɛː]
cada terça-feira	kiekvíeną antrādienį	[kʲiɛkˈvʲiːɛna: anˈtraːdʲiːɛnʲiː]

20. Horas. Dia e noite

manhã (f)	rýtas (v)	[ˈrʲiːtas]
de manhã	rytė	[rʲiːˈtʲɛ]
meio-dia (m)	vidùrdienis (v)	[vʲɪˈdurdʲiɛnʲɪs]
à tarde	popiēt	[poˈpʲɛt]
noite (f)	vākaras (v)	[ˈvaːkaras]
à noite (noitinha)	vakarė	[vakaˈrʲɛ]

noite (f)	naktìs (m)	[nak'tʲɪs]
à noite	naktį̃	['naːktiː]
meia-noite (f)	vidùrnaktis (v)	[vʲɪ'dʊrnaktʲɪs]

segundo (m)	sekùndė (m)	[sʲɛ'kʊndʲeː]
minuto (m)	minùtė (m)	[mʲɪ'nʊtʲeː]
hora (f)	valandà (m)	[valʲan'da]
meia hora (f)	pùsvalandis (v)	['pʊsvalʲandʲɪs]
quarto (m) de hora	ketvírtis valandõs	[kʲɛt'vʲɪrtʲɪs valʲan'doːs]
quinze minutos	penkiólika minùčių	[pʲɛŋ'kʲolʲɪka mʲɪ'nʊtʂʲuː]
vinte e quatro horas	parà (m)	[pa'ra]

nascer (m) do sol	sáulės patekė́jimas (v)	['sɑʊlʲeːs patʲɛ'kʲɛjɪmas]
amanhecer (m)	aušrà (m)	[ɑʊʃ'ra]
madrugada (f)	ankstývas rýtas (v)	[aŋk'stʲiːvas 'rʲiːtas]
pôr do sol (m)	saulė́lydis (v)	[sɑʊ'lʲeːlʲiːdʲɪs]

de madrugada	ankstì rytè	[aŋk'stʲɪ rʲiː'tʲɛ]
hoje de manhã	šiañdien rytè	['ʃændʲiɛn rʲiː'tʲɛ]
amanhã de manhã	rytój rytè	[rʲiː'toj rʲiː'tʲɛ]

hoje à tarde	šiañdien diẽną	['ʃændʲɛn 'dʲiɛnaː]
à tarde	popiẽt	[po'pʲɛt]
amanhã à tarde	rytój popiẽt	[rʲiː'toj po'pʲɛt]

| hoje à noite | šiañdien vakarè | ['ʃændʲiɛn vaka'rʲɛ] |
| amanhã à noite | rytój vakarè | [rʲiː'toj vaka'rʲɛ] |

às três horas em ponto	lýgiai trẽčią vãlandą	['lʲiːgʲɛɪ 'trʲætʂʲæː 'vaːlandaː]
por volta das quatro	apiẽ ketvírtą vãlandą	[a'pʲɛ kʲɛtvʲɪrta: vaːlʲanda:]
às doze	dvýliktai vãlandai	['dvʲiːlʲɪktʌɪ 'vaːlandʌɪ]

dentro de vinte minutos	ùž dvidešimtiẽs minùčių	['ʊʒ dvʲɪdʲɛʃɪm'tʲɛs mʲɪ'nʊtʂʲuː]
dentro duma hora	ùž valandõs	['ʊʒ valʲan'doːs]
a tempo	laikù	[lʲʌɪ'kʊ]

menos um quarto	bè ketvírčio	['bʲɛ 'kʲɛtvʲɪrtʂʲo]
durante uma hora	valandõs bė́gyje	[valʲan'doːs 'bʲeːgʲiːje]
a cada quinze minutos	kàs penkiólika minùčių	['kas pʲɛŋ'kʲolʲɪka mʲɪ'nʊtʂʲuː]
as vinte e quatro horas	vìsą pãrą (m)	['vʲɪsaː 'paːraː]

21. Meses. Estações

janeiro (m)	saũsis (v)	['sɑʊsʲɪs]
fevereiro (m)	vasãris (v)	[va'saːrʲɪs]
março (m)	kovàs (v)	[kɔ'vas]
abril (m)	balañdis (v)	[ba'lʲandʲɪs]
maio (m)	gegužė̃ (m)	[gʲɛgʊ'ʒʲeː]
junho (m)	biržẽlis (v)	[bʲɪr'ʒʲælʲɪs]

julho (m)	líepa (m)	['lʲiɛpa]
agosto (m)	rugpjū́tis (v)	[rʊg'pjuːtʲɪs]
setembro (m)	rugsė́jis (v)	[rʊg'sʲɛjɪs]
outubro (m)	spãlis (v)	['spaːlʲɪs]

novembro (m)	lãpkritis (v)	['lʲaːpkrʲitʲɪs]
dezembro (m)	grúodis (v)	['grʊadʲɪs]
primavera (f)	pavãsaris (v)	[paˈvaːsarʲɪs]
na primavera	pavãsarį	[paˈvaːsarʲɪː]
primaveril	pavasarìnis	[pavasaˈrʲɪnʲɪs]
verão (m)	vãsara (m)	[ˈvaːsara]
no verão	vãsarą	[ˈvaːsaraː]
de verão	vasarìnis	[vasaˈrʲɪnʲɪs]
outono (m)	ruduõ (v)	[rʊˈdʊa]
no outono	rùdenį	[ˈrʊdʲɛnʲɪː]
outonal	rudenìnis	[rʊdʲɛˈnʲɪnʲɪs]
inverno (m)	žiemà (m)	[ʒʲiɛˈma]
no inverno	žiẽmą	[ˈʒʲɛmaː]
de inverno	žiemìnis	[ʒʲiɛˈmʲɪnʲɪs]
mês (m)	ménuo (v)	[ˈmʲeːnʊa]
este mês	šį́ ménesį	[ʃɪː ˈmʲeːnesʲɪː]
no próximo mês	kità ménesį	[ˈkʲɪːtaː ˈmʲeːnesʲɪː]
no mês passado	praeitą ménesį	[ˈpraʲɛɪtaː ˈmʲeːnesʲɪː]
há um mês	priẽš ménesį	[ˈprʲɪːʃ ˈmʲeːnesʲɪː]
dentro de um mês	ùž ménesio	[ˈʊʒ ˈmʲeːnesʲɔ]
dentro de dois meses	ùž dvejų̃ ménesių	[ˈʊʒ dveˈju ˈmʲeːnesʲuː]
todo o mês	vìsą ménesį	[ˈvʲɪsa ˈmʲeːnesʲɪː]
um mês inteiro	vìsą ménesį	[ˈvʲɪsa ˈmʲeːnesʲɪː]
mensal	kasménesìnis	[kasmʲeːneˈsʲɪnʲɪs]
mensalmente	kàs ménesį	[ˈkas ˈmʲeːnesʲɪː]
cada mês	kiekvíeną ménesį	[kʲiɛkˈvʲɪːɛnaː ˈmʲeːnesʲɪː]
duas vezes por mês	dù kartùs peř ménesį	[ˈdu karˈtʊs per ˈmʲeːnesʲɪː]
ano (m)	mẽtai (v dgs)	[ˈmʲætʌɪ]
este ano	šiaĩs mẽtais	[ˈʃɛɪs ˈmʲætʌɪs]
no próximo ano	kitaĩs mẽtais	[kʲɪˈtʌɪs ˈmʲætʌɪs]
no ano passado	praeitaĩs mẽtais	[praʲɛɪˈtʌɪs ˈmʲætʌɪs]
há um ano	priẽš metùs	[ˈprʲɛʃ mʲɛˈtʊs]
dentro dum ano	ùž mẽtų	[ˈʊʒ ˈmʲætuː]
dentro de 2 anos	ùž dvejų̃ mẽtų	[ˈʊʒ dvʲɛˈju ˈmʲætuː]
todo o ano	visùs metùs	[vʲɪˈsʊs mʲɛˈtʊs]
um ano inteiro	visùs metùs	[vʲɪˈsʊs mʲɛˈtʊs]
cada ano	kàs metùs	[ˈkas mʲɛˈtʊs]
anual	kasmetìnis	[kasmʲɛˈtʲɪnʲɪs]
anualmente	kàs metùs	[ˈkas mʲɛˈtʊs]
quatro vezes por ano	kẽturis kartùs per metus	[ˈkʲæturʲɪs karˈtʊs pʲɛr mʲɛˈtʊs]
data (~ de hoje)	dienà (m)	[dʲiɛˈna]
data (ex. ~ de nascimento)	datà (m)	[daˈta]
calendário (m)	kalendõrius (v)	[kalʲɛnˈdoːrʲʊs]
meio ano	pùsė mẽtų	[ˈpʊsʲeː ˈmʲætuː]

seis meses	pusmetis (v)	['pʊsmʲɛtʲɪs]
estação (f)	sezonas (v)	[sʲɛ'zonas]
século (m)	amžius (v)	['amʒʲʊs]

22. Unidades de medida

peso (m)	svoris (v)	['svoːrʲɪs]
comprimento (m)	ilgis (v)	[iʲlʲgʲɪs]
largura (f)	plotis (v)	['plʲoːtʲɪs]
altura (f)	aukštis (v)	['ɑʊkʃtʲɪs]
profundidade (f)	gylis (v)	['gʲiːlʲɪs]
volume (m)	tūris (v)	['tuːrʲɪs]
área (f)	plotas (v)	['plʲotas]

grama (m)	gramas (v)	['graːmas]
miligrama (m)	miligramas (v)	[mʲɪlʲɪ'graːmas]
quilograma (m)	kilogramas (v)	[kʲɪlʲo'graːmas]
tonelada (f)	tona (m)	[to'na]
libra (453,6 gramas)	svaras (v)	['svaːras]
onça (f)	uncija (m)	['ʊntsʲɪjɛ]

metro (m)	metras (v)	['mʲɛtras]
milímetro (m)	milimetras (v)	[mʲɪlʲɪ'mʲɛtras]
centímetro (m)	centimetras (v)	[tsʲɛntʲɪ'mʲɛtras]
quilómetro (m)	kilometras (v)	[kʲɪlʲo'mʲɛtras]
milha (f)	mylia (m)	[mʲiːlʲæ]

polegada (f)	colis (v)	['tsolʲɪs]
pé (304,74 mm)	peda (m)	[pʲeː'da]
jarda (914,383 mm)	jardas (v)	[jardas]

| metro (m) quadrado | kvadratinis metras (v) | [kvad'raːtʲɪnʲɪs 'mʲɛtras] |
| hectare (m) | hektaras (v) | [ɣʲɛk'taːras] |

litro (m)	litras (v)	['lʲɪtras]
grau (m)	laipsnis (v)	['lʲʌɪpsnʲɪs]
volt (m)	voltas (v)	['volʲtas]
ampere (m)	amperas (v)	[am'pʲɛras]
cavalo-vapor (m)	arklio galia (m)	['arklʲɔ ga'lʲæ]

quantidade (f)	kiekis (v)	['kʲɛkʲɪs]
um pouco de ...	nedaug ...	[nʲɛ'dɑʊg ...]
metade (f)	pusė (m)	['pʊsʲeː]
dúzia (f)	tuzinas (v)	['tʊzʲɪnas]
peça (f)	vienetas (v)	['vʲiɛnʲɛtas]

| dimensão (f) | dydis (v), išmatavimai (v dgs) | ['dʲiːdʲɪs], [iʃma'taːvʲɪmʌɪ] |
| escala (f) | mastelis (v) | [mas'tʲælʲɪs] |

mínimo	minimalus	[mʲɪnʲɪma'lʲʊs]
menor, mais pequeno	mažiausias	[ma'ʒʲæʊsʲæs]
médio	vidutinis	[vʲɪdʊ'tʲɪnʲɪs]
máximo	maksimalus	[maksʲɪma'lʲʊs]
maior, mais grande	didžiausias	[dʲɪ'dʒʲæʊsʲæs]

23. Recipientes

boião (m) de vidro	stiklaĩnis (v)	[stʲɪkʲˈlʲʌɪnʲɪs]
lata (~ de cerveja)	skardìnė (m)	[skarˈdʲɪnʲeː]
balde (m)	kìbiras (v)	[ˈkʲɪbʲɪras]
barril (m)	statìnė (m)	[staˈtʲɪnʲeː]
bacia (~ de plástico)	dubenėlis (v)	[dʊbeˈnʲeːlʲɪs]
tanque (m)	bãkas (v)	[ˈbaːkas]
cantil (m) de bolso	kõlba (m)	[ˈkolʲba]
bidão (m) de gasolina	kanìstras (v)	[kaˈnʲɪstras]
cisterna (f)	bãkas (v)	[ˈbaːkas]
caneca (f)	puodẽlis (v)	[pʊɑˈdʲælʲɪs]
chávena (f)	puodẽlis (v)	[pʊɑˈdʲælʲɪs]
pires (m)	lėkštėlė̃ (m)	[lʲeːkʃˈtʲælʲeː]
copo (m)	stìklas (v)	[ˈstʲɪklʲas]
taça (f) de vinho	taurė̃ (m)	[tɑʊˈrʲeː]
panela, caçarola (f)	púodas (v)	[ˈpʊɑdas]
garrafa (f)	bùtelis (v)	[ˈbʊtʲɛlʲɪs]
gargalo (m)	kãklas (v)	[ˈkaːklʲas]
jarro, garrafa (f)	grafìnas (v)	[graˈfʲɪnas]
jarro (m) de barro	ąsõtis (v)	[aːˈsoːtʲɪs]
recipiente (m)	iñdas (v)	[ˈɪndas]
pote (m)	púodas (v)	[ˈpʊɑdas]
vaso (m)	vazà (m)	[vaˈza]
frasco (~ de perfume)	bùtelis (v)	[ˈbʊtʲɛlʲɪs]
frasquinho (ex. ~ de iodo)	buteliùkas (v)	[bʊtʲɛˈlʲʊkas]
tubo (~ de pasta dentífrica)	tūbà (m)	[tuːˈba]
saca (ex. ~ de açúcar)	maĩšas (v)	[ˈmʌɪʃas]
saco (~ de plástico)	pakètas (v)	[paˈkʲɛtas]
maço (m)	plúoštas (v)	[ˈplʲʊɑʃtas]
caixa (~ de sapatos, etc.)	dėžė̃ (m)	[dʲeːˈʒʲeː]
caixa (~ de madeira)	dėžė̃ (m)	[dʲeːˈʒʲeː]
cesta (f)	krepšỹs (v)	[krʲɛpˈʃʲɪːs]

O SER HUMANO

O ser humano. O corpo

24. Cabeça

cabeça (f)	galvà (m)	[galʲˈva]
cara (f)	véidas (v)	[ˈvʲɛɪdas]
nariz (m)	nósis (m)	[ˈnosʲɪs]
boca (f)	burnà (m)	[bʊrˈna]

olho (m)	akìs (m)	[aˈkʲɪs]
olhos (m pl)	ãkys (m dgs)	[ˈaːkʲiːs]
pupila (f)	vyzdỹs (v)	[vʲiːzˈdʲiːs]
sobrancelha (f)	añtakis (v)	[ˈantakʲɪs]
pestana (f)	blakstíena (m)	[blʲakˈstʲiɛna]
pálpebra (f)	vókas (v)	[ˈvoːkas]

língua (f)	liežùvis (v)	[lʲiɛˈʒʊvʲɪs]
dente (m)	dantìs (v)	[danˈtʲɪs]
lábios (m pl)	lũpos (m dgs)	[ˈlʲuːpos]
maçãs (f pl) do rosto	skruostìkauliai (v dgs)	[skrʊɑˈstʲɪkɑʊlʲɛɪ]
gengiva (f)	dantenõs (m dgs)	[dantʲɛˈnoːs]
palato (m)	gomurỹs (v)	[gomʊˈrʲiːs]

narinas (f pl)	šnérvės (m dgs)	[ˈʃnʲærvʲeːs]
queixo (m)	smãkras (v)	[ˈsmaːkras]
mandíbula (f)	žandìkaulis (v)	[ʒanˈdʲɪkɑʊlʲɪs]
bochecha (f)	skrúostas (v)	[ˈskrʊɑstas]

testa (f)	kaktà (m)	[kakˈta]
têmpora (f)	smilkinỹs (v)	[smʲɪlʲkʲɪˈnʲiːs]
orelha (f)	ausìs (m)	[ɑʊˈsʲɪs]
nuca (f)	pakáušis, sprándas (v)	[paˈkɑʊʃɪs], [ˈsprandas]
pescoço (m)	kãklas (v)	[ˈkaːklʲas]
garganta (f)	gerklė̃ (m)	[gʲɛrkˈlʲeː]

cabelos (m pl)	plaukaĩ (v dgs)	[plʲɑʊˈkʌɪ]
penteado (m)	šukúosena (m)	[ʃʊˈkʊɑsʲɛna]
corte (m) de cabelo	kirpìmas (v)	[kʲɪrˈpʲɪmas]
peruca (f)	perùkas (v)	[pʲɛˈrʊkas]

bigode (m)	ũsai (v dgs)	[ˈuːsʌɪ]
barba (f)	barzdà (m)	[barzˈda]
usar, ter (~ barba, etc.)	nešióti	[nʲɛˈʃotʲɪ]
trança (f)	kasà (m)	[kaˈsa]
suíças (f pl)	žándenos (m dgs)	[ˈʒandʲɛnos]
ruivo	rùdis	[ˈrʊdʲɪs]
grisalho	žìlas	[ˈʒʲɪlʲas]

calvo	plìkas	['plʲɪkas]
calva (f)	plìkė (m)	['plʲɪkʲeː]
rabo-de-cavalo (m)	uodegà (m)	[ʋadʲɛ'ga]
franja (f)	kírpčiai (v dgs)	['kʲɪrptʂʲɛɪ]

25. Corpo humano

mão (f)	plãštaka (m)	['plʲaːʃtaka]
braço (m)	rankà (m)	[raŋ'ka]
dedo (m)	pírštas (v)	['pʲɪrʃtas]
polegar (m)	nykštỹs (v)	[nʲiːkʃ'tʲiːs]
dedo (m) mindinho	mažàsis pírštas (v)	[ma'ʒasʲɪs 'pʲɪrʃtas]
unha (f)	nãgas (v)	['naːgas]
punho (m)	kùmštis (v)	['kʊmʃtʲɪs]
palma (f) da mão	délnas (v)	['dʲɛlʲnas]
pulso (m)	riešas (v)	['rʲiɛʃas]
antebraço (m)	dìlbis (v)	['dʲɪlʲbʲɪs]
cotovelo (m)	alkū́nė (m)	[alʲ'kuːnʲeː]
ombro (m)	petìs (v)	[pʲɛ'tʲɪs]
perna (f)	kója (m)	['koja]
pé (m)	pėdà (m)	[pʲeː'da]
joelho (m)	kẽlias (v)	['kʲælʲæs]
barriga (f) da perna	blauzdà (m)	[blʲaʊz'da]
anca (f)	šlaunìs (m)	[ʃlʲaʊ'nʲɪs]
calcanhar (m)	kulnas (v)	['kʊlʲnas]
corpo (m)	kū́nas (v)	['kuːnas]
barriga (f)	pílvas (v)	['pʲɪlʲvas]
peito (m)	krūtìnė (m)	[kruː'tʲɪnʲeː]
seio (m)	krūtìs (m)	[kruː'tʲɪs]
lado (m)	šónas (v)	['ʃonas]
costas (f pl)	nùgara (m)	['nʊgara]
região (f) lombar	juosmuõ (v)	[jʊɑs'mʊɑ]
cintura (f)	liemuõ (v)	[lʲiɛ'mʊɑ]
umbigo (m)	bámba (m)	['bamba]
nádegas (f pl)	sėdmenys (v dgs)	['sʲeːdmenʲiːs]
traseiro (m)	pasturgalis, užpakalis (v)	[pas'tʊrgalʲɪs], ['ʊʒpakalʲɪs]
sinal (m)	ãpgamas (v)	['aːpgamas]
sinal (m) de nascença	ãpgamas (v)	['aːpgamas]
tatuagem (f)	tatuiruõtė (m)	[tatʊi'rʊatʲeː]
cicatriz (f)	rándas (v)	['randas]

# Vestuário & Acessórios

26. Roupa exterior. Casacos

roupa (f)	apranga (m)	[apran'ga]
roupa (f) exterior	viršutiniai drabužiai (v dgs)	[vʲɪrʃuˈtʲɪnʲɛɪ draˈbuʒʲɛɪ]
roupa (f) de inverno	žieminiai drabužiai (v)	[ʒʲiɛˈmʲɪnʲɛɪ draˈbuʒʲɛɪ]
sobretudo (m)	páltas (v)	[ˈpalʲtas]
casaco (m) de peles	kailiniaĩ (v dgs)	[kʌɪlʲɪˈnʲɛɪ]
casaco curto (m) de peles	puskailiniai (v)	[ˈpuskʌɪlʲɪnʲɛɪ]
casaco (m) acolchoado	pūkinė (m)	[puːˈkʲɪnʲeː]
casaco, blusão (m)	striukė (m)	[ˈstrʲukʲeː]
impermeável (m)	apsiaũstas (v)	[apˈsʲɛustas]
impermeável	nepėršlampamas	[nʲɛˈpʲɛrʃlʲampamas]

27. Vestuário de homem & mulher

camisa (f)	marškiniaĩ (v dgs)	[marʃkʲɪˈnʲɛɪ]
calças (f pl)	kélnės (m dgs)	[ˈkʲɛlʲnʲeːs]
calças (f pl) de ganga	džinsai (v dgs)	[ˈdʒʲɪnsʌɪ]
casaco (m) de fato	švarkas (v)	[ˈʃvarkas]
fato (m)	kostiumas (v)	[kɔsˈtʲumas]
vestido (ex. ~ vermelho)	suknėlė (m)	[sukˈnʲælʲeː]
saia (f)	sijõnas (v)	[sʲɪˈjɔːnas]
blusa (f)	palaidinė (m)	[palʲʌɪˈdʲɪnʲeː]
casaco (m) de malha	sùsegamas megztinis (v)	[ˈsusʲɛgamas mʲɛgzˈtʲɪnʲɪs]
casaco, blazer (m)	žakėtas, švarkėlis (v)	[ʒaˈkʲɛtas], [ʃvarˈkʲælʲɪs]
T-shirt, camiseta (f)	futbolininko marškiniaĩ (v)	[ˈfutbolʲɪnʲɪŋkɔ marʃkʲɪˈnʲɛɪ]
calções (Bermudas, etc.)	šórtai (v dgs)	[ˈʃortʌɪ]
fato (m) de treino	sportinis kostiumas (v)	[ˈsportʲɪnʲɪs kosˈtʲumas]
roupão (m) de banho	chalãtas (v)	[xaˈlʲaːtas]
pijama (m)	pižamà (m)	[pʲɪʒaˈma]
suéter (m)	nertinis (v)	[nʲɛrˈtʲɪnʲɪs]
pulôver (m)	megztinis (v)	[mʲɛgzˈtʲɪnʲɪs]
colete (m)	liemenė (m)	[lʲiɛˈmʲænʲeː]
fraque (m)	frãkas (v)	[ˈfraːkas]
smoking (m)	smokingas (v)	[ˈsmokʲɪngas]
uniforme (m)	uniforma (m)	[unʲɪˈforma]
roupa (f) de trabalho	dárbo drabužiai (v)	[ˈdarbɔ draˈbuʒʲɛɪ]
fato-macaco (m)	kombinezonas (v)	[kombʲɪnʲɛˈzonas]
bata (~ branca, etc.)	chalãtas (v)	[xaˈlʲaːtas]

28. Vestuário. Roupa interior

roupa (f) interior	baltiniaĩ (v dgs)	[balʲtʲɪˈnʲɛɪ]
camisola (f) interior	apatìniai marškinė̃liai (v dgs)	[apaˈtʲɪnʲɛɪ marʃkʲɪˈnʲeːlʲɛɪ]
peúgas (f pl)	kójinės (m dgs)	[ˈkoːjɪnʲeːs]
camisa (f) de noite	naktìniai marškiniaĩ (v dgs)	[nakˈtʲɪnʲɛɪ marʃkʲɪˈnʲɛɪ]
sutiã (m)	liemenė̃lė (m)	[lʲiɛmeˈnʲeːlʲeː]
meias longas (f pl)	gólfai (v)	[ˈgolʲfʌɪ]
meia-calça (f)	pėdkelnės (m dgs)	[ˈpʲeːdkʲɛlʲnʲeːs]
meias (f pl)	kójinės (m dgs)	[ˈkoːjɪnʲeːs]
fato (m) de banho	máudymosi kostiumė̃lis (v)	[ˈmɑʊdʲiːmosʲɪ kostʲʊˈmʲeːlʲɪs]

29. Adereços de cabeça

chapéu (m)	kepùrė (m)	[kʲɛˈpʊrʲeː]
chapéu (m) de feltro	skrybė̃lė (m)	[skrʲiːbʲeːˈlʲeː]
boné (m) de beisebol	beĩsbolo lazdà (m)	[ˈbʲɛɪsbolʲɔ lʲazˈda]
boné (m)	kepùrė (m)	[kʲɛˈpʊrʲeː]
boina (f)	berètė (m)	[bʲɛˈrʲɛtʲeː]
capuz (m)	gobtùvas (v)	[gopˈtʊvas]
panamá (m)	panamà (m)	[panaˈma]
gorro (m) de malha	megztà kepuráitė (m)	[mʲɛgzˈta kepʊˈrʌɪtʲeː]
lenço (m)	skarà (m), skarė̃lė (m)	[skaˈra], [skaˈrʲælʲeː]
chapéu (m) de mulher	skrybėláitė (m)	[skrʲiːbʲeːˈlʲʌɪtʲeː]
capacete (m) de proteção	šálmas (v)	[ˈʃalʲmas]
bibico (m)	pilòtė (m)	[pʲɪˈlʲotʲeː]
capacete (m)	šálmas (v)	[ˈʃalʲmas]
chapéu-coco (m)	katiliùkas (v)	[katʲɪˈlʲʊkas]
chapéu (m) alto	cilìndras (v)	[tsʲɪˈlʲɪndras]

30. Calçado

calçado (m)	ãvalynė (m)	[ˈaːvalʲiːnʲeː]
botinas (f pl)	bãtai (v)	[ˈbaːtʌɪ]
sapatos (de salto alto, etc.)	batė̃liai (v)	[baˈtʲælʲɛɪ]
botas (f pl)	aulìniai bãtai (v)	[ɑʊˈlʲɪnʲɛɪ ˈbaːtʌɪ]
pantufas (f pl)	šlepẽtės (m dgs)	[ʃlʲɛˈpʲætʲeːs]
ténis (m pl)	spòrtbačiai (v dgs)	[ˈsportbatʂʲɛɪ]
sapatilhas (f pl)	spòrtbačiai (v dgs)	[ˈsportbatʂʲɛɪ]
sandálias (f pl)	sandãlai (v dgs)	[sanˈdaːlʌɪ]
sapateiro (m)	batsiuvỹs (v)	[batsʲʊˈvʲiːs]
salto (m)	kùlnas (v)	[ˈkʊlʲnas]
par (m)	porà (m)	[poˈra]
atacador (m)	bãtraištis (v)	[ˈbaːtrʌɪʃtʲɪs]

apertar os atacadores	várstyti	['varstʲiːtʲɪ]
calçadeira (f)	šáukštas (v)	['ʃaʊkʃtas]
graxa (f) para calçado	ãvalynės krėmas (v)	[ˈaːvalʲiːnʲeːs 'krʲɛmas]

31. Acessórios pessoais

luvas (f pl)	pirštinės (m dgs)	['pʲɪrʃtʲɪnʲeːs]
mitenes (f pl)	kùmštinės (m dgs)	['kʊmʃtʲɪnʲeːs]
cachecol (m)	šãlikas (v)	['ʃaːlʲɪkas]

óculos (m pl)	akiniaĩ (dgs)	[akʲɪ'nʲɛɪ]
armação (f) de óculos	rėmėliai (v dgs)	[rʲeːˈmʲælʲɛɪ]
guarda-chuva (m)	skėtis (v)	['skʲeːtʲɪs]
bengala (f)	lazdẽlė (m)	[laz'dʲælʲeː]
escova (f) para o cabelo	plaukų šepetỹs (v)	[plʲaʊ'kuː ʃɛpʲɛ'tʲiːs]
leque (m)	vėduõklė (m)	[vʲeː'dʊakʲlʲeː]

gravata (f)	kaklãraištis (v)	[kak'lʲaːrʌɪʃtʲɪs]
gravata-borboleta (f)	peteliškė (m)	[pʲɛtʲɛ'lʲɪʃkʲeː]
suspensórios (m pl)	pėtnešos (m dgs)	['pʲætnʲɛʃos]
lenço (m)	nósinė (m)	['nosʲɪnʲeː]

pente (m)	šùkos (m dgs)	['ʃʊkos]
travessão (m)	segtùkas (v)	[sʲɛk'tʊkas]
gancho (m) de cabelo	plaukų segtùkas (v)	[plʲaʊ'kuː sʲɛk'tʊkas]
fivela (f)	sagtìs (m)	[sak'tʲɪs]

| cinto (m) | dirž̃as (v) | ['dʲɪrʒas] |
| correia (f) | dirž̃as (v) | ['dʲɪrʒas] |

mala (f)	rankinùkas (v)	[raŋkʲɪ'nʊkas]
mala (f) de senhora	rankinùkas (v)	[raŋkʲɪ'nʊkas]
mochila (f)	kuprìnė (m)	[kʊ'prʲɪnʲeː]

32. Vestuário. Diversos

moda (f)	madà (m)	[maˈda]
na moda	madìngas	[maˈdʲɪngas]
estilista (m)	modeliúotojas (v)	[modʲɛ'lʲʊatoːjɛs]

colarinho (m), gola (f)	apýkaklė (m)	[aˈpʲiːkaklʲeː]
bolso (m)	kišẽnė (m)	[kʲɪ'ʃænʲeː]
de bolso	kišenìnis	[kʲɪʃɛ'nʲɪnʲɪs]
manga (f)	rankóvė (m)	[ranˈkovʲeː]
alcinha (f)	pakabà (m)	[paka'ba]
braguilha (f)	klỹnas (v)	['klʲiːnas]

fecho (m) de correr	užtrauktùkas (v)	[ʊʒtraʊk'tʊkas]
fecho (m), colchete (m)	užsegìmas (v)	[ʊʒsʲɛ'gʲɪmas]
botão (m)	sagà (m)	[sa'ga]
casa (f) de botão	kìlpa (m)	['kʲɪlʲpa]
soltar-se (vr)	atplýšti	[at'plʲiːʃtʲɪ]

coser, costurar (vi)	siúti	['sʲuːtʲɪ]
bordar (vt)	siuvinéti	[sʲʊvʲɪ'nʲeːtʲɪ]
bordado (m)	siuvinéjimas (v)	[sʲʊvʲɪ'nʲɛjɪmas]
agulha (f)	ãdata (f)	['aːdata]
fio (m)	siū́las (v)	['sʲuːlʲas]
costura (f)	siū́lė (m)	['sʲuːlʲeː]

sujar-se (vr)	išsitèpti	[ɪʃsʲɪ'tʲɛptʲɪ]
mancha (f)	dėmė̃ (m)	[dʲeː'mʲeː]
engelhar-se (vr)	susiglámžyti	[sʊsʲɪ'glʲa mʒʲiːtʲɪ]
rasgar (vt)	supléšyti	[sʊp'lʲeːʃɪːtʲɪ]
traça (f)	kañdis (v)	['kandʲɪs]

33. Cuidados pessoais. Cosméticos

pasta (f) de dentes	dantų̃ pastà (m)	[dan'tuː pas'ta]
escova (f) de dentes	dantų̃ šepetėlis (v)	[dan'tuː ʃepe'tʲeːlʲɪs]
escovar os dentes	valýti dantìs	[va'lʲiːtʲɪ dan'tʲɪs]

máquina (f) de barbear	skustùvas (v)	[skʊ'stʊvas]
creme (m) de barbear	skutìmosi krèmas (v)	[skʊ'tʲɪmosʲɪ 'krʲɛmas]
barbear-se (vr)	skùstis	['skʊstʲɪs]

sabonete (m)	muĩlas (v)	['mʊɪlʲas]
champô (m)	šampū̃nas (v)	[ʃam'puːnas]

tesoura (f)	žìrklės (m dgs)	['ʒʲɪrklʲeːs]
lima (f) de unhas	dìldė (m) nagáms	['dʲɪlʲdʲeː na'gams]
corta-unhas (m)	gnybtùkai (v)	[gnʲiːp'tʊkʌɪ]
pinça (f)	pincètas (v)	[pʲɪn'tsʲɛtas]

cosméticos (m pl)	kosmètika (m)	[kɔs'mʲɛtʲɪka]
máscara (f) facial	kaũkė (m)	['kaʊkʲeː]
manicura (f)	manikiū́ras (v)	[manʲɪ'kʲuːras]
fazer a manicura	darýti manikiū́rą	[da'rʲiːtʲɪ manʲɪ'kʲuːraː]
pedicure (f)	pedikiū́ras (v)	[pʲɛdʲɪ'kʲuːras]

mala (f) de maquilhagem	kosmètinė (m)	[kɔs'mʲɛtʲɪnʲeː]
pó (m)	pudrà (m)	[pʊd'ra]
caixa (f) de pó	pùdrinė (m)	['pʊdrʲɪnʲeː]
blush (m)	skaistalaĩ (v dgs)	[skʌɪsta'lʲãĩ]

perfume (m)	kvepalaĩ (v dgs)	[kvʲɛpa'lʲãĩ]
água (f) de toilette	tualètinis vanduõ (v)	[tʊa'lʲɛtʲɪnʲɪs van'dʊɑ]
loção (f)	losjònas (v)	[lʲo'sjɔ nas]
água-de-colónia (f)	odekolònas (v)	[odʲɛko'lʲonas]

sombra (f) de olhos	vokų̃ šešėliai (v)	[vo'kuː ʃe'ʃʲeːlʲɛɪ]
lápis (m) delineador	akių̃ pieštùkas (v)	[a'kʲuː pʲɪɛʃ'tʊkas]
máscara (f), rímel (m)	tùšas (v)	['tʊʃas]

batom (m)	lū́pų dažaĩ (v)	['lʲuːpu: da'ʒʌɪ]
verniz (m) de unhas	nagų̃ lãkas (v)	[na'guː 'lʲaːkas]
laca (f) para cabelos	plaukų̃ lãkas (v)	[plʲaʊ'kuː 'lʲaːkas]

desodorizante (m)	dezodorántas (v)	[dʲɛzodoˈrantas]
creme (m)	krèmas (v)	[ˈkrʲɛmas]
creme (m) de rosto	véido krèmas (v)	[ˈvʲɛɪdɔ ˈkrʲɛmas]
creme (m) de mãos	rañkų krèmas (v)	[ˈraŋkuː ˈkrʲɛmas]
creme (m) antirrugas	krèmas (v) nuõ raukšlių̃	[ˈkrʲɛmas nʊɑ rɑʊkʃˈlʲuː]
creme (m) de dia	dienìnis krèmas (v)	[dʲiɛˈnʲɪnʲɪs ˈkrʲɛmas]
creme (m) de noite	naktìnis krèmas (v)	[nakˈtʲɪnʲɪs ˈkrʲɛmas]
de dia	dienìnis	[dʲiɛˈnʲɪnʲɪs]
da noite	naktìnis	[nakˈtʲɪnʲɪs]

tampão (m)	tampònas (v)	[tamˈponas]
papel (m) higiénico	tualètinis pópierius (v)	[tʊaˈlʲɛtʲɪnʲɪs ˈpoːpʲiɛrʲʊs]
secador (m) elétrico	fènas (v)	[ˈfʲɛnas]

34. Relógios de pulso. Relógios

relógio (m) de pulso	laĩkrodis (v)	[ˈlʲʌɪkrodʲɪs]
mostrador (m)	ciferblãtas (v)	[tsʲɪfʲɛrˈblʲaːtas]
ponteiro (m)	rodỹklė (m)	[roˈdʲiːklʲeː]
bracelete (f) em aço	apyránkė (m)	[aˈpʲiːraŋkʲeː]
bracelete (f) em couro	diržẽlis (v)	[dʲɪrˈʒʲælʲɪs]

pilha (f)	elemeñtas (v)	[ɛlʲɛˈmʲɛntas]
descarregar-se	išsikráuti	[ɪʃsʲɪˈkrɑʊtʲɪ]
trocar a pilha	pakeĩsti elemeñtą	[paˈkʲɛɪstʲɪ ɛlʲɛˈmʲɛntaː]
estar adiantado	skubéti	[skʊˈbʲeːtʲɪ]
estar atrasado	atsilìkti	[atsʲɪˈlʲɪktʲɪ]

relógio (m) de parede	síeninis laĩkrodis (v)	[ˈsʲiɛnʲɪnʲɪs ˈlʲʌɪkrodʲɪs]
ampulheta (f)	smėlio laĩkrodis (v)	[ˈsmʲeːlʲɔ ˈlʲʌɪkrodʲɪs]
relógio (m) de sol	sáulės laĩkrodis (v)	[ˈsɑʊlʲeːs ˈlʲʌɪkrodʲɪs]
despertador (m)	žadintùvas (v)	[ʒadʲɪnˈtʊvas]
relojoeiro (m)	laĩkrodininkas (v)	[ˈlʲʌɪkrodʲɪnʲɪŋkas]
reparar (vt)	taisýti	[tʌɪˈsʲiːtʲɪ]

Alimentação. Nutrição

35. Comida

carne (f)	mėsa (m)	[mʲeː'sa]
galinha (f)	višta (m)	[vʲɪʃ'ta]
frango (m)	viščiùkas (ɣ)	[vʲɪʃ'tsʲʊkas]
pato (m)	ántis (m)	['antʲɪs]
ganso (m)	žąsinas (v)	['ʒaːsʲɪnas]
caça (f)	žvėríena (m)	[ʒvʲeː'rʲiɛna]
peru (m)	kalakutíena (m)	[kalʲakʊ'tʲiɛna]
carne (f) de porco	kiaulíena (m)	[kʲɛʊ'lʲiɛna]
carne (f) de vitela	veršíena (m)	[vʲɛrˈʃiɛna]
carne (f) de carneiro	avíena (m)	[a'vʲiɛna]
carne (f) de vaca	jáutiena (m)	['jɑʊtʲiɛna]
carne (f) de coelho	triùšis (v)	['trʲʊʃɪs]
chouriço, salsichão (m)	dešrà (m)	[dʲɛʃ'ra]
salsicha (f)	dešrẽlė (m)	[dʲɛʃ'rʲælʲeː]
bacon (m)	bekonas (v)	[bʲɛ'konas]
fiambre (f)	kumpis (v)	['kʊmpʲɪs]
presunto (m)	kumpis (v)	['kʊmpʲɪs]
patê (m)	paštètas (v)	[paʃ'tʲɛtas]
fígado (m)	kẽpenys (m dgs)	[kʲɛpe'nʲiːs]
carne (f) moída	fáršas (v)	['farʃas]
língua (f)	liežùvis (v)	[lʲiɛ'ʒʊvʲɪs]
ovo (m)	kiaušìnis (v)	[kʲɛʊ'ʃɪnʲɪs]
ovos (m pl)	kiaušìniai (v dgs)	[kʲɛʊ'ʃɪnʲɛɪ]
clara (f) do ovo	báltymas (v)	['balʲtʲiːmas]
gema (f) do ovo	trynỹs (v)	[trʲiː'nʲiːs]
peixe (m)	žuvìs (m)	[ʒʊ'vʲɪs]
mariscos (m pl)	jū́ros gėrýbės (m dgs)	['juːros gʲeːˈrʲiːbʲeːs]
crustáceos (m pl)	vėžiãgyviai (v dgs)	[vʲeːˈʒʲægʲiːvʲɛɪ]
caviar (m)	ìkrai (v dgs)	['ɪkrʌɪ]
caranguejo (m)	krãbas (v)	['kraːbas]
camarão (m)	krevėtė (m)	[krʲɛ'vʲɛtʲeː]
ostra (f)	áustrė (m)	['ɑʊstrʲeː]
lagosta (f)	langùstas (v)	[lʲan'gʊstas]
polvo (m)	aštuonkõjis (v)	[aʃtʊɑŋ'koːjis]
lula (f)	kalmãras (v)	[kalʲma:ras]
esturjão (m)	ersketíena (m)	[ɛrʃkʲɛ'tʲiɛna]
salmão (m)	lašišà (m)	[lʲaʃɪ'ʃa]
halibute (m)	õtas (v)	['oːtas]
bacalhau (m)	menkė (m)	['mʲɛŋkʲeː]

cavala, sarda (f)	skumbrė (m)	['skʊmbrʲeː]
atum (m)	tunas (v)	['tʊnas]
enguia (f)	ungurỹs (v)	[ʊŋgʊ'rʲiːs]

truta (f)	upėtakis (v)	[ʊ'pʲeːtakʲɪs]
sardinha (f)	sardinė (m)	[sar'dʲɪnʲeː]
lúcio (m)	lydeka (m)	[lʲiːdʲɛ'ka]
arenque (m)	silkė (m)	['sʲɪlʲkʲeː]

pão (m)	duona (m)	['dʊɑna]
queijo (m)	sūris (v)	['suːrʲɪs]
açúcar (m)	cukrus (v)	['tsʊkrʊs]
sal (m)	druska (m)	[drʊs'ka]

arroz (m)	ryžiai (v)	['rʲiːʒʲɛɪ]
massas (f pl)	makaronai (v dgs)	[maka'roːnʌɪ]
talharim (m)	lakštiniai (v dgs)	['lʲaːkʃtʲɪnʲɛɪ]

manteiga (f)	sviestas (v)	['svʲiɛstas]
óleo (m) vegetal	augalinis aliejus (v)	[ɑʊgalʲɪnʲɪs a'lʲɛjʊs]
óleo (m) de girassol	saulėgrąžų aliejus (v)	[sɑʊ'lʲeːgraːʒuː a'lʲɛjʊs]
margarina (f)	margarinas (v)	[marga'rʲɪnas]

| azeitonas (f pl) | alyvuogės (m dgs) | [a'lʲiːvʊɑgʲeːs] |
| azeite (m) | alyvuogių aliejus (v) | [a'lʲiːvʊɑgʲuː a'lʲɛjʊs] |

leite (m)	pienas (v)	['pʲiɛnas]
leite (m) condensado	sutirštintas pienas (v)	[sʊ'tʲɪrʃtʲɪntas 'pʲiɛnas]
iogurte (m)	jogurtas (v)	[jo'gʊrtas]
nata (f) azeda	grietinė (m)	[grʲiɛ'tʲɪnʲeː]
nata (f) do leite	grietinėlė (m)	[grʲiɛtʲɪ'nʲeːlʲeː]

| maionese (f) | majonezas (v) | [majo'nʲɛzas] |
| creme (m) | kremas (v) | ['krʲɛmas] |

grãos (m pl) de cereais	kruopos (m dgs)	['krʊɑpos]
farinha (f)	miltai (v dgs)	['mʲɪlʲtʌɪ]
enlatados (m pl)	konservai (v dgs)	[kɔn'sʲɛrvʌɪ]

flocos (m pl) de milho	kukurūzų dribsniai (v dgs)	[kʊkʊ'ruːzuː 'drʲɪbsnʲɛɪ]
mel (m)	medus (v)	[mʲɛ'dʊs]
doce (m)	džemas (v)	['dʒʲɛmas]
pastilha (f) elástica	kramtomoji guma (m)	[kramto'mojɪ gʊ'ma]

36. Bebidas

água (f)	vanduõ (v)	[van'dʊɑ]
água (f) potável	geriamas vanduõ (v)	['gʲærʲæmas van'dʊɑ]
água (f) mineral	mineralinis vanduõ (v)	[mʲɪnʲɛ'raːlʲɪnʲɪs van'dʊɑ]

sem gás	be gazo	['bʲɛ 'gaːzɔ]
gaseificada	gazuotas	[ga'zʊɑtas]
com gás	gazuotas	[ga'zʊɑtas]
gelo (m)	ledas (v)	['lʲædas]

com gelo	su ledais	['sʊ lʲɛ'dʌɪs]
sem álcool	nealkoholonis	[nʲɛalʲko'ɣolonʲɪs]
bebida (f) sem álcool	nealkoholonis gérimas (v)	[nʲɛalʲko'ɣolonʲɪs 'gʲeːrʲɪmas]
refresco (m)	gaivusis gėrimas (v)	[gʌɪ'vʊsʲɪs 'gʲeːrʲɪmas]
limonada (f)	limonãdas (v)	[lʲɪmo'naːdas]

bebidas (f pl) alcoólicas	alkoholiniai gėrimai (v dgs)	[alʲko'ɣolʲɪnʲɛɪ 'gʲeːrʲɪmʌɪ]
vinho (m)	vỹnas (v)	['vʲiːnas]
vinho (m) branco	baltas vỹnas (v)	['balʲtas 'vʲiːnas]
vinho (m) tinto	raudonas vỹnas (v)	[rɑʊ'donas 'vʲiːnas]

licor (m)	likeris (v)	['lʲɪkʲɛrʲɪs]
champanhe (m)	šampãnas (v)	[ʃam'paːnas]
vermute (m)	vermutas (v)	['vʲɛrmʊtas]

uísque (m)	viskis (v)	['vʲɪskʲɪs]
vodka (f)	degtinė (m)	[dʲɛk'tʲɪnʲeː]
gim (m)	džinas (v)	['dʒʲɪnas]
conhaque (m)	konjãkas (v)	[kɔnʲjaːkas]
rum (m)	romas (v)	['romas]

café (m)	kava (m)	[ka'va]
café (m) puro	juoda kava (m)	[jʊɑ'da ka'va]
café (m) com leite	kava su pienu (m)	[ka'va 'sʊ 'pʲɛnʊ]
cappuccino (m)	kapučino kava (m)	[kapu'tʂɪnɔ ka'va]
café (m) solúvel	tirpi kava (m)	[tʲɪr'pʲɪ ka'va]

leite (m)	pienas (v)	['pʲɛnas]
coquetel (m)	kokteilis (v)	[kɔk'tʲɛɪlʲɪs]
batido (m) de leite	pieniškas kokteilis (v)	['pʲɛnʲɪʃkas kok'tʲɛɪlʲɪs]

sumo (m)	sultys (m dgs)	['sʊlʲtʲiːs]
sumo (m) de tomate	pomidorų sultys (m dgs)	[pomʲɪ'doru: 'sʊlʲtʲiːs]
sumo (m) de laranja	apelsinų sultys (m dgs)	[apʲɛlʲ'sʲɪnu: 'sʊlʲtʲiːs]
sumo (m) fresco	šviežiai spaustos sultys (m dgs)	[ʃvʲɛ'ʒʲɛɪ 'spɑʊstos 'sʊlʲtʲiːs]

cerveja (f)	alus (v)	[a'lʲʊs]
cerveja (f) clara	šviesus alus (v)	[ʃvʲɛ'sʊs a'lʲʊs]
cerveja (f) preta	tamsus alus (v)	[tam'sʊs a'lʲʊs]

chá (m)	arbata (m)	[arba'ta]
chá (m) preto	juoda arbata (m)	[jʊɑ'da arba'ta]
chá (m) verde	žalia arbata (m)	[ʒa'lʲæ arba'ta]

37. Vegetais

| legumes (m pl) | daržovės (m dgs) | [dar'ʒovʲeːs] |
| verduras (f pl) | žalumynai (v) | [ʒalʲʊ'mʲiːnʌɪ] |

tomate (m)	pomidoras (v)	[pomʲɪ'doras]
pepino (m)	agurkas (v)	[a'gʊrkas]
cenoura (f)	morka (m)	[mor'ka]
batata (f)	bulvė (m)	['bʊlʲvʲeː]

cebola (f)	svogūnas (v)	[svoˈguːnas]
alho (m)	česnākas (v)	[tʃʲɛsˈnaːkas]
couve (f)	kopūstas (v)	[kɔˈpuːstas]
couve-flor (f)	kalafiòras (v)	[kalʲaˈfʲoras]
couve-de-bruxelas (f)	briùselio kopūstas (v)	[ˈbrʲusʲɛlʲɔ koˈpuːstas]
brócolos (m pl)	brokolių kopūstas (v)	[ˈbrokolʲuː koˈpuːstas]
beterraba (f)	runkelis, burōkas (v)	[ˈrʊŋkʲɛlʲɪs], [bʊˈroːkas]
beringela (f)	baklažānas (v)	[baklʲaˈʒaːnas]
curgete (f)	agurōtis (v)	[agʊˈroːtʲɪs]
abóbora (f)	ropė (m)	[ˈropʲeː]
nabo (m)	moliūgas (v)	[moˈlʲuːgas]
salsa (f)	petrāžolė (m)	[pʲɛˈtraːʒolʲeː]
funcho, endro (m)	krāpas (v)	[ˈkraːpas]
alface (f)	salōta (m)	[saˈlʲoːta]
aipo (m)	saliēras (v)	[saˈlʲɛras]
espargo (m)	smìdras (v)	[ˈsmʲɪdras]
espinafre (m)	špinātas (v)	[ʃpʲɪˈnaːtas]
ervilha (f)	žìrniai (v dgs)	[ˈʒʲɪrnʲɛɪ]
fava (f)	pùpos (m dgs)	[ˈpʊpos]
milho (m)	kukurūzas (v)	[kʊkʊˈruːzas]
feijão (m)	pupelės (m dgs)	[pʊˈpʲælʲeːs]
pimentão (m)	pipìras (v)	[pʲɪˈpʲɪras]
rabanete (m)	ridìkas (v)	[rʲɪˈdʲɪkas]
alcachofra (f)	artišòkas (v)	[artʲɪˈʃokas]

38. Frutos. Nozes

fruta (f)	vaìsius (v)	[ˈvʌɪsʲʊs]
maçã (f)	obuolỹs (v)	[obʊɑˈlʲiːs]
pera (f)	kriáušė (m)	[ˈkrʲæʊʃʲeː]
limão (m)	citrinà (m)	[tsʲɪtrʲɪˈna]
laranja (f)	apelsìnas (v)	[apʲɛlʲˈsʲɪnas]
morango (m)	brāškė (m)	[ˈbraːʃkʲeː]
tangerina (f)	mandarìnas (v)	[mandaˈrʲɪnas]
ameixa (f)	slyvà (m)	[slʲiːˈva]
pêssego (m)	pèrsikas (v)	[ˈpʲɛrsʲɪkas]
damasco (m)	abrikòsas (v)	[abrʲɪˈkosas]
framboesa (f)	aviētė (m)	[aˈvʲɛtʲeː]
ananás (m)	ananāsas (v)	[anaˈnaːsas]
banana (f)	banānas (v)	[baˈnaːnas]
melancia (f)	arbūzas (v)	[arˈbuːzas]
uva (f)	vỹnuogės (m dgs)	[ˈvʲiːnʊɑgʲeːs]
ginja (f)	vyšnià (m)	[vʲiːʃnʲæ]
cereja (f)	trẽšnė (m)	[ˈtrʲæʃnʲeː]
meloa (f)	meliònas (v)	[mʲɛˈlʲonas]
toranja (f)	greipfrutas (v)	[ˈgrʲɛɪpfrʊtas]
abacate (m)	avokàdas (v)	[avoˈkadas]

papaia (f)	papája (m)	[pa'pa ja]
manga (f)	mángo (v)	['mangɔ]
romã (f)	granãtas (v)	[gra'na:tas]

groselha (f) vermelha	raudoníeji serbeñtai (v dgs)	[raʊdo'nʲɛji sʲɛr'bʲɛntʌɪ]
groselha (f) preta	juodíeji serbeñtai (v dgs)	[jʊɑ'dʲiɛjɪ sʲɛr'bʲɛntʌɪ]
groselha (f) espinhosa	agrãstas (v)	[ag'ra:stas]
mirtilo (m)	mélynės (m dgs)	[mʲe:'lʲi:nʲe:s]
amora silvestre (f)	gérvuogės (m dgs)	['gʲɛrvʊagʲe:s]

uvas (f pl) passas	razìnos (m dgs)	[ra'zʲɪnos]
figo (m)	figà (m)	[fʲɪ'ga]
tâmara (f)	datùlė (m)	[da'tʊlʲe:]

amendoim (m)	žẽmės riešutaĩ (v)	['ʒʲæmʲe:s rʲiɛʃʊ'tʌɪ]
amêndoa (f)	migdõlas (v)	[mʲɪg'do:lʲas]
noz (f)	graĩkinis ríešutas (v)	['grʌɪkʲɪnʲɪs 'rʲiɛʃʊtas]
avelã (f)	ríešutas (v)	['rʲiɛʃʊtas]
coco (m)	kòkoso ríešutas (v)	['kokosɔ 'rʲiɛʃʊtas]
pistáchios (m pl)	pistãcijos (m dgs)	[pʲɪs'ta:tsʲɪjɔs]

39. Pão. Bolaria

pastelaria (f)	konditèrijos gaminiaĩ (v)	[kondʲɪ'tʲɛrʲɪjɔs gamʲɪ'nʲɛɪ]
pão (m)	dúona (m)	['dʊɑna]
bolacha (f)	sausaĩniai (v)	[saʊ'sʌɪnʲɛɪ]

chocolate (m)	šokolãdas (v)	[ʃoko'lʲa:das]
de chocolate	šokolãdinis	[ʃoko'lʲa:dʲɪnʲɪs]
rebuçado (m)	saldaĩnis (v)	[salʲ'dʌʲɪnʲɪs]
bolo (cupcake, etc.)	pyragáitis (v)	[pʲi:ra'gʌɪtʲɪs]
bolo (m) de aniversário	tòrtas (v)	['tortas]

| tarte (~ de maçã) | pyrãgas (v) | [pʲi:'ra:gas] |
| recheio (m) | įdaras (v) | ['i:daras] |

doce (m)	uogiẽnė (m)	[ʊɑ'gʲɛnʲe:]
geleia (f) de frutas	marmelãdas (v)	[marmʲɛ'lʲa:das]
waffle (m)	vãfliai (v dgs)	['va:flʲɛɪ]
gelado (m)	ledaĩ (v dgs)	[lʲɛ'dʌɪ]
pudim (m)	pùdingas (v)	['pʊdʲɪngas]

40. Pratos cozinhados

prato (m)	pãtiekalas (v)	['pa:tʲiɛkalʲas]
cozinha (~ portuguesa)	virtùvė (m)	[vʲɪr'tʊvʲe:]
receita (f)	recèptas (v)	[rʲɛ'tsʲɛptas]
porção (f)	pòrcija (m)	['portsʲɪjɛ]

salada (f)	salõtos (m)	[sa'lʲo:tos]
sopa (f)	sriubà (m)	[srʲʊ'ba]
caldo (m)	sultinỹs (v)	[sʊlʲtʲɪ'nʲi:s]

T&P Books. Vocabulário Português-Lituano - 5000 palavras

sandes (f)	sumuštinis (v)	[sʊmʊʃˈtʲɪnʲɪs]
ovos (m pl) estrelados	kiaušinienė (m)	[kʲɛʊʃɪˈnʲɛnʲeː]

hambúrguer (m)	mėsainis (v)	[mʲeːˈsʌɪnʲɪs]
bife (m)	bifšteksas (v)	[bʲɪfʃtʲɛksas]

conduto (m)	garnyras (v)	[garˈnʲiːras]
espaguete (m)	spagečiai (v dgs)	[spaˈɡʲɛts̪ʲɛɪ]
puré (m) de batata	bulvių košė (m)	[ˈbʊlʲvʲuː ˈkoːʃeː]
pizza (f)	pica (m)	[pʲɪˈtsa]
papa (f)	košė (m)	[ˈkoːʃeː]
omelete (f)	omletas (v)	[omˈlʲɛtas]

cozido em água	virtas	[ˈvʲɪrtas]
fumado	rūkytas	[ruːˈkʲiːtas]
frito	keptas	[ˈkʲæptas]
seco	džiovintas	[dʒʲoˈvʲɪntas]
congelado	šaldytas	[ˈʃalʲdʲiːtas]
em conserva	marinuotas	[marʲɪˈnʊɑtas]

doce (açucarado)	saldus	[salʲˈdʊs]
salgado	sūrus	[suːˈrʊs]
frio	šaltas	[ˈʃalʲtas]
quente	karštas	[ˈkarʃtas]
amargo	kartus	[karˈtʊs]
gostoso	skanus	[skaˈnʊs]

cozinhar (em água a ferver)	virti	[ˈvʲɪrtʲɪ]
fazer, preparar (vt)	gaminti	[ɡaˈmʲɪntʲɪ]
fritar (vt)	kepti	[ˈkʲɛptʲɪ]
aquecer (vt)	pašildyti	[paˈʃɪlʲdʲiːtʲɪ]

salgar (vt)	sūdyti	[ˈsuːdʲiːtʲɪ]
apimentar (vt)	įberti pipirų	[iːˈbʲɛrtʲɪ pʲɪˈpʲɪruː]
ralar (vt)	tarkuoti	[tarˈkʊɑtʲɪ]
casca (f)	luoba (m)	[ˈlʲʊaba]
descascar (vt)	lupti bulves	[ˈlʊptʲɪ ˈbʊlʲvʲɛs]

41. Especiarias

sal (m)	druska (m)	[drʊsˈka]
salgado	sūrus	[suːˈrʊs]
salgar (vt)	sūdyti	[ˈsuːdʲiːtʲɪ]

pimenta (f) preta	juodieji pipirai (v)	[jʊɑˈdʲiɛjɪ pʲɪˈpʲɪrʌɪ]
pimenta (f) vermelha	raudonieji pipirai (v)	[rɑʊdoˈnʲiɛjɪ pʲɪˈpʲɪrʌɪ]
mostarda (f)	garstyčios (v)	[ɡarˈstʲiːts̪ʲos]
raiz-forte (f)	krienai (v dgs)	[krʲiɛˈnʌɪ]

condimento (m)	prieskonis (v)	[ˈprʲiɛskonʲɪs]
especiaria (f)	prieskonis (v)	[ˈprʲiɛskonʲɪs]
molho (m)	padažas (v)	[ˈpaːdaʒas]
vinagre (m)	actas (v)	[ˈaːtstas]
anis (m)	anyžius (v)	[aˈnʲiːʒʲʊs]

manjericão (m)	bazilikas (v)	[ba'zʲɪlʲɪkas]
cravo (m)	gvazdikas (v)	[gvaz'dʲɪkas]
gengibre (m)	imbieras (v)	['ɪmbʲiɛras]
coentro (m)	kalendra (m)	[ka'lʲɛndra]
canela (f)	cinamonas (v)	[tsʲɪna'monas]
sésamo (m)	sezamas (v)	[sʲɛ'zaːmas]
folhas (f pl) de louro	lauro lapas (v)	['lʲaurɔ 'lʲaːpas]
páprica (f)	paprika (m)	['paːprʲɪka]
cominho (m)	kmynai (v)	['kmʲiːnʌɪ]
açafrão (m)	šafranas (v)	[ʃafˈraːnas]

42. Refeições

comida (f)	valgis (v)	['valʲgʲɪs]
comer (vt)	valgyti	['valʲgʲiːtʲɪ]
pequeno-almoço (m)	pusryčiai (v dgs)	['pusrʲiːtʂʲɛɪ]
tomar o pequeno-almoço	pusryčiauti	['pusrʲiːtʂʲɛutʲɪ]
almoço (m)	pietūs (v)	['pʲɛ'tuːs]
almoçar (vi)	pietáuti	[pʲiɛ'tautʲɪ]
jantar (m)	vakarienė (m)	[vaka'rʲɛnʲeː]
jantar (vi)	vakarieniauti	[vakarʲiɛ'nʲæutʲɪ]
apetite (m)	apetitas (v)	[apʲɛ'tʲɪtas]
Bom apetite!	Gero apetito!	['gʲærɔ apʲɛ'tʲɪtɔ!]
abrir (~ uma lata, etc.)	atidaryti	[atʲɪda'rʲiːtʲɪ]
derramar (vt)	išpilti	[ɪʃ'pʲɪlʲtʲɪ]
derramar-se (vr)	išsipilti	[ɪʃsʲɪ'pʲɪlʲtʲɪ]
ferver (vi)	virti	['vʲɪrtʲɪ]
ferver (vt)	virinti	['vʲɪrʲɪntʲɪ]
fervido	virintas	['vʲɪrʲɪntas]
arrefecer (vt)	atvėsinti	[atvʲeː'sʲɪntʲɪ]
arrefecer-se (vr)	vėsinti	[vʲeː'sʲɪntʲɪ]
sabor, gosto (m)	skonis (v)	['skoːnʲɪs]
gostinho (m)	prieskonis (v)	['prʲiɛskonʲɪs]
fazer dieta	laikyti dietos	[lʲʌɪ'kʲiːtʲɪ 'dʲɛtos]
dieta (f)	dieta (m)	[dʲiɛ'ta]
vitamina (f)	vitaminas (v)	[vʲɪta'mʲɪnas]
caloria (f)	kalorija (m)	[ka'lʲorʲɪjɛ]
vegetariano (m)	vegetaras (v)	[vʲɛgʲɛ'taːras]
vegetariano	vegetariškas	[vʲɛgʲɛ'taːrʲɪʃkas]
gorduras (f pl)	riebalai (v dgs)	[rʲiɛba'lʲʌɪ]
proteínas (f pl)	baltymai (v dgs)	[balʲtʲiː'mʌɪ]
carboidratos (m pl)	angliavandeniai (v dgs)	[an'glʲævandʲɛnʲɛɪ]
fatia (~ de limão, etc.)	griežinys (v)	[grʲiɛʒʲɪ'nʲiːs]
pedaço (~ de bolo)	gabalas (v)	['gaːbalʲas]
migalha (f)	trupinys (v)	[trupʲɪ'nʲiːs]

43. Por a mesa

colher (f)	šáukštas (v)	[ˈʃɑukʃtas]
faca (f)	peìlis (v)	[ˈpʲɛlʲɪs]
garfo (m)	šakùtė (m)	[ʃaˈkʊtʲeː]

chávena (f)	puodùkas (v)	[pʊɑˈdʊkas]
prato (m)	lėkště (m)	[lʲeːkʃˈtʲeː]
pires (m)	lėkštėlė (m)	[lʲeːkʃˈtʲælʲeː]
guardanapo (m)	servetėlė (m)	[sʲɛrveˈtʲeːlʲeː]
palito (m)	dantų krapštùkas (v)	[danˈtuː krapʃˈtʊkas]

44. Restaurante

restaurante (m)	restoranas (v)	[rʲɛstoˈraːnas]
café (m)	kavìnė (m)	[kaˈvʲɪnʲeː]
bar (m), cervejaria (f)	bãras (v)	[ˈbaːras]
salão (m) de chá	arbãtos salònas (v)	[arˈbaːtos saˈlʲonas]

empregado (m) de mesa	padavėjas (v)	[padaˈvʲeːjas]
empregada (f) de mesa	padavėja (m)	[padaˈvʲeːja]
barman (m)	bármenas (v)	[ˈbarmʲɛnas]

ementa (f)	meniù (v)	[mʲɛˈnʲʊ]
lista (f) de vinhos	výnų žemėlapis (v)	[ˈvʲiːnuː ʒeˈmʲeːlʲapʲɪs]
reservar uma mesa	rezervúoti staliùką	[rʲɛzʲɛrˈvʊɑtʲɪ staˈlʲʊkaː]

prato (m)	pãtiekalas (v)	[ˈpaːtʲɪɛkalʲas]
pedir (vt)	užsisakýti	[ʊʒsʲɪsakʲiːtʲɪ]
fazer o pedido	padarýti užsãkymą	[padaˈrʲiːtʲɪ ʊʒˈsaːkʲiːmaː]

aperitivo (m)	aperitývas (v)	[apʲɛrʲɪˈtʲiːvas]
entrada (f)	ùžkandis (v)	[ˈʊʒkandʲɪs]
sobremesa (f)	desèrtas (v)	[dʲɛˈsʲɛrtas]

conta (f)	sąskaita (m)	[ˈsaːskʌɪta]
pagar a conta	apmokėti sąskaitą	[apmoˈkʲeːtʲɪ ˈsaːskʌɪtaː]
dar o troco	dúoti grąžõs	[ˈdʊɑtʲɪ graːˈʒoːs]
gorjeta (f)	arbãtpinigiai (v dgs)	[arˈbaːtpʲɪnʲɪgʲɛɪ]

Família, parentes e amigos

45. Informação pessoal. Formulários

nome (m)	vardas (v)	['vardas]
apelido (m)	pavardė (m)	[pavarˈdʲeː]
data (f) de nascimento	gimìmo datà (m)	[gʲɪˈmʲɪmɔ daˈta]
local (m) de nascimento	gimìmo vietà (m)	[gʲɪˈmʲɪmɔ vʲiɛˈta]
nacionalidade (f)	tautýbė (m)	[taʊˈtʲiːbʲeː]
lugar (m) de residência	gyvẽnamoji vietà (m)	[gʲiːvʲæna'mojɪ vʲiɛˈta]
país (m)	šalìs (m)	[ʃaˈlʲɪs]
profissão (f)	profèsija (m)	[profʲɛsʲɪjɛ]
sexo (m)	lýtis (m)	[ˈlʲiːtʲɪs]
estatura (f)	ūgis (v)	[ˈuːgʲɪs]
peso (m)	svõris (v)	[ˈsvɔːrʲɪs]

46. Membros da família. Parentes

mãe (f)	mótina (m)	['motʲɪna]
pai (m)	tėvas (v)	[ˈtʲeːvas]
filho (m)	sūnùs (v)	[suːˈnʊs]
filha (f)	dukrà, duktė̃ (m)	[dʊkˈra], [dʊkˈtʲeː]
filha (f) mais nova	jaunesnióji duktė̃ (m)	[jɛʊnesˈnʲoːjɪ dʊkˈtʲeː]
filho (m) mais novo	jaunesnỹsis sūnùs (v)	[jɛʊnʲɛsˈnʲiːsʲɪs suːˈnʊs]
filha (f) mais velha	vyresnióji duktė̃ (m)	[vʲiːresˈnʲoːjɪ dʊkˈtʲeː]
filho (m) mais velho	vyresnỹsis sūnùs (v)	[vʲiːrʲɛsˈnʲiːsʲɪs suːˈnʊs]
irmão (m)	brólis (v)	[ˈbrolʲɪs]
irmão (m) mais velho	vyresnỹsis brólis (v)	[vʲiːrʲɛsˈnʲiːsʲɪs ˈbrolʲɪs]
irmão (m) mais novo	jaunesnỹsis brólis (v)	[jɛʊnʲɛsˈnʲiːsʲɪs ˈbrolʲɪs]
irmã (f)	sesuõ (m)	[sʲɛˈsʊɑ]
irmã (f) mais velha	vyresnióji sesuõ (m)	[vʲiːrʲɛsˈnʲoːjɪ sʲɛˈsʊɑ]
irmã (f) mais nova	jaunesnióji sesuõ (m)	[jɛʊnʲɛsˈnʲoːjɪ sʲɛˈsʊɑ]
primo (m)	pùsbrolis (v)	[ˈpʊsbrolʲɪs]
prima (f)	pùsseserė (m)	[ˈpʊsseserʲeː]
mamã (f)	mamà (m)	[maˈma]
papá (m)	tėtis (v)	[ˈtʲeːtʲɪs]
pais (pl)	tėvaĩ (v)	[tʲeːˈvʌɪ]
criança (f)	vaĩkas (v)	[ˈvʌɪkas]
crianças (f pl)	vaikaĩ (v)	[vʌɪˈkʌɪ]
avó (f)	senẽlė (m)	[sʲɛˈnʲælʲeː]
avô (m)	senẽlis (v)	[sʲɛˈnʲælʲɪs]
neto (m)	anū̃kas (v)	[aˈnuːkas]

neta (f)	anūkė (m)	[a'nu:kʲe:]
netos (pl)	anūkai (v)	[a'nu:kʌɪ]
tio (m)	dėdė (v)	['dʲe:dʲe:]
tia (f)	teta (m)	[tʲɛ'ta]
sobrinho (m)	sūnėnas (v)	[su:'nʲe:nas]
sobrinha (f)	dukterėčia (m)	[dʊkte'rʲe:tʂʲæ]
sogra (f)	uošvė (m)	['ʊɑʃvʲe:]
sogro (m)	uošvis (v)	['ʊɑʃvʲɪs]
genro (v)	žentas (v)	['ʒʲɛntas]
madrasta (f)	pamotė (m)	['pa:motʲe:]
padrasto (m)	patėvis (v)	[pa'tʲe:vʲɪs]
criança (f) de colo	kūdikis (v)	['ku:dʲɪkʲɪs]
bebé (m)	naujagimis (v)	[nɑʊ'ja:gʲɪmʲɪs]
menino (m)	vaikas (v)	['vʌɪkas]
mulher (f)	žmona (m)	[ʒmo'na]
marido (m)	vyras (v)	['vʲi:ras]
esposo (m)	sutuoktinis (v)	[sʊtʊɑk'tʲɪnʲɪs]
esposa (f)	sutuoktinė (m)	[sʊtʊɑk'tʲɪnʲe:]
casado	vędęs	['vʲædʲɛ:s]
casada	ištekėjusi	[ɪʃtʲɛ'kʲe:jʊsʲɪ]
solteiro	viengungis	[vʲiɛŋ'gʊŋgʲɪs]
solteirão (m)	viengungis (v)	[vʲiɛŋ'gʊŋgʲɪs]
divorciado	išsiskyręs	[ɪʃsʲɪ'skʲi:rʲɛ:s]
viúva (f)	našlė (m)	[naʃ'lʲe:]
viúvo (m)	našlys (v)	[naʃ'lʲi:s]
parente (m)	giminaitis (v)	[gʲɪmʲɪ'nʌɪtʲɪs]
parente (m) próximo	artimas giminaitis (v)	['artʲɪmas gʲɪmʲɪ'nʌɪtʲɪs]
parente (m) distante	tolimas giminaitis (v)	['tolʲɪmas gʲɪmʲɪ'nʌɪtʲɪs]
parentes (m pl)	giminės (m dgs)	['gʲɪmʲɪnʲe:s]
órfão (m), órfã (f)	našlaitis (v)	[naʃ'lʲʌɪtʲɪs]
tutor (m)	globėjas (v)	[glʲo'bʲe:jas]
adotar (um filho)	įsūnyti	[i:'su:nʲɪ:tʲɪ]
adotar (uma filha)	įdukrinti	[i:'dʊkrʲɪntʲɪ]

Medicina

47. Doenças

doença (f)	ligà (m)	[lʲɪ'ga]
estar doente	sírgti	['sʲɪrktʲɪ]
saúde (f)	sveikatà (m)	[svʲɛɪka'ta]
nariz (m) a escorrer	slogà (m)	[slʲo'ga]
amigdalite (f)	anginà (m)	[angʲɪ'na]
constipação (f)	péršalimas (v)	['pʲɛrʃalʲɪmas]
constipar-se (vr)	péršalti	['pʲɛrʃalʲtʲɪ]
bronquite (f)	bronchìtas (v)	[bron'xʲɪtas]
pneumonia (f)	plaũčių uždegìmas (v)	['plʲautʂʲu: ʊʒdʲɛ'gʲɪmas]
gripe (f)	grìpas (v)	['grʲɪpas]
míope	trumparegis	[trʊmpa'rʲægʲɪs]
presbita	toliaregis	[tolʲæ'rʲægʲɪs]
estrabismo (m)	žvairùmas (v)	[ʒvʌɪ'rʊmas]
estrábico	žvaĩras	['ʒvʌɪras]
catarata (f)	kataraktà (m)	[katarak'ta]
glaucoma (m)	glaukomà (m)	[glʲaʊko'ma]
AVC (m), apoplexia (f)	insùltas (v)	[ɪn'sʊlʲtas]
ataque (m) cardíaco	infárktas (v)	[ɪn'farktas]
enfarte (m) do miocárdio	miokárda infárktas (v)	[mʲɪjo'karda in'farktas]
paralisia (f)	paralỹžius (v)	[para'lʲi:ʒʲʊs]
paralisar (vt)	paralìžúoti	[paralʲɪ'ʒʊatʲɪ]
alergia (f)	alèrgija (m)	[a'lʲɛrgʲɪjɛ]
asma (f)	astmà (m)	[ast'ma]
diabetes (f)	diabètas (v)	[dʲɪja'bʲɛtas]
dor (f) de dentes	dantų̃ skaũsmas (v)	[dan'tu: 'skaʊsmas]
cárie (f)	káriesas (v)	['ka:rʲɪɛsas]
diarreia (f)	diaréja (m)	[dʲɪjarʲɛ:ja]
prisão (f) de ventre	vidurių̃ užkietėjimas (v)	[vʲɪdʊ'rʲu: ʊʒkʲɪɛ'tʲɛjɪmas]
desarranjo (m) intestinal	skrañdžio sutrikìmas (v)	['skrandʒʲɔ sʊtrʲɪ'kʲɪmas]
intoxicação (f) alimentar	apsinuõdijimas (v)	[apsʲɪ'nʊadʲɪjɪmas]
intoxicar-se	apsinuõdyti	[apsʲɪ'nʊadʲi:tʲɪ]
artrite (f)	artrìtas (v)	[art'rʲɪtas]
raquitismo (m)	rachìtas (v)	[ra'xʲɪtas]
reumatismo (m)	reumatìzmas (v)	[rʲɛʊma'tʲɪzmas]
arteriosclerose (f)	aterosklerozė̃ (m)	[ateroskl'ɛ'rozʲe:]
gastrite (f)	gastrìtas (v)	[gas'trʲɪtas]
apendicite (f)	apendicìtas (v)	[apʲɛndʲɪ'tsʲɪtas]

| colecistite (f) | cholecistìtas (v) | [xolʲɛtsʲɪsˈtʲɪtas] |
| úlcera (f) | opà (m) | [oˈpa] |

sarampo (m)	tymaĩ (v)	[tʲiːˈmʌɪ]
rubéola (f)	raudoniùkė (m)	[rɑʊdoʲnʲʊkʲeː]
iterícia (f)	geltà (m)	[gʲɛlʲˈta]
hepatite (f)	hepatìtas (v)	[ɣʲɛpaˈtʲɪtas]

esquizofrenia (f)	šizofrènija (m)	[ʃɪzoˈfrʲɛnʲɪjɛ]
raiva (f)	pasiùtligė (m)	[paˈsʲʊtlʲɪgʲeː]
neurose (f)	neurozė (m)	[nʲɛʊˈrozʲeː]
comoção (f) cerebral	smegenų sutrenkìmas (v)	[smʲɛgʲɛˈnuː sʊtrʲɛŋˈkʲɪmas]

cancro (m)	vėžỹs (v)	[vʲeːˈʒʲiːs]
esclerose (f)	sklerozė (m)	[sklʲɛˈrozʲeː]
esclerose (f) múltipla	išsėtinė sklerozė (m)	[ɪʃsʲeːˈtʲɪnʲeː sklʲɛˈrozʲeː]

alcoolismo (m)	alkoholìzmas (v)	[alʲkoɣoˈlʲɪzmas]
alcoólico (m)	alokoholikas (v)	[alokoˈɣolʲɪkas]
sífilis (f)	sìfilis (v)	[ˈsʲɪfʲɪlʲɪs]
SIDA (f)	ŽIV (v)	[ˈʒʲɪv]

tumor (m)	auglỹs (v)	[ɑʊgˈlʲiːs]
febre (f)	karštligė (m)	[ˈkarʃtlʲɪgʲeː]
malária (f)	maliãrija (m)	[maˈlʲæːrʲɪjɛ]
gangrena (f)	gangrenà (m)	[gangrʲɛˈna]
enjoo (m)	jū́ros ligà (m)	[ˈjuːros lʲɪˈga]
epilepsia (f)	epilèpsija (m)	[ɛpʲɪˈlʲɛpsʲɪjɛ]

epidemia (f)	epidèmija (m)	[ɛpʲɪˈdʲɛmʲɪjɛ]
tifo (m)	šìltinė (m)	[ˈʃʲɪlʲtʲɪnʲeː]
tuberculose (f)	tuberkuliozė (m)	[tʊbɛrkʊˈlʲozʲeː]
cólera (f)	cholera (m)	[ˈxolʲɛra]
peste (f)	mãras (v)	[ˈmaːras]

48. Sintomas. Tratamentos. Parte 1

sintoma (m)	simptòmas (v)	[sʲɪmpˈtomas]
temperatura (f)	temperatūrà (m)	[tʲɛmpʲɛratuːˈra]
febre (f)	aukštà temperatūrà (m)	[ɑʊkʃˈta tʲɛmpʲɛratuːˈra]
pulso (m)	pùlsas (v)	[ˈpʊlʲsas]

vertigem (f)	galvõs svaigìmas (v)	[galʲˈvoːs svʌɪˈgʲɪmas]
quente (testa, etc.)	karštas	[ˈkarʃtas]
calafrio (m)	drebulỹs (v)	[drʲɛbʊˈlʲiːs]
pálido	išbãlęs	[ɪʃˈbaːlʲɛːs]

tosse (f)	kosulỹs (v)	[kɔsʊˈlʲiːs]
tossir (vi)	kosėti	[ˈkosʲeːtʲɪ]
espirrar (vi)	čiáudėti	[ˈtʂʲæʊdʲeːtʲɪ]
desmaio (m)	nualpìmas (v)	[nʊˈalʲpʲɪmas]
desmaiar (vi)	nualpti	[nʊˈalʲptʲɪ]
nódoa (f) negra	mėlynė (m)	[mʲeːˈlʲiːnʲeː]
galo (m)	gùzas (v)	[ˈgʊzas]

magoar-se (vr)	atsitreñkti	[atsʲɪ'trʲɛŋktʲɪ]
pisadura (f)	sumušìmas (v)	[sʊmʊ'ʃɪmas]
aleijar-se (vr)	susimùšti	[sʊsʲɪ'mʊʃtʲɪ]
coxear (vi)	šlubúoti	[ʃlʲʊ'bʊɑtʲɪ]
deslocação (f)	išnirìmas (v)	[ɪʃnʲɪ'rʲɪmas]
deslocar (vt)	išnarìnti	[ɪʃna'rʲɪntʲɪ]
fratura (f)	lū̃žis (v)	['lʲuːʒʲɪs]
fraturar (vt)	susilaužyti	[sʊsʲɪ'lʲɑʊʒʲiːtʲɪ]
corte (m)	įpjovìmas (v)	[iːpjɔ'vʲɪːmas]
cortar-se (vr)	įsipjáuti	[iːsʲɪ'pjɑʊtʲɪ]
hemorragia (f)	kraujãvimas (v)	[krɑʊ'jaːvʲɪmas]
queimadura (f)	nudegìmas (v)	[nʊdʲɛ'gʲɪmas]
queimar-se (vr)	nusidẽginti	[nʊsʲɪ'dʲægʲɪntʲɪ]
picar (vt)	įdùrti	[iː'dʊrtʲɪ]
picar-se (vr)	įsidùrti	[iːsʲɪ'dʊrtʲɪ]
lesionar (vt)	susižalóti	[sʊsʲɪʒa'lʲotʲɪ]
lesão (m)	sužalójimas (v)	[sʊʒa'lʲoːjɪmas]
ferida (f), ferimento (m)	žaizdà (m)	[ʒʌɪz'da]
trauma (m)	tráuma (m)	['trɑʊma]
delirar (vi)	sapalióti	[sapa'lʲotʲɪ]
gaguejar (vi)	mikčióti	[mʲɪk'tsʲotʲɪ]
insolação (f)	sáulės smū̃gis (v)	['sɑʊlʲeːs 'smuːgʲɪs]

49. Sintomas. Tratamentos. Parte 2

dor (f)	skaũsmas (v)	['skɑʊsmas]
farpa (no dedo)	rakštìs (m)	[rakʃ'tʲɪs]
suor (m)	prãkaitas (v)	['praːkʌɪtas]
suar (vi)	prakaitúoti	[prakʌɪ'tʊɑtʲɪ]
vómito (m)	pýkinimas (v)	['pʲiːkʲɪnʲɪmas]
convulsões (f pl)	traukùliai (v)	[trɑʊ'kʊlʲɛɪ]
grávida	nė́ščia	[nʲeːʃtsʲæ]
nascer (vi)	gìmti	['gʲɪmtʲɪ]
parto (m)	gimdymas (v)	['gʲɪmdʲiːmas]
dar à luz	gimdýti	[gʲɪm'dʲiːtʲɪ]
aborto (m)	abòrtas (v)	[a'bɔrtas]
respiração (f)	kvėpãvimas (v)	[kvʲeː'paːvʲɪmas]
inspiração (f)	įkvėpis (v)	['iːkvʲeːpʲɪs]
expiração (f)	iškvėpìmas (v)	[ɪʃkvʲeː'pʲɪmas]
expirar (vi)	iškvė́pti	[ɪʃ'kvʲeːptʲɪ]
inspirar (vi)	įkvė́pti	[iːk'vʲeːptʲɪ]
inválido (m)	invalìdas (v)	[ɪnva'lʲɪdas]
aleijado (m)	luošỹs (v)	[lʲʊɑ'ʃʲɪːs]
toxicodependente (m)	narkomãnas (v)	[narkɔ'maːnas]
surdo	kurčias	['kʊrtʂʲæs]

T&P Books. Vocabulário Português-Lituano - 5000 palavras

mudo	nebylỹs	[nʲɛbʲiːˈlʲiːs]
surdo-mudo	kurčnebylis	[ˈkʊrtsnʲɛbʲiːlʲɪs]

louco (adj.)	pamìšęs	[paˈmʲɪʃɛːs]
louco (m)	pamìšęs (v)	[paˈmʲɪʃɛːs]
louca (f)	pamìšusi (m)	[paˈmʲɪʃʊsʲɪ]
ficar louco	išprotéti	[ɪʃproˈtʲeːtʲɪ]

gene (m)	gènas (v)	[ˈgʲɛnas]
imunidade (f)	imunitètas (v)	[ɪmʊnʲɪˈtʲɛtas]
hereditário	pavéldimas	[paˈvʲɛlʲdʲɪmas]
congénito	įgimtas	[ˈiːgʲɪmtas]

vírus (m)	virusas (v)	[ˈvʲɪrʊsas]
micróbio (m)	mikròbas (v)	[mʲɪkˈrobas]
bactéria (f)	baktèrija (m)	[bakˈtʲɛrʲɪjɛ]
infeção (f)	infèkcija (m)	[ɪnˈfʲɛktsʲɪjɛ]

50. Sintomas. Tratamentos. Parte 3

hospital (m)	ligóninė (m)	[lʲɪˈgonʲɪnʲeː]
paciente (m)	pacieñtas (v)	[paˈtsʲiɛntas]

diagnóstico (m)	diagnòzė (m)	[dʲɪjagˈnozʲeː]
cura (f)	gýdymas (v)	[ˈgʲiːdʲiːmas]
tratamento (m) médico	gýdymas (v)	[ˈgʲiːdʲiːmas]
curar-se (vr)	gýdytis	[ˈgʲiːdʲiːtʲɪs]
tratar (vt)	gýdyti	[ˈgʲiːdʲiːtʲɪ]
cuidar (pessoa)	slaugýti	[slʲɑʊˈgʲiːtʲɪ]
cuidados (m pl)	slaugà (m)	[slʲɑʊˈga]

operação (f)	operācija (m)	[opʲɛˈraːtsʲɪjɛ]
enfaixar (vt)	pérrišti	[ˈpʲɛrrʲɪʃtʲɪ]
enfaixamento (m)	pérrišimas (v)	[ˈpʲɛrrʲɪʃɪmas]

vacinação (f)	skiẽpas (v)	[ˈskʲɛpas]
vacinar (vt)	skiẽpyti	[ˈskʲɛpʲiːtʲɪ]
injeção (f)	įdūrìmas (v)	[iːduːˈrʲɪːmas]
dar uma injeção	suléisti vaistus	[sʊˈlʲɛɪstʲɪ ˈvɑɪstʊs]

ataque (~ de asma, etc.)	príepuolis (v)	[ˈprʲɪɛpʊalʲɪs]
amputação (f)	amputācija (m)	[ampʊˈtaːtsʲɪjɛ]
amputar (vt)	amputúoti	[ampʊˈtʊatʲɪ]
coma (f)	komà (m)	[kɔˈma]
estar em coma	būti kõmoje	[ˈbuːtʲɪ ˈkõmojɛ]
reanimação (f)	reanimācija (m)	[rʲɛanʲɪˈmaːtsʲɪjɛ]

recuperar-se (vr)	sveĩkti ...	[ˈsvʲɛɪktʲɪ ...]
estado (~ de saúde)	būklė (m)	[ˈbuːklʲeː]
consciência (f)	sąmonė (m)	[ˈsaːmonʲeː]
memória (f)	atmintìs (m)	[atmʲɪnˈtʲɪs]

tirar (vt)	šālinti	[ˈʃaːlʲɪntʲɪ]
chumbo (m), obturação (f)	plomba (m)	[ˈplʲomba]

chumbar, obturar (vt)	plombúoti	[plʲom'buatʲɪ]
hipnose (f)	hipnozė (m)	[ɣʲɪp'nozʲeː]
hipnotizar (vt)	hipnotizúoti	[ɣʲɪpnotʲɪ'zuatʲɪ]

51. Médicos

médico (m)	gýdytojas (v)	['gʲiːdʲiːtoːjɛs]
enfermeira (f)	medicìnos sesẽlė (m)	[mʲɛdʲɪ'tsʲɪnos se'sʲælʲeː]
médico (m) pessoal	asmenìnis gýdytojas (v)	[asmʲɛ'nʲɪnʲɪs 'gʲiːdʲiːtoːjɛs]

dentista (m)	dantìstas (v)	[dan'tʲɪstas]
oculista (m)	okulìstas (v)	[oku'lʲɪstas]
terapeuta (m)	terapèutas (v)	[tʲɛra'pʲɛutas]
cirurgião (m)	chirùrgas (v)	[xʲɪ'rurgas]

psiquiatra (m)	psichiãtras (v)	[psʲɪxʲɪ'jatras]
pediatra (m)	pediãtras (v)	[pʲɛ'dʲɪ'jatras]
psicólogo (m)	psichològas (v)	[psʲɪxo'lʲogas]
ginecologista (m)	ginekològas (v)	[gʲɪnʲɛko'lʲogas]
cardiologista (m)	kardiològas (v)	[kardʲɪjɔ'lʲogas]

52. Medicina. Drogas. Acessórios

medicamento (m)	vaĩstas (v)	['vʌɪstas]
remédio (m)	príemonė (m)	['prʲiɛmonʲeː]
receitar (vt)	išrašýti	[ɪʃra'ʃɪːtʲɪ]
receita (f)	recèptas (v)	[rʲɛ'tsʲɛptas]

comprimido (m)	tablètė (m)	[tab'lʲɛtʲeː]
pomada (f)	tẽpalas (v)	['tʲæpalʲas]
ampola (f)	ámpulė (m)	['ampulʲeː]
preparado (m)	mikstūrà (m)	[mʲɪkstuː'ra]
xarope (m)	sìrupas (v)	['sʲɪrupas]
cápsula (f)	piliùlė (m)	[pʲɪ'lʲulʲeː]
remédio (m) em pó	miltẽliai (v dgs)	[mʲɪlʲ'tʲælʲɛɪ]

ligadura (f)	bìntas (v)	['bʲɪntas]
algodão (m)	vatà (m)	[va'ta]
iodo (m)	jòdas (v)	[jɔ das]

penso (m) rápido	pleĩstras (v)	['plʲɛɪstras]
conta-gotas (m)	pipètė (m)	[pʲɪ'pʲɛtʲeː]
termómetro (m)	termomètras (v)	[tʲɛrmo'mʲɛtras]
seringa (f)	švir̃kštas (v)	['ʃvʲɪrkʃtas]

| cadeira (f) de rodas | neįgaliójo vežimẽlis (v) | [nʲɛɪ:ga'lʲojo vʲɛ'ʒʲɪmʲeːlʲɪs] |
| muletas (f pl) | rameñtai (v dgs) | [ra'mʲɛntʌɪ] |

| analgésico (m) | skaũsmą malšìnantys vaĩstai (v dgs) | ['skausmɑ malʲɪˈʃɪnantʲiːs 'vʌɪstʌɪ] |

| laxante (m) | laĩsvinantys vaĩstai (v dgs) | ['lʲʌɪsvʲɪnantʲiːs 'vʌɪstʌɪ] |
| álcool (m) etílico | spìritas (v) | ['spʲɪrʲɪtas] |

ervas (f pl) medicinais   žolė (m)   [ʒɔˈlʲeː]
de ervas (chá ~)   žolìnis   [ʒɔˈlʲɪnʲɪs]

HABITAT HUMANO

Cidade

53. Cidade. Vida na cidade

cidade (f)	miẽstas (v)	['mʲɛstas]
capital (f)	sóstinė (m)	['sostʲɪnʲe:]
aldeia (f)	káimas (v)	['kʌɪmas]
mapa (m) da cidade	miẽsto plãnas (v)	['mʲɛstɔ 'plʲa:nas]
centro (m) da cidade	miẽsto ceñtras (v)	['mʲɛstɔ 'tsʲɛntras]
subúrbio (m)	príemiestis (v)	['prʲiɛmʲɛstʲɪs]
suburbano	príemiesčio	['prʲiɛmʲiɛstʂʲɔ]
periferia (f)	pakraštỹs (v)	[pakraʃˈtʲiːs]
arredores (m pl)	apýlinkės (m dgs)	[a'pʲiːlʲɪŋkʲeː s]
quarteirão (m)	kvartãlas (v)	[kvar'ta:lʲas]
quarteirão (m) residencial	gyvẽnamas kvartãlas (v)	[gʲi:'vʲænamas kvar'ta:lʲas]
tráfego (m)	judėjimas (v)	[juˈdʲɛjɪmas]
semáforo (m)	šviesofòras (v)	[ʃvʲiɛsoˈforas]
transporte (m) público	miẽsto transpòrtas (v)	['mʲɛstɔ trans'portas]
cruzamento (m)	sánkryža (m)	['saŋkrʲi:ʒa]
passadeira (f)	pérėja (m)	['pʲɛrʲe:ja]
passagem (f) subterrânea	požeminė pérėja (m)	[poʒe'mʲɪnʲe: 'pʲærʲe:ja]
cruzar, atravessar (vt)	péreiti	['pʲɛrʲɛɪtʲɪ]
peão (m)	péstysis (v)	['pʲe:stʲi:sʲɪs]
passeio (m)	šaligatvis (v)	[ʃa'lʲɪgatvʲɪs]
ponte (f)	tìltas (v)	['tʲɪlʲtas]
margem (f) do rio	krantìnė (m)	[kran'tʲɪnʲe:]
alameda (f)	aléja (m)	[a'lʲe:ja]
parque (m)	párkas (v)	['parkas]
bulevar (m)	bulvãras (v)	[bʊlʲ'va:ras]
praça (f)	aikštė̃ (m)	[ʌɪkʃ'tʲe:]
avenida (f)	prospèktas (v)	[pros'pʲɛktas]
rua (f)	gãtvė (m)	['ga:tvʲe:]
travessa (f)	skersgatvis (v)	['skʲɛrsgatvʲɪs]
beco (m) sem saída	tupìkas (v)	[tʊ'pʲɪkas]
casa (f)	nãmas (v)	['na:mas]
edifício, prédio (m)	pãstatas (v)	['pa:statas]
arranha-céus (m)	dangóraižis (v)	[dan'gorʌɪʒʲɪs]
fachada (f)	fasãdas (v)	[fa'sa:das]
telhado (m)	stógas (v)	['stogas]

janela (f)	lángas (v)	['lʲangas]
arco (m)	árka (m)	['arka]
coluna (f)	kolóna (m)	[kolʲo'na]
esquina (f)	kampas (v)	['kampas]

montra (f)	vitrinà (m)	[vʲɪtrʲɪ'na]
letreiro (m)	iškaba (m)	['ɪʃkaba]
cartaz (m)	afišà (m)	[afʲɪ'ʃa]
cartaz (m) publicitário	reklãminis plakãtas (v)	[rʲɛk'lʲa:mʲɪnʲɪs plʲa'ka:tas]
painel (m) publicitário	reklãminis skỹdas (v)	[rʲɛk'lʲa:mʲɪnʲɪs 'skʲi:das]

lixo (m)	šiùkšlės (m dgs)	['ʃʊkʃlʲe:s]
cesta (f) do lixo	ùrna (m)	['ʊrna]
jogar lixo na rua	šiùkšlinti	['ʃʊkʃlʲɪntʲɪ]
aterro (m) sanitário	sąvartýnas (v)	[sa:varʲtʲi:nas]

cabine (f) telefónica	telefòno bùdelė (m)	[tʲɛlʲɛ'fonɔ 'bʊdelʲe:]
candeeiro (m) de rua	žibiñto stùlpas (v)	[ʒʲɪ'bʲɪntɔ 'stʊlʲpas]
banco (m)	sùolas (v)	['sʊɑlʲas]

polícia (m)	policininkas (v)	[po'lʲɪtsʲɪnʲɪŋkas]
polícia (instituição)	policija (m)	[po'lʲɪtsʲɪjɛ]
mendigo (m)	skurdžius (v)	['skʊrdʒʲʊs]
sem-abrigo (m)	benãmis (v)	[bʲɛ'na:mʲɪs]

54. Instituições urbanas

loja (f)	parduotùvė (m)	[pardʊɑ'tʊvʲe:]
farmácia (f)	váistinė (m)	['vʌɪstʲɪnʲe:]
ótica (f)	òptika (m)	['optʲɪka]
centro (m) comercial	prekỹbos ceñtras (v)	[prʲɛ'kʲi:bos 'tsʲɛntras]
supermercado (m)	supermárketas (v)	[sʊpʲɛr'markʲɛtas]

padaria (f)	bandẽlių kráutuvė (m)	[ban'dʲælʲu: 'krɑutʊvʲe:]
padeiro (m)	kepėjas (v)	[kʲɛ'pʲe:jas]
pastelaria (f)	konditèrija (m)	[kɔndʲɪ'tʲɛrʲɪjɛ]
mercearia (f)	bakalėja (m)	[baka'lʲe:ja]
talho (m)	mėsõs kráutuvė (m)	[mʲe:'so:s 'krɑutʊvʲe:]

| loja (f) de legumes | daržóvių kráutuvė (m) | [dar'ʒovʲu: 'krɑutʊvʲe:] |
| mercado (m) | prekývietė (m) | [prʲɛ'kʲi:vʲiɛtʲe:] |

café (m)	kavìnė (m)	[ka'vʲɪnʲe:]
restaurante (m)	restorãnas (v)	[rʲɛsto'ra:nas]
bar (m), cervejaria (f)	alùdė (m)	[a'lʲʊdʲe:]
pizzaria (f)	picèrija (m)	[pʲɪ'tsʲɛrʲɪjɛ]

salão (m) de cabeleireiro	kirpyklà (m)	[kʲɪrpʲi:k'lʲa]
correios (m pl)	pãštas (v)	['pa:ʃtas]
lavandaria (f)	valyklà (m)	[valʲi:k'la]
estúdio (m) fotográfico	fotoateljẽ (v)	[fotoate'lʲje:]

| sapataria (f) | ãvalynės parduotùvė (m) | ['a:valʲi:nʲe:s pardʊɑ'tʊvʲe:] |
| livraria (f) | knygýnas (v) | [knʲi:'gʲi:nas] |

loja (f) de artigos de desporto	sportinių prekių parduotuvė (m)	['sportʲɪnʲu: 'prʲækʲu: pardʊɑ'tʊvʲe:]
reparação (f) de roupa	drabužių taisykla (m)	[dra'bʊʒʲu: tʌɪsʲi:kʲlʲa]
aluguer (m) de roupa	drabužių nuoma (m)	[dra'bʊʒʲu: 'nʊɑma]
aluguer (m) de filmes	filmų nuoma (m)	['fʲɪlʲmu: 'nʊɑma]
circo (m)	cirkas (v)	['tsʲɪrkas]
jardim (m) zoológico	zoologijos sodas (v)	[zoo'lʲogʲɪjɔs 'so:das]
cinema (m)	kino teatras (v)	['kʲɪnɔ tʲɛ'a:tras]
museu (m)	muziejus (v)	[mʊ'zʲɛjʊs]
biblioteca (f)	biblioteka (m)	[bʲɪblʲɪjotʲɛ'ka]
teatro (m)	teatras (v)	[tʲɛ'a:tras]
ópera (f)	opera (m)	['opʲɛra]
clube (m) noturno	naktinis klubas (v)	[nak'tʲɪnʲɪs 'klʲʊbas]
casino (m)	kazino (v)	[kazʲɪ'no]
mesquita (f)	mečetė (m)	[mʲɛ'tʂʲɛtʲe:]
sinagoga (f)	sinagoga (m)	[sʲɪnago'ga]
catedral (f)	katedra (m)	['ka:tʲɛdra]
templo (m)	šventykla (m)	[ʃvʲɛntʲi:kʲlʲa]
igreja (f)	bažnyčia (m)	[baʒ'nʲi:tʂʲæ]
instituto (m)	institutas (v)	[ɪnstʲɪ'tʊtas]
universidade (f)	universitetas (v)	[ʊnʲɪvʲɛrsʲɪ'tʲɛtas]
escola (f)	mokykla (m)	[mokʲi:kʲlʲa]
prefeitura (f)	prefektūra (m)	[prʲɛfʲɛk'tu:'ra]
câmara (f) municipal	savivaldybė (m)	[savʲɪvalʲ'dʲi:bʲe:]
hotel (m)	viešbutis (v)	['vʲɛʃbʊtʲɪs]
banco (m)	bankas (v)	['baŋkas]
embaixada (f)	ambasada (m)	[ambasa'da]
agência (f) de viagens	turizmo agentūra (m)	[tʊ'rʲɪzmɔ agʲɛntu:'ra]
agência (f) de informações	informācijos biuras (v)	[ɪnfor'ma:tsʲɪjos 'bʲʊras]
casa (f) de câmbio	keitykla (m)	[kʲɛɪtʲi:kʲlʲa]
metro (m)	metro	[mʲɛ'tro]
hospital (m)	ligoninė (m)	[lʲɪ'gonʲɪnʲe:]
posto (m) de gasolina	degalinė (m)	[dʲɛga'lʲɪnʲe:]
parque (m) de estacionamento	stovėjimo aikštelė (m)	[sto'vʲɛjɪmɔ ʌɪkʃ'tʲælʲe:]

55. Sinais

letreiro (m)	iškaba (m)	['ɪʃkaba]
inscrição (f)	užrašas (v)	['ʊʒraʃas]
cartaz, póster (m)	plakātas (v)	[plʲa'ka:tas]
sinal (m) informativo	nuoroda (m)	['nʊɑroda]
seta (f)	rodyklė (m)	[ro'dʲi:klʲe:]
aviso (advertência)	perspėjimas (v)	['pʲɛrspʲe:jimas]
sinal (m) de aviso	įspėjimas (v)	[i:spʲe:'jɪmas]
avisar, advertir (vt)	įspėti	[i:s'pʲe:tʲɪ]

dia (m) de folga	išeiginė dienà (m)	[ɪʃɛɪˈgʲɪnʲe: dʲiɛˈna]
horário (m)	tvarkãraštis (v)	[tvarˈkaːraʃtʲɪs]
horário (m) de funcionamento	dárbo valandõs (m dgs)	[ˈdarbɔ valʲanˈdoːs]
BEM-VINDOS!	SVEIKÌ ATVÝKĘ!	[svʲɛɪˈkʲɪ atˈvʲiːkʲɛːǃ]
ENTRADA	ĮĖJÌMAS	[iːʲɛːˈjɪmas]
SAÍDA	IŠĖJÌMAS	[ɪʃeːˈjɪmas]
EMPURRE	STÙMTI	[ˈstʊmtʲɪ]
PUXE	TRAÚKTI	[ˈtraʊktʲɪ]
ABERTO	ATIDARÝTA	[atʲɪdaˈrʲiːta]
FECHADO	UŽDARÝTA	[ʊʒdaˈrʲiːta]
MULHER	MÓTERIMS	[ˈmotʲɛrʲɪms]
HOMEM	VÝRAMS	[ˈvʲiːrams]
DESCONTOS	NÚOLAIDOS	[ˈnʊalʲʌɪdos]
SALDOS	IŠPARDAVÌMAS	[ɪʃpardaˈvʲɪmas]
NOVIDADE!	NAUJÍENA!	[naʊˈjiɛnaǃ]
GRÁTIS	NEMÓKAMAI	[nʲɛˈmokamʌɪ]
ATENÇÃO!	DĖMESIO!	[ˈdʲeːmesʲɔǃ]
NÃO HÁ VAGAS	VIẼTŲ NĖRA	[ˈvʲɛtu: ˈnʲeːra]
RESERVADO	REZERVÚOTA	[rʲɛzʲɛrˈvʊata]
ADMINISTRAÇÃO	ADMINISTRÃCIJA	[admʲɪnʲɪsˈtratsʲɪja]
SOMENTE PESSOAL AUTORIZADO	TÌK PERSONÃLUI	[ˈtʲɪk pʲɛrsoˈnalʲʊi]
CUIDADO CÃO FEROZ	PIKTAS ŠUO	[ˈpʲɪktas ˈʃʊa]
PROIBIDO FUMAR!	RŪKÝTI DRAŪDŽIAMA	[ruːˈkʲiːtʲɪ ˈdraʊdʒʲæma]
NÃO TOCAR	NELIẼSTI!	[nʲɛˈlʲɛstʲɪǃ]
PERIGOSO	PAVOJÌNGA	[pavoˈjɪnga]
PERIGO	PAVÕJUS	[paˈvoːjʊs]
ALTA TENSÃO	AUKŠTÃ ĮTAMPA	[aʊkʃˈta ˈiːtampa]
PROIBIDO NADAR	MÁUDYTIS DRAŪDŽIAMA	[ˈmaʊdʲiːtʲɪs ˈdraʊdʒʲæma]
AVARIADO	NEVEĨKIA	[nʲɛˈvʲɛɪkʲɛ]
INFLAMÁVEL	DEGÙ	[dʲɛˈgʊ]
PROIBIDO	DRAŪDŽIAMA	[ˈdraʊdʒʲæma]
ENTRADA PROIBIDA	PRAĖJÌMAS DRAŪDŽIAMAS	[praeːˈjɪmas ˈdraʊdʒʲæmas]
CUIDADO TINTA FRESCA	NUDAŽYTA	[nʊdaˈʒʲiːta]

56. Transportes urbanos

autocarro (m)	autobùsas (v)	[aʊtoˈbʊsas]
elétrico (m)	tramvãjus (v)	[tramˈvaːjʊs]
troleicarro (m)	troleibùsas (v)	[trolʲɛɪˈbʊsas]
itinerário (m)	maršrùtas (v)	[marʃˈrʊtas]
número (m)	nùmeris (v)	[ˈnʊmʲɛrʲɪs]
ir de ... (carro, etc.)	važiúoti ...	[vaˈʒʲʊatʲɪ ...]
entrar (~ no autocarro)	įlìpti į̃ ...	[iːˈlʲɪːptʲɪ iː ...]

descer de ...	išlìpti ìš ...	[ɪʃlʲɪptʲɪ ɪʃ ...]
paragem (f)	stotėlė (m)	[stoˈtʲælʲeː]
próxima paragem (f)	kità stotėlė (m)	[kʲɪˈta stoˈtʲælʲeː]
ponto (m) final	galutìnė stotėlė (m)	[galʊˈtʲɪnʲeː stoˈtʲælʲeː]
horário (m)	tvarkãraštis (v)	[tvarˈkaːraʃtʲɪs]
esperar (vt)	láukti	[ˈlʲaʊktʲɪ]

| bilhete (m) | bìlietas (v) | [ˈbʲɪlʲiɛtas] |
| custo (m) do bilhete | bìlieto káina (m) | [ˈbʲɪlʲiɛtɔ ˈkʌɪna] |

bilheteiro (m)	kãsininkas (v)	[ˈkaːsʲɪnʲɪŋkas]
controlo (m) dos bilhetes	kontròlė (m)	[kɔnˈtrolʲeː]
revisor (m)	kontroliẽrius (v)	[kɔntrɔˈlʲɛrʲʊs]

atrasar-se (vr)	vėlúoti	[vʲeːˈlʲʊatʲɪ]
perder (o autocarro, etc.)	pavėlúoti	[pavʲeːˈlʲʊatʲɪ]
estar com pressa	skubéti	[skʊˈbʲeːtʲɪ]

táxi (m)	taksì (v)	[takˈsʲɪ]
taxista (m)	taksìstas (v)	[takˈsʲɪstas]
de táxi (ir ~)	sù taksì	[ˈsʊ takˈsʲɪ]
praça (f) de táxis	taksì stovėjimo aikštėlė (m)	[takˈsʲɪ stoˈvʲɛjɪmɔ ʌɪkʃˈtʲælʲeː]
chamar um táxi	iškviẽsti taksì	[ɪʃkˈvʲɛstʲɪ takˈsʲɪ]
apanhar um táxi	įsėstì į̃ taksì	[iːsʲesˈtʲɪː iː takˈsʲɪː]

tráfego (m)	gãtvės judėjimas (v)	[ˈgaːtvʲeːs jʊˈdʲɛjɪmas]
engarrafamento (m)	kamštis (v)	[ˈkamʃtʲɪs]
horas (f pl) de ponta	pìko vãlandos (m dgs)	[ˈpʲɪkɔ ˈvaːlʲandos]
estacionar (vi)	parkúotis	[parˈkʊatʲɪs]
estacionar (vt)	parkúoti	[parˈkʊatʲɪ]
parque (m) de estacionamento	stovėjimo aikštėlė (m)	[stoˈvʲɛjɪmɔ ʌɪkʃˈtʲælʲeː]

metro (m)	metrò	[mʲɛˈtro]
estação (f)	stotìs (m)	[stoˈtʲɪs]
ir de metro	važiúoti metrò	[vaˈʒʲʊatʲɪ mʲɛˈtrɔ]
comboio (m)	traukinỹs (v)	[traʊkʲɪˈnʲiːs]
estação (f)	stotìs (m)	[stoˈtʲɪs]

57. Turismo

monumento (m)	pamiñklas (v)	[paˈmʲɪŋklʲas]
fortaleza (f)	tvirtóvė (m)	[tvʲɪrˈtovʲeː]
palácio (m)	rū́mai (v)	[ˈruːmʌɪ]
castelo (m)	pilìs (m)	[pʲɪˈlʲɪs]
torre (f)	bókštas (v)	[ˈbokʃtas]
mausoléu (m)	mauzoliẽjus (v)	[maʊzoˈlʲɛjʊs]

arquitetura (f)	architektūrà (m)	[arxʲɪtʲɛktuːˈra]
medieval	vidùramžių	[vʲɪˈdʊramʒʲuː]
antigo	senóvinis	[sʲɛˈnovʲɪnʲɪs]
nacional	nacionãlinis	[natsʲɪjoˈnaːlʲɪnʲɪs]
conhecido	žymùs	[ʒʲiːˈmʊs]
turista (m)	turìstas (v)	[tʊˈrʲɪstas]
guia (pessoa)	gìdas (v)	[ˈgʲɪdas]

excursão (f)	ekskursija (m)	[ɛksˈkʊrsʲɪjɛ]
mostrar (vt)	ródyti	[ˈrodʲiːtʲɪ]
contar (vt)	pãsakoti	[ˈpaːsakotʲɪ]
encontrar (vt)	rãsti	[ˈrastʲɪ]
perder-se (vr)	pasiklýsti	[pasʲɪˈkʲlʲiːstʲɪ]
mapa (~ do metrô)	schemà (m)	[sxʲɛˈma]
mapa (~ da cidade)	plãnas (v)	[ˈpʲlaːnas]
lembrança (f), presente (m)	suvenýras (v)	[sʊvʲɛˈnʲiːras]
loja (f) de presentes	suvenýrų parduotùvė (m)	[sʊveˈnʲiːruː pardʊɑˈtʊvʲeː]
fotografar (vt)	fotografúoti	[fotograˈfʊɑtʲɪ]
fotografar-se	fotografúotis	[fotograˈfʊɑtʲɪs]

58. Compras

comprar (vt)	pìrkti	[ˈpʲɪrktʲɪ]
compra (f)	pirkinỹs (v)	[pʲɪrkʲɪˈnʲiːs]
fazer compras	apsipìrkti	[apsʲɪˈpʲɪrktʲɪ]
compras (f pl)	apsipirkìmas (v)	[apsʲɪpʲɪrˈkʲɪmas]
estar aberta (loja, etc.)	veĩkti	[ˈvʲɛɪktʲɪ]
estar fechada	užsidarýti	[ʊʒsʲɪdaˈrʲiːtʲɪ]
calçado (m)	ãvalynė (m)	[ˈaːvalʲiːnʲeː]
roupa (f)	drabùžiai (v)	[draˈbʊʒʲɛɪ]
cosméticos (m pl)	kosmètika (m)	[kɔsˈmʲɛtʲɪka]
alimentos (m pl)	prodùktai (v)	[proˈdʊktʌɪ]
presente (m)	dovanà (m)	[dovaˈna]
vendedor (m)	pardavéjas (v)	[pardaˈvʲeːjas]
vendedora (f)	pardavéja (m)	[pardaˈvʲeːja]
caixa (f)	kasà (m)	[kaˈsa]
espelho (m)	veĩdrodis (v)	[ˈvʲɛɪdrodʲɪs]
balcão (m)	prekýstalis (v)	[prʲɛˈkʲiːstalʲɪs]
cabine (f) de provas	matãvimosi kabinà (m)	[maˈtaːvʲɪmosʲɪ kabʲɪˈna]
provar (vt)	matúoti	[maˈtʊɑtʲɪ]
servir (vi)	tìkti	[ˈtʲɪktʲɪ]
gostar (apreciar)	patìkti	[paˈtʲɪktʲɪ]
preço (m)	káina (m)	[ˈkʌɪna]
etiqueta (f) de preço	kainýnas (v)	[kʌɪˈnʲiːnas]
custar (vt)	kainúoti	[kʌɪˈnʊɑtʲɪ]
Quanto?	Kíek?	[ˈkʲiɛk?]
desconto (m)	núolaida (m)	[ˈnʊɑlʲʌɪda]
não caro	nebrangùs	[nʲɛbranˈɡʊs]
barato	pigùs	[pʲɪˈɡʊs]
caro	brangùs	[branˈɡʊs]
É caro	Taĩ brangù.	[ˈtʌɪ branˈɡʊ]
aluguer (m)	núoma (m)	[ˈnʊɑma]
alugar (vestidos, etc.)	išsinúomoti	[ɪʃsʲɪˈnʊɑmotʲɪ]

| crédito (m) | kreditas (v) | [krʲɛˈdʲɪtas] |
| a crédito | kreditù | [krʲɛdʲɪˈtʊ] |

59. Dinheiro

dinheiro (m)	pinigaĩ (v)	[pʲɪnʲɪˈgʌɪ]
câmbio (m)	keitìmas (v)	[kʲɛɪˈtʲɪmas]
taxa (f) de câmbio	kùrsas (v)	[ˈkʊrsas]
Caixa Multibanco (m)	bankomãtas (v)	[baŋkoˈmaːtas]
moeda (f)	monetà (m)	[monʲɛˈta]

| dólar (m) | dóleris (v) | [ˈdolʲɛrʲɪs] |
| euro (m) | eũras (v) | [ˈɛʊras] |

lira (f)	lirà (m)	[lʲɪˈra]
marco (m)	markė̀ (m)	[ˈmarkʲeː]
franco (m)	fránkas (v)	[ˈfraŋkas]
libra (f) esterlina	svãras (v)	[ˈsvaːras]
iene (m)	jenà (m)	[jɛˈna]

dívida (f)	skolà (m)	[skoˈlʲa]
devedor (m)	skólininkas (v)	[ˈskoːlʲɪnʲɪŋkas]
emprestar (vt)	dúoti į̃ skõlą	[ˈdʊɑtʲɪ iː ˈskoːlʲaː]
pedir emprestado	im̃ti į̃ skõlą	[ˈɪmtʲɪ iː ˈskoːlʲaː]

banco (m)	bánkas (v)	[ˈbaŋkas]
conta (f)	sąskaità (m)	[ˈsaːskʌɪta]
depositar na conta	dė́ti į̃ sąskaità̃	[ˈdʲeːtʲɪ iː ˈsaːskʌɪtaː]
levantar (vt)	im̃ti iš sąskaitos	[ˈɪmtʲɪ ɪʃ ˈsaːskʌɪtos]

cartão (m) de crédito	kreditinė̃ kortẽlė (m)	[krʲɛˈdʲɪtʲɪnʲeː korˈtʲælʲeː]
dinheiro (m) vivo	grynìeji pinigaĩ (v)	[grʲiːˈnʲiɛjɪ pʲɪnʲɪˈgʌɪ]
cheque (m)	čèkis (v)	[ˈtʃʲɛkʲɪs]
passar um cheque	išrašýti čèkį̃	[ɪʃraˈʃʲiːtʲɪ ˈtʃʲɛkʲɪː]
livro (m) de cheques	čèkių knygẽlė (m)	[ˈtʃʲɛkʲu: knʲiːˈgʲælʲeː]

carteira (f)	pinigìnė (m)	[pʲɪnʲɪˈgʲɪnʲeː]
porta-moedas (m)	pinigìnė (m)	[pʲɪnʲɪˈgʲɪnʲeː]
cofre (m)	seĩfas (v)	[ˈsʲɛɪfas]

herdeiro (m)	paveldė́tojas (v)	[pavelʲˈdʲeːtoːjɛs]
herança (f)	palikìmas (v)	[palʲɪˈkʲɪmas]
fortuna (riqueza)	tur̃tas (v)	[ˈtʊrtas]

arrendamento (m)	núoma (m)	[ˈnʊɑma]
renda (f) de casa	bùto mókestis (v)	[ˈbʊtɔ ˈmokʲɛstʲɪs]
alugar (vt)	núomotis	[ˈnʊɑmotʲɪs]

preço (m)	káina (m)	[ˈkʌɪna]
custo (m)	káina (m)	[ˈkʌɪna]
soma (f)	sumà (m)	[sʊˈma]

| gastar (vt) | leĩsti | [ˈlʲɛɪstʲɪ] |
| gastos (m pl) | są́naudos (m dgs) | [ˈsaːnaʊdos] |

| economizar (vi) | taupýti | [tɑʊˈpʲiːtʲɪ] |
| económico | taupùs | [tɑʊˈpʊs] |

pagar (vt)	mokéti	[moˈkʲeːtʲɪ]
pagamento (m)	apmokéjimas (v)	[apmoˈkʲɛjɪmas]
troco (m)	grąžà (m)	[graːˈʒa]

imposto (m)	mókestis (v)	[ˈmokʲɛstʲɪs]
multa (f)	baudà (m)	[bɑʊˈda]
multar (vt)	baũsti	[ˈbɑʊstʲɪ]

60. Correios. Serviço postal

correios (m pl)	pãštas (v)	[ˈpaːʃtas]
correio (m)	pãštas (v)	[ˈpaːʃtas]
carteiro (m)	pãštininkas (v)	[ˈpaːʃtʲɪnʲɪŋkas]
horário (m)	dárbo valandõs (m dgs)	[ˈdarbɔ valʲanˈdoːs]

carta (f)	láiškas (v)	[ˈlʲʌɪʃkas]
carta (f) registada	užsakýtas láiškas (v)	[ʊʒsaˈkʲiːtas ˈlʲʌɪʃkas]
postal (m)	atvirùté (m)	[atvʲɪˈrʊtʲeː]
telegrama (m)	telegramà (m)	[tʲɛlʲɛgraˈma]
encomenda (f) postal	siuntinỹs (v)	[sʲʊntʲɪˈnʲiːs]
remessa (f) de dinheiro	piniginis pavedìmas (v)	[pʲɪnʲɪˈgʲɪnʲɪs pavʲɛˈdʲɪmas]

receber (vt)	gáuti	[ˈgɑʊtʲɪ]
enviar (vt)	išsių̃sti	[ɪʃˈsʲuːstʲɪ]
envio (m)	išsiuntìmas (v)	[ɪʃsʲʊnˈtʲɪmas]

endereço (m)	ãdresas (v)	[ˈaːdrʲɛsas]
código (m) postal	iñdeksas (v)	[ˈɪndʲɛksas]
remetente (m)	siuntéjas (v)	[sʲʊnˈtʲeːjas]
destinatário (m)	gavéjas (v)	[gaˈvʲeːjas]

| nome (m) | var̃das (v) | [ˈvardas] |
| apelido (m) | pavardě (m) | [pavarˈdʲeː] |

tarifa (f)	tarìfas (v)	[taˈrʲɪfas]
ordinário	į̃prastas	[ˈiːprastas]
económico	taupùs	[tɑʊˈpʊs]

peso (m)	svõris (v)	[ˈsvoːrʲɪs]
pesar (estabelecer o peso)	sverti	[ˈsvʲɛrtʲɪ]
envelope (m)	võkas (v)	[ˈvoːkas]
selo (m)	markùté (m)	[marˈkʊtʲeː]

Moradia. Casa. Lar

61. Casa. Eletricidade

eletricidade (f)	elektra (m)	[ɛlʲɛkt'ra]
lâmpada (f)	lemputė (m)	[lʲɛm'pʊtʲeː]
interruptor (m)	jungiklis (v)	[jʊn'gʲɪklʲɪs]
fusível (m)	kamštis (v)	['kamʃtʲɪs]

fio, cabo (m)	laidas (v)	['lʲʌɪdas]
instalação (f) elétrica	instaliacija (m)	[ɪnsta'lʲætsʲɪjɛ]
contador (m) de eletricidade	skaitliukas (v)	[skʌɪt'lʲʊkas]
indicação (f), registo (m)	parodymas (v)	[pa'rodʲiːmas]

62. Moradia. Mansão

casa (f) de campo	užmiesčio namas (v)	['ʊʒmʲɪɛstʂɔ 'naːmas]
vila (f)	vila (m)	[vɪ'lʲa]
ala (~ do edifício)	sparnas (v)	['sparnas]

jardim (m)	sodas (v)	['soːdas]
parque (m)	parkas (v)	['parkas]
estufa (f)	oranžerija (m)	[oran'ʒʲɛrʲɪjɛ]
cuidar de ...	prižiūrėti	[prʲɪʒʲuː'rʲeːtʲɪ]

piscina (f)	baseinas (v)	[ba'sʲɛɪnas]
ginásio (m)	sporto salė (m)	['sporto saː'lʲe:]
campo (m) de ténis	teniso kortas (v)	['tʲɛnʲɪsɔ 'kortas]
cinema (m)	kino teatras (v)	['kʲɪnɔ tʲɛ'aːtras]
garagem (f)	garažas (v)	[ga'raːʒas]

propriedade (f) privada	asmeninė nuosavybė (m)	[asme'nʲɪnʲeː nʊɑsa'vʲiːbʲe:]
terreno (m) privado	asmeninės valdos (m)	[asme'nʲɪnʲeːs 'valʲdoːs]

advertência (f)	perspėjimas (v)	['pʲɛrspʲeːjimas]
sinal (m) de aviso	įspėjantis užrašas (v)	[iːs'pʲeːjantʲɪs 'ʊʒraʃas]

guarda (f)	apsauga (m)	[apsɑʊ'ga]
guarda (m)	apsauginis (v)	[apsɑʊ'gʲɪnʲɪs]
alarme (m)	signalizacija (m)	[sʲɪgnalʲɪ'zaːtsʲɪjɛ]

63. Apartamento

apartamento (m)	butas (v)	['bʊtas]
quarto (m)	kambarys (v)	[kamba'rʲiːs]
quarto (m) de dormir	miegamasis (v)	[mʲɪɛga'masʲɪs]

T&P Books. Vocabulário Português-Lituano - 5000 palavras

sala (f) de jantar	valgomàsis (v)	[valʲgoˈmasʲɪs]
sala (f) de estar	svečių̃ kambarỹs (v)	[svʲɛˈtsʲuː kambaˈrʲiːs]
escritório (m)	kabinètas (v)	[kabʲɪˈnʲɛtas]

antessala (f)	príeškambaris (v)	[ˈprʲiɛʃkambarʲɪs]
quarto (m) de banho	vonios kambarỹs (v)	[voˈnʲoːs kambaˈrʲiːs]
toilette (lavabo)	tualètas (v)	[tʊaˈlʲɛtas]

teto (m)	lùbos (m dgs)	[ˈlʲʊbos]
chão, soalho (m)	grindys (m dgs)	[ˈgrʲɪndʲiːs]
canto (m)	kam̃pas (v)	[ˈkampas]

64. Mobiliário. Interior

mobiliário (m)	baldai (v)	[balʲdʌɪ]
mesa (f)	stãlas (v)	[ˈstaːlʲas]
cadeira (f)	kėdė̃ (m)	[kʲeːˈdʲeː]
cama (f)	lóva (m)	[ˈlʲova]

| divã (m) | sofà (m) | [soˈfa] |
| cadeirão (m) | fòtelis (v) | [ˈfotʲɛlʲɪs] |

| estante (f) | spìnta (m) | [ˈspʲɪnta] |
| prateleira (f) | lentýna (m) | [lʲɛnˈtʲiːna] |

guarda-vestidos (m)	drabùžių spìnta (m)	[draˈbʊʒʲuː ˈspʲɪnta]
cabide (m) de parede	pakabà (m)	[pakaˈba]
cabide (m) de pé	kabyklà (m)	[kabʲiːkˈlʲa]

| cómoda (f) | komodà (m) | [kɔmoˈda] |
| mesinha (f) de centro | žurnãlinis staliùkas (v) | [ʒʊrˈnaːlʲɪnʲɪs staˈlʲʊkas] |

espelho (m)	véidrodis (v)	[ˈvʲɛɪdrodʲɪs]
tapete (m)	kìlimas (v)	[ˈkʲɪlʲɪmas]
tapete (m) pequeno	kilimė̃lis (v)	[kʲɪlʲɪˈmʲeːlʲɪs]

lareira (f)	židinỹs (v)	[ʒʲɪdʲɪˈnʲiːs]
vela (f)	žvãkė (m)	[ˈʒvaːkʲe]
castiçal (m)	žvakìdė (m)	[ʒvaˈkʲɪdʲeː]

cortinas (f pl)	užúolaidos (m dgs)	[ʊˈʒʊalʲʌɪdos]
papel (m) de parede	tapètai (v)	[taˈpʲɛtʌɪ]
estores (f pl)	žãliuzės (m dgs)	[ˈʒaːlʲʊzʲeːs]

| candeeiro (m) de mesa | stalìnė lémpa (m) | [staˈlʲɪnʲeː ˈlʲɛmpa] |
| candeeiro (m) de parede | šviestùvas (v) | [ʃvʲiɛˈstʊvas] |

| candeeiro (m) de pé | toršèras (v) | [torˈʃɛras] |
| lustre (m) | sietýnas (v) | [sʲiɛˈtʲiːnas] |

pé (de mesa, etc.)	kojýtė (m)	[kɔˈjiːtʲeː]
braço (m)	ranktūris (v)	[ˈraŋktuːrʲɪs]
costas (f pl)	ãtlošas (v)	[ˈaːtlʲoʃas]
gaveta (f)	stálčius (v)	[ˈstalʲtsʲʊs]

65. Quarto de dormir

roupa (f) de cama	patalynė (m)	['pa:tal⁽ⁱ⁾i:n⁽ⁱ⁾e:]
almofada (f)	pagalvė (m)	[pa'gal⁽ⁱ⁾v⁽ⁱ⁾e:]
fronha (f)	užvalkalas (v)	['ʊʒval⁽ⁱ⁾kalas]
cobertor (m)	užklotas (v)	[ʊʒ'kl⁽ⁱ⁾otas]
lençol (m)	paklodė (m)	[pak'l⁽ⁱ⁾o:d⁽ⁱ⁾e:]
colcha (f)	lovatiesė (m)	[l⁽ⁱ⁾o'va:t⁽ⁱ⁾iɛs⁽ⁱ⁾e:]

66. Cozinha

cozinha (f)	virtuvė (m)	[v⁽ⁱ⁾ɪr'tʊv⁽ⁱ⁾e:]
gás (m)	dujos (m dgs)	['dujɔs]
fogão (m) a gás	dujinė (m)	['dujin⁽ⁱ⁾e:]
fogão (m) elétrico	elektrinė (m)	[ɛl⁽ⁱ⁾ɛk'tr⁽ⁱ⁾ɪn⁽ⁱ⁾e:]
forno (m)	orkaitė (m)	['orkʌɪt⁽ⁱ⁾e:]
forno (m) de micro-ondas	mikrobangų krosnelė (m)	[m⁽ⁱ⁾ɪkroban'gu: kros'n⁽ⁱ⁾æl⁽ⁱ⁾e:]
frigorífico (m)	šaldytuvas (v)	[ʃal⁽ⁱ⁾d⁽ⁱ⁾i:'tʊvas]
congelador (m)	šaldymo kamera (m)	['ʃal⁽ⁱ⁾d⁽ⁱ⁾i:mɔ 'ka:m⁽ⁱ⁾ɛra]
máquina (f) de lavar louça	indų plovimo mašina (m)	['ɪndu: pl⁽ⁱ⁾o'v⁽ⁱ⁾ɪmɔ maʃ⁽ⁱ⁾ɪ'na]
moedor (m) de carne	mėsmalė (m)	['m⁽ⁱ⁾e:smal⁽ⁱ⁾e:]
espremedor (m)	sulčiaspaudė (m)	[sʊl⁽ⁱ⁾'tʃ⁽ⁱ⁾æspaʊd⁽ⁱ⁾e:]
torradeira (f)	tosteris (v)	['tost⁽ⁱ⁾ɛr⁽ⁱ⁾ɪs]
batedeira (f)	mikseris (v)	['m⁽ⁱ⁾ɪks⁽ⁱ⁾ɛr⁽ⁱ⁾ɪs]
máquina (f) de café	kavos aparatas (v)	[ka'vo:s apa'ra:tas]
cafeteira (f)	kavinukas (v)	[kav⁽ⁱ⁾ɪ'nʊkas]
moinho (m) de café	kavamalė (m)	[ka'va:mal⁽ⁱ⁾e:]
chaleira (f)	arbatinukas (v)	[arbat⁽ⁱ⁾ɪ'nʊkas]
bule (m)	arbatinis (v)	[arba:'t⁽ⁱ⁾ɪn⁽ⁱ⁾ɪs]
tampa (f)	dangtelis (v)	[daŋk't⁽ⁱ⁾æl⁽ⁱ⁾ɪs]
coador (m) de chá	sietelis (v)	[s⁽ⁱ⁾iɛ't⁽ⁱ⁾æl⁽ⁱ⁾ɪs]
colher (f)	šaukštas (v)	['ʃaʊkʃtas]
colher (f) de chá	arbatinis šaukštelis (v)	[ar'ba:t⁽ⁱ⁾ɪn⁽ⁱ⁾ɪs ʃaʊkʃ't⁽ⁱ⁾æl⁽ⁱ⁾ɪs]
colher (f) de sopa	valgomasis šaukštas (v)	['val⁽ⁱ⁾gomas⁽ⁱ⁾ɪs 'ʃaʊkʃtas]
garfo (m)	šakutė (m)	[ʃa'kʊt⁽ⁱ⁾e:]
faca (f)	peilis (v)	['p⁽ⁱ⁾ɛɪl⁽ⁱ⁾ɪs]
louça (f)	indai (v)	['ɪndʌɪ]
prato (m)	lėkštė (m)	[l⁽ⁱ⁾e:kʃ't⁽ⁱ⁾e:]
pires (m)	lėkštelė (m)	[l⁽ⁱ⁾e:kʃ't⁽ⁱ⁾æl⁽ⁱ⁾e:]
cálice (m)	taurelė (m)	[taʊ'r⁽ⁱ⁾æl⁽ⁱ⁾e:]
copo (m)	stiklinė (m)	[st⁽ⁱ⁾ɪk'l⁽ⁱ⁾ɪn⁽ⁱ⁾e:]
chávena (f)	puodukas (v)	[pʊɑ'dʊkas]
açucareiro (m)	cukrinė (m)	['tsʊkr⁽ⁱ⁾ɪn⁽ⁱ⁾e:]
saleiro (m)	druskinė (m)	['drʊsk⁽ⁱ⁾ɪn⁽ⁱ⁾e:]
pimenteiro (m)	pipirinė (m)	[p⁽ⁱ⁾ɪ'p⁽ⁱ⁾ɪr⁽ⁱ⁾ɪn⁽ⁱ⁾e:]

manteigueira (f)	svíestinė (m)	['svʲiɛstʲɪnʲeː]
panela, caçarola (f)	púodas (v)	['pʊɑdas]
frigideira (f)	keptùvė (m)	[kʲɛp'tʊvʲeː]
concha (f)	sámtis (v)	['samtʲɪs]
passador (m)	kiaurãsamtis (v)	[kʲɛʊ'raːsamtʲɪs]
bandeja (f)	padė́klas (v)	[pa'dʲeːklʲas]

garrafa (f)	bùtelis (v)	['bʊtʲɛlʲɪs]
boião (m) de vidro	stiklaĩnis (v)	[stʲɪk'lʲʌʲɪnʲɪs]
lata (f)	skardìnė (m)	[skar'dʲɪnʲeː]

abre-garrafas (m)	atidarytùvas (v)	[atʲɪdarʲiː'tʊvas]
abre-latas (m)	konsèrvų atidarytùvas (v)	[kɔn'sʲɛrvʊ: atʲɪdarʲiː'tʊvas]
saca-rolhas (m)	kamščiãtraukis (v)	[kamʃ'tsʲætrɑʊkʲɪs]
filtro (m)	fìltras (v)	['fʲɪlʲtras]
filtrar (vt)	filtrúoti	[fʲɪlʲ'trʊɑtʲɪ]

| lixo (m) | šiukšlė̃s (m dgs) | ['ʃʊkʃlʲeːs] |
| balde (m) do lixo | šiukšlių̃ kìbiras (v) | ['ʃʊkʃlʲuː 'kʲɪbʲɪras] |

67. Casa de banho

quarto (m) de banho	voniõs kambarỹs (v)	[vo'nʲoːs kambaˈrʲiːs]
água (f)	vanduõ (v)	[van'dʊɑ]
torneira (f)	čiáupas (v)	['tsʲæʊpas]
água (f) quente	kárštas vanduõ (v)	['karʃtas van'dʊɑ]
água (f) fria	šáltas vanduõ (v)	['ʃalʲtas van'dʊɑ]

pasta (f) de dentes	dantų̃ pastà (m)	[dan'tuː pas'ta]
escovar os dentes	valýti dantìs	[va'lʲiːtʲɪ dan'tʲɪs]
escova (f) de dentes	dantų̃ šepetė̃lis (v)	[dan'tuː ʃepe'tʲeːlʲɪs]

barbear-se (vr)	skùstis	['skʊstʲɪs]
espuma (f) de barbear	skutìmosi pùtos (m dgs)	[skʊ'tʲɪmosʲɪ 'pʊtos]
máquina (f) de barbear	skutìmosi peiliùkas (v)	[skʊ'tʲɪmosʲɪ pʲɛɪ'lʲʊkas]

lavar (vt)	pláuti	['plʲaʊtʲɪ]
lavar-se (vr)	máudytis, praũstis	['maʊdʲiːtʲɪs], ['praʊstʲɪs]
duche (m)	dùšas (v)	['dʊʃas]
tomar um duche	praũstis dušè	['praʊstʲɪs dʊ'ʃɛ]

banheira (f)	vonià (m)	[vo'nʲæ]
sanita (f)	unitãzas (v)	[ʊnʲɪ'taːzas]
lavatório (m)	kriauklė̃ (m)	[krʲɛʊk'lʲeː]

| sabonete (m) | muĩlas (v) | ['mʊɪlʲas] |
| saboneteira (f) | muĩlinė (m) | ['mʊɪlʲɪnʲeː] |

esponja (f)	kempìnė (m)	[kʲɛm'pʲɪnʲeː]
champô (m)	šampū̃nas (v)	[ʃam'puːnas]
toalha (f)	rañkšluostis (v)	['raŋkʃlʲʊɑstʲɪs]
roupão (m) de banho	chalãtas (v)	[xa'lʲaːtas]
lavagem (f)	skalbìmas (v)	[skalʲ'bʲɪmas]
máquina (f) de lavar	skalbìmo mašinà (m)	[skalʲ'bʲɪmɔ maʃɪ'na]

lavar a roupa   skalbti baltinius   ['skʌlʲptʲɪ 'ba lʲtʲɪnʲʊs]
detergente (m)   skalbimo milteliai (v dgs) [skalʲˈbʲɪmɔ mʲɪlʲˈtʲælʲɛɪ]

68. Eletrodomésticos

televisor (m)   televizorius (v)   [tʲɛlʲɛˈvʲɪzɔrʲʊs]
gravador (m)   magnetofonas (v)   [magnʲɛtoˈfonas]
videogravador (m)   video magnetofonas (v)   [vʲɪdʲɛɔ magnʲɛtoˈfonas]
rádio (m)   imtuvas (v)   [ɪmˈtʊvas]
leitor (m)   grotuvas (v)   [groˈtʊvas]

projetor (m)   video projektorius (v)   [ˈvʲɪdʲɛɔ proˈjæktorʲʊs]
cinema (m) em casa   namų kino teatras (v)   [naˈmu: ˈkʲɪnɔ tʲɛˈa:tras]
leitor (m) de DVD   DVD grotuvas (v)   [dʲɪvʲɪˈdʲɪ groˈtʊvas]
amplificador (m)   stiprintuvas (v)   [stʲɪprʲɪnˈtʊvas]
console (f) de jogos   žaidimų priedėlis (v)   [ʒʌɪˈdʲɪmu: ˈprʲɪɛdʲeːlʲɪs]

câmara (f) de vídeo   videokamera (m)   [vʲɪdʲɛoˈkaːmʲɛra]
máquina (f) fotográfica fotoaparatas (v)   [fotoapaˈraːtas]
câmara (f) digital   skaitmeninis   [skʌɪtmʲɛˈnʲɪnʲɪs
                        fotoaparatas (v)   fotoapaˈraːtas]

aspirador (m)   dulkių siurblys (v)   [ˈdʊlʲkʲu: sʲʊrˈblʲiːs]
ferro (m) de engomar   lygintuvas (v)   [lʲiːgʲɪnˈtʊvas]
tábua (f) de engomar   lyginimo lenta (m)   [ˈlʲiːgʲɪnʲɪmɔ lʲɛnˈta]

telefone (m)   telefonas (v)   [tʲɛlʲɛˈfonas]
telemóvel (m)   mobilusis telefonas (v)   [mobʲɪˈlʊsʲɪs tʲɛlʲɛˈfonas]
máquina (f) de escrever rašymo mašinėlė (m)   [ˈraːʃɪːmɔ maʃɪˈnʲeːlʲeː]
máquina (f) de costura siuvimo mašina (m)   [sʲʊˈvʲɪmɔ maʃɪˈna]

microfone (m)   mikrofonas (v)   [mʲɪkroˈfonas]
auscultadores (m pl)   ausinės (m dgs)   [ɑʊˈsʲɪnʲeːs]
controlo remoto (m)   pultas (v)   [ˈpʊlʲtas]

CD (m)   kompaktinis diskas (v)   [kɔmˈpaːktʲɪnʲɪs ˈdʲɪskas]
cassete (f)   kasetė (m)   [kaˈsʲɛtʲeː]
disco (m) de vinil   plokštelė (m)   [plokʃˈtʲælʲeː]

T&P Books. Vocabulário Português-Lituano - 5000 palavras

ATIVIDADES HUMANAS

Emprego. Negócios. Parte 1

69. Escritório. O trabalho no escritório

escritório (~ de advogados)	ofisas (v)	['ofˈɪsas]
escritório (do diretor, etc.)	kabinètas (v)	[kabˈɪ'nˈɛtas]
receção (f)	registratūrà (m)	[rˈɛgˈɪstratu:'ra]
secretário (m)	sekretòrius (v)	[sˈɛkrˈɛ'to:rˈʊs]

diretor (m)	dirèktorius (v)	[dˈɪ'rˈɛktorˈʊs]
gerente (m)	vadýbininkas (v)	[va'dˈi:bˈɪnˈɪŋkas]
contabilista (m)	buhálteris (v)	[bʊ'yalˈtˈɛrˈɪs]
empregado (m)	bendradar̃bis (v)	[bˈɛndra'darbˈɪs]

mobiliário (m)	baldai (v)	['balˈdʌɪ]
mesa (f)	stãlas (v)	['sta:lˈas]
cadeira (f)	fòtelis (v)	['fotˈɛlˈɪs]
bloco (m) de gavetas	spintèlė (m)	[spˈɪn'tˈælˈe:]
cabide (m) de pé	kabyklà (m)	[kabˈi:k'lˈa]

computador (m)	kompiùteris (v)	[kɔm'pˈʊtˈɛrˈɪs]
impressora (f)	spausdintùvas (v)	[spaʊsdˈɪn'tʊvas]
fax (m)	fãksas (v)	['fa:ksas]
fotocopiadora (f)	kopijãvimo aparãtas (v)	[kopˈɪ'ja:vˈɪmɔ apa'ra:tas]

| papel (m) | pòpierius (v) | ['po:pˈiɛrˈʊs] |
| artigos (m pl) de escritório | kanceliãriniai reikmenys (v dgs) | [kantsˈɛ'lˈæɾˈɪnˈɛɪ 'rˈɛɪkmˈɛnˈi:s] |

tapete (m) de rato	kilimělis (v)	[kˈɪlˈɪ'mˈe:lˈɪs]
folha (f) de papel	lãpas (v)	['lˈa:pas]
pasta (f)	pãpkė (m)	['pa:pkˈe:]

catálogo (m)	katalogas (v)	[kata'lˈogas]
diretório (f) telefónico	žinýnas (v)	[ʒˈɪ'nˈi:nas]
documentação (f)	dokumentãcija (m)	[dokʊmˈɛn'ta:tsˈɪjɛ]
brochura (f)	brošiūrà (m)	[broʃʊ:'ra]
flyer (m)	skrajùtė (m)	[skra'jʊtˈe:]
amostra (f)	pavyzdỹs (v)	[pavˈi:z'dˈi:s]

formação (f)	trèningas (v)	['trˈɛnˈɪngas]
reunião (f)	pasitarìmas (v)	[pasˈɪta'rˈɪmas]
hora (f) de almoço	pietų̃ pértrauka (m)	[pˈiɛ'tu: 'pˈɛrtraʊka]

fazer uma cópia	darýti kòpiją	[da'rˈi:tˈɪ 'kopˈɪja:]
tirar cópias	dáuginti	['daʊgˈɪntˈɪ]
receber um fax	gáuti fãksą	['gaʊtˈɪ 'fa:ksa:]
enviar um fax	sių̃sti fãksą	['sˈʊ:stˈɪ 'fa:ksa:]

fazer uma chamada	skambinti	['skambʲɪntʲɪ]
responder (vt)	atsiliėpti	[atsʲɪ'lʲɛptʲɪ]
passar (vt)	sujùngti	[sʊ'jʊŋktʲɪ]
marcar (vt)	skìrti	['skʲɪrtʲɪ]
demonstrar (vt)	demonstrúoti	[dʲɛmons'trʊatʲɪ]
estar ausente	nebúti	[nʲɛ'buːtʲɪ]
ausência (f)	praleidìmas (v)	[pralʲɛɪ'dʲɪmas]

70. Processos negociais. Parte 1

negócio (m)	vėrslas (v)	['vʲɛrslʲas]
ocupação (f)	veiklà (m)	[vʲɛɪk'lʲa]
firma, empresa (f)	fìrma (m)	['fʲɪrma]
companhia (f)	kompãnija (m)	[kɔm'paːnʲɪjɛ]
corporação (f)	korporãcija (m)	[kɔrpo'raːtsʲɪjɛ]
empresa (f)	įmonė (m)	['iːmonʲeː]
agência (f)	agentūrà (m)	[agʲɛntuː'ra]
acordo (documento)	sutartìs (m)	[sʊtar'tʲɪs]
contrato (m)	kontrãktas (v)	[kɔn'traːktas]
acordo (transação)	sandėris (v)	['sandʲeːrʲɪs]
encomenda (f)	užsãkymas (v)	[ʊʒ'saːkʲiːmas]
cláusulas (f pl), termos (m pl)	sąlyga (m)	['saːlʲiːga]
por grosso (adv)	didmenomìs	[dʲɪdmʲɛno'mʲɪs]
por grosso (adj)	didmenìnis	[dʲɪdmʲɛ'nʲɪnʲɪs]
venda (f) por grosso	didmeninė prekýba (m)	[dʲɪdmeˈnʲɪnʲeː preˈkʲiːba]
a retalho	mažmenìnis	[maʒmʲɛ'nʲɪnʲɪs]
venda (f) a retalho	mažmeninė prekýba (m)	[maʒmeˈnʲɪnʲeː preˈkʲiːba]
concorrente (m)	konkureñtas (v)	[kɔŋkʊ'rʲɛntas]
concorrência (f)	konkurencija (m)	[kɔŋkʊ'rʲɛntsʲɪjɛ]
competir (vi)	konkurúoti	[kɔŋkʊ'rʊatʲɪ]
sócio (m)	pártneris (v)	['partnʲɛrʲɪs]
parceria (f)	partnerỹstė (m)	[partnʲɛ'rʲiːstʲeː]
crise (f)	krìzė (m)	['krʲɪzʲeː]
bancarrota (f)	bankrotas (v)	[baŋk'rotas]
entrar em falência	bankrutúoti	[baŋkrʊ'tʊatʲɪ]
dificuldade (f)	sunkùmas (v)	[sʊŋ'kʊmas]
problema (m)	problemà (m)	[problʲɛ'ma]
catástrofe (f)	katastrofà (m)	[katastro'fa]
economia (f)	ekonòmika (m)	[ɛko'nomʲɪka]
económico	ekonòminis	[ɛko'nomʲɪnʲɪs]
recessão (f) económica	ekonominis núosmukis (v)	[ɛko'nomʲɪnʲɪs 'nʊasmʊkʲɪs]
objetivo (m)	tìkslas (v)	['tʲɪkslʲas]
tarefa (f)	užduotìs (m)	[ʊʒdʊa'tʲɪs]
comerciar (vi, vt)	prekiáuti	[prʲɛ'kʲæʊtʲɪ]
rede (de distribuição)	tiñklas (v)	['tʲɪŋklʲas]

estoque (m)	sándėlis (v)	['sandʲeːlʲɪs]
sortimento (m)	asortimeñtas (v)	[asortʲɪ'mʲɛntas]
líder (m)	lýderis (v)	['lʲiːdʲɛrʲɪs]
grande (~ empresa)	dìdelė	['dʲɪdʲɛlʲeː]
monopólio (m)	monopòlija (m)	[mono'polʲɪjɛ]
teoria (f)	teòrija (m)	[tʲɛ'orʲɪjɛ]
prática (f)	prãktika (m)	['praːktʲɪka]
experiência (falar por ~)	patirtìs (m)	[patʲɪrʲtʲɪs]
tendência (f)	tendeñcija (m)	[tʲɛnʲdʲɛnʲtsʲɪjɛ]
desenvolvimento (m)	výstymasis (v)	['vʲiːstʲiːmasʲɪs]

71. Processos negociais. Parte 2

rentabilidade (f)	naudà (m)	[nɑʊ'da]
rentável	naudìngas	[nɑʊ'dʲɪngas]
delegação (f)	delegãcija (m)	[dʲɛlʲɛ'gaːtsʲɪjɛ]
salário, ordenado (m)	dárbo ùžmokestis (v)	['darbɔ 'ʊʒmokʲɛstʲɪs]
corrigir (um erro)	taisýti	[tʌɪ'sʲiːtʲɪ]
viagem (f) de negócios	komandiruõtė (m)	[kɔmandʲɪ'rʊɑtʲeː]
comissão (f)	komìsija (m)	[kɔ'mʲɪsʲɪjɛ]
controlar (vt)	kontroliúoti	[kɔntro'lʲʊɑtʲɪ]
conferência (f)	konfereñcija (m)	[kɔnfʲɛ'rʲɛnʲtsʲɪjɛ]
licença (f)	liceñzija (m)	[lʲɪ'tsʲɛnzʲɪjɛ]
confiável	pàtikimas	['patʲɪkʲɪmas]
empreendimento (m)	pradžià (m)	[prad'ʒʲæ]
norma (f)	nòrma (m)	['norma]
circunstância (f)	aplinkýbė (m)	[aplʲɪŋ'kʲiːbʲeː]
dever (m)	pareigà (m)	[parʲɛɪ'ga]
empresa (f)	organizãcija (m)	[organʲɪ'zaːtsʲɪjɛ]
organização (f)	organizãvimas (v)	[organʲɪ'zaːvʲɪmas]
organizado	organizúotas	[organʲɪ'zʊɑtas]
anulação (f)	atšaukìmas (v)	[atʃɑʊ'kʲɪmas]
anular, cancelar (vt)	atšaũkti	[at'ʃɑʊktʲɪ]
relatório (m)	atãskaita (m)	[a'taːskʌɪta]
patente (f)	pãtentas (v)	['paːtʲɛntas]
patentear (vt)	patentúoti	[patʲɛn'tʊɑtʲɪ]
planear (vt)	planúoti	[plʲa'nʊɑtʲɪ]
prémio (m)	prèmija (m)	['prʲɛmʲɪjɛ]
profissional	profesionalùs	[profʲɛsʲɪjona'lʲʊs]
procedimento (m)	procedūrà (m)	[protsʲɛduː'ra]
examinar (a questão)	išnagrinėti	[ɪʃnagrʲɪ'nʲeːtʲɪ]
cálculo (m)	apskaità (m)	[apskʌɪ'ta]
reputação (f)	reputãcija (m)	[rʲɛpʊ'taːtsʲɪjɛ]
risco (m)	rìzika (m)	['rʲɪzʲɪka]
dirigir (~ uma empresa)	vadováuti	[vado'vɑʊtʲɪ]

informação (f)	duomenys (v dgs)	['dʊɑmʲɛnʲiːs]
propriedade (f)	nuosavybė (m)	[nʊɑsɑ'vʲiːbʲeː]
união (f)	sąjunga (m)	['sɑːjʊŋɑ]

seguro (m) de vida	gyvýbės draudìmas (v)	[gʲiː'vʲiːbʲeːs drɑʊ'dʲɪmɑs]
fazer um seguro	draũsti	['drɑʊstʲɪ]
seguro (m)	draudìmas (v)	[drɑʊ'dʲɪmɑs]

leilão (m)	varžýtinės (m dgs)	[vɑr'ʒʲiːtʲɪnʲeːs]
notificar (vt)	pranèšti	[prɑ'nʲɛʃtʲɪ]
gestão (f)	valdymas (v)	['vɑlʲdʲiːmɑs]
serviço (indústria de ~s)	paslauga (m)	[pɑslʲɑʊ'gɑ]

fórum (m)	forumas (v)	['forʊmɑs]
funcionar (vi)	funkcionúoti	[fʊŋktsʲɪjɔ'nʊɑtʲɪ]
estágio (m)	etãpas (v)	[ɛ'tɑːpɑs]
jurídico	jurìdinis	[jʊ'rʲɪdʲɪnʲɪs]
jurista (m)	teisininkas (v)	['tʲɛɪsʲɪnʲɪŋkɑs]

72. Produção. Trabalhos

usina (f)	gamyklà (m)	[gɑmʲiːk'lʲɑ]
fábrica (f)	fàbrikas (v)	['fɑːbrʲɪkɑs]
oficina (f)	cèchas (v)	['tsʲɛxɑs]
local (m) de produção	gamýba (m)	[gɑ'mʲiːbɑ]

indústria (f)	prámonė (m)	['prɑːmonʲeː]
industrial	pramonìnis	[prɑmo'nʲɪnʲɪs]
indústria (f) pesada	sunkióji prámonė (m)	[sʊŋ'kʲoːjɪ 'prɑːmonʲeː]
indústria (f) ligeira	lengvóji prámonė (m)	[lʲɛŋg'voːjɪ 'prɑːmonʲeː]

produção (f)	produkcija (m)	[pro'dʊktsʲɪjɛ]
produzir (vt)	gamìnti	[gɑ'mʲɪntʲɪ]
matérias-primas (f pl)	žaliava (m)	['ʒɑːlʲæva]

chefe (m) de brigada	brigãdininkas (v)	[brʲɪ'gɑːdʲɪnʲɪŋkɑs]
brigada (f)	brigadà (m)	[brʲɪgɑ'dɑ]
operário (m)	darbinìnkas (v)	[dɑrbʲɪ'nʲɪŋkɑs]

dia (m) de trabalho	dárbo dienà (m)	['dɑrbɔ dʲiɛ'nɑ]
pausa (f)	pértrauka (m)	['pʲɛrtrɑʊkɑ]
reunião (f)	susirinkìmas (v)	[sʊsʲɪrʲɪŋ'kʲɪmɑs]
discutir (vt)	svarstýti	[svɑr'stʲiːtʲɪ]

plano (m)	plãnas (v)	['plʲɑːnɑs]
cumprir o plano	įvýkdyti plãną	[iː'vʲɪːkdʲɪːtʲɪ 'plʲɑːnɑː]
taxa (f) de produção	norma (m)	['normɑ]
qualidade (f)	kokýbė (m)	[kɔ'kʲiːbʲeː]
controlo (m)	kontrolė (m)	[kon'trolʲeː]
controlo (m) da qualidade	kokýbės kontrolė (m)	[kɔ'kʲiːbʲeːs kon'trolʲeː]

segurança (f) no trabalho	dárbo saugà (m)	['dɑrbɔ sɑʊ'gɑ]
disciplina (f)	drausmė (m)	['drɑʊsmʲeː]
infração (f)	pažeidìmas (v)	[pɑʒʲɛɪ'dʲɪmɑs]

Português	Lituano	Pronúncia
violar (as regras)	pažeisti	[pa'ʒʲɛɪstʲɪ]
greve (f)	streikas (v)	['strʲɛɪkas]
grevista (m)	streikininkas (v)	['strʲɛˈɪkʲɪnʲɪŋkas]
estar em greve	streikuoti	[strʲɛɪ'kʊɑtʲɪ]
sindicato (m)	profsąjunga (m)	[prof'sa:jʊnga]
inventar (vt)	išradinėti	[ɪʃradʲɪ'nʲe:tʲɪ]
invenção (f)	išradimas (v)	[ɪʃra'dʲɪmas]
pesquisa (f)	tyrinėjimas (v)	[tʲi:rʲɪ'nʲɛjɪmas]
melhorar (vt)	gerinti	['gʲærʲɪntʲɪ]
tecnologia (f)	technologija (m)	[tʲɛxno'lʲogʲɪjɛ]
desenho (m) técnico	brėžinỹs (v)	[brʲe:ʒʲɪ'nʲi:s]
carga (f)	krovinỹs (v)	[krovʲɪ'nʲi:s]
carregador (m)	krovėjas (v)	[kro'vʲe:jas]
carregar (vt)	krauti	['krɑʊtʲɪ]
carregamento (m)	krovimas (v)	[kro'vʲɪmas]
descarregar (vt)	iškrauti	[ɪʃ'krɑʊtʲɪ]
descarga (f)	iškrovimas (v)	[ɪʃkro'vʲɪmas]
transporte (m)	transportas (v)	[trans'portas]
companhia (f) de transporte	transporto kompãnija (m)	[trans'portɔ kom'pa:nʲɪjɛ]
transportar (vt)	transportuoti	[transpor'tʊɑtʲɪ]
vagão (m) de carga	vagonas (v)	[va'gonas]
cisterna (f)	cisterna (m)	[tsʲɪs'tʲɛrna]
camião (m)	sunkvežimis (v)	['sʊŋkvʲɛʒʲɪmʲɪs]
máquina-ferramenta (f)	staklės (m dgs)	['sta:klʲe:s]
mecanismo (m)	mechanizmas (v)	[mʲɛxa'nʲɪzmas]
resíduos (m pl) industriais	atliekos (m dgs)	[at'lʲiɛko:s]
embalagem (f)	pakavimas (v)	[pa'ka:vʲɪmas]
embalar (vt)	supakuoti	[sʊpa'kʊɑtʲɪ]

73. Contrato. Acordo

Português	Lituano	Pronúncia
contrato (m)	kontraktas (v)	[kɔn'tra:ktas]
acordo (m)	susitarimas (v)	[sʊsʲɪta'rʲɪmas]
adenda (f), anexo (m)	priedas (v)	['prʲɛdas]
assinar o contrato	sudaryti sutartį	[sʊda'rʲɪ:tʲɪ 'sʊtartʲɪ:]
assinatura (f)	parašas (v)	['pa:raʃas]
assinar (vt)	pasirašyti	[pasʲɪra'ʃʲɪ:tʲɪ]
carimbo (m)	antspaudas (v)	['antspɑʊdas]
objeto (m) do contrato	sutarties dalỹkas (v)	[sʊtar'tʲɛs da'lʲi:kas]
cláusula (f)	punktas (v)	['pʊŋktas]
partes (f pl)	šãlys (m dgs)	['ʃa:lʲi:s]
morada (f) jurídica	juridinis ãdresas (v)	[jʊ'rʲɪdʲɪnʲɪs 'a:drʲɛsas]
violar o contrato	pažeisti sutartį	[pa'ʒʲɛɪstʲɪ 'sʊtartʲɪ:]
obrigação (f)	įsipareigojimas (v)	[i:sʲɪparʲɛɪ'go:jɪmas]
responsabilidade (f)	atsakomybė (m)	[atsako'mʲi:bʲe:]

força (f) maior	nenugalimoji jėga (m)	[nʲɛnugalʲɪˈmoːjɪ jeːˈga]
litígio (m), disputa (f)	ginčas (v)	[ˈɡʲɪntʂas]
multas (f pl)	baudinės sánkcijos (m dgs)	[bɑʊˈdʲɪnʲeːs ˈsaŋktsʲɪjɔs]

74. Importação & Exportação

importação (f)	impórtas (v)	[ɪmˈportas]
importador (m)	importúotojas (v)	[ɪmporˈtʊɑtoːjɛs]
importar (vt)	importúoti	[ɪmporˈtʊɑtʲɪ]
de importação	impòrtinis	[ɪmˈportʲɪnʲɪs]

| exportador (m) | eksportúotojas (v) | [ɛksporˈtʊɑtoːjɛs] |
| exportar (vt) | eksportúoti | [ɛksporˈtʊɑtʲɪ] |

| mercadoria (f) | prekė (m) | [ˈprʲækʲeː] |
| lote (de mercadorias) | pártija (m) | [ˈpartʲɪjɛ] |

peso (m)	svõris (v)	[ˈsvoːrʲɪs]
volume (m)	tūris (v)	[ˈtuːrʲɪs]
metro (m) cúbico	kùbinis mètras (v)	[ˈkʊbʲɪnʲɪs ˈmʲɛtras]

produtor (m)	gamìntojas (v)	[gaˈmʲɪntoːjɛs]
companhia (f) de transporte	transpòrto kompãnija (m)	[transˈportɔ komˈpaːnʲɪjɛ]
contentor (m)	konteìneris (v)	[kɔnˈtʲɛɪnʲɛrʲɪs]

fronteira (f)	síena (m)	[ˈsʲiɛna]
alfândega (f)	muìtinė (m)	[ˈmʊɪtʲɪnʲeː]
taxa (f) alfandegária	muìtinės riñkliava (m)	[ˈmʊɪtʲɪnʲeːs ˈrʲɪŋklʲæva]
funcionário (m) da alfândega	muìtininkas (v)	[ˈmʊɪtʲɪnʲɪŋkas]
contrabando (atividade)	kontrabánda (m)	[kɔntraˈbanda]
contrabando (produtos)	kontrabánda (m)	[kɔntraˈbanda]

75. Finanças

ação (f)	ãkcija (m)	[ˈaːktsʲɪjɛ]
obrigação (f)	obligãcija (m)	[oblʲɪˈgaːtsʲɪjɛ]
nota (f) promissória	vèkselis (v)	[ˈvʲɛksʲɛlʲɪs]

| bolsa (f) | bìrža (m) | [ˈbʲɪrʒa] |
| cotação (m) das ações | ãkcijų kùrsas (v) | [ˈaːktsʲɪjuː ˈkʊrsas] |

| tornar-se mais barato | atpìgti | [atˈpʲɪktʲɪ] |
| tornar-se mais caro | pabrángti | [paˈbraŋktʲɪ] |

parte (f)	ãkcija (m)	[ˈaːktsʲɪjɛ]
participação (f) maioritária	kontròlinis pakètas (v)	[kɔnˈtrolʲɪnʲɪs paˈkʲɛtas]
investimento (m)	investìcijos (m dgs)	[ɪnvʲɛsˈtʲɪtsʲɪjɔs]
investir (vt)	investúoti	[ɪnvʲɛsˈtʊɑtʲɪ]
percentagem (f)	procèntas (v)	[ˈprotsʲɛntas]
juros (m pl)	procentai (v dgs)	[ˈprotsʲɛntʌɪ]
lucro (m)	pelnas (v)	[ˈpʲɛlʲnas]
lucrativo	pelnìngas	[pʲɛlʲˈnʲɪngas]

imposto (m)	mókestis (v)	['mokʲɛstʲɪs]
divisa (f)	valiutà (m)	[valʲu'ta]
nacional	nacionãlinis	[natsʲɪjɔ'naːlʲɪnʲɪs]
câmbio (m)	keitìmas (v)	[kʲɛɪ'tʲɪmas]
contabilista (m)	buhálteris (v)	[bʊ'ɣalʲtʲɛrʲɪs]
contabilidade (f)	buhaltèrija (m)	[bʊɣalʲ'tʲɛrʲɪjɛ]
bancarrota (f)	bankròtas (v)	[baŋk'rotas]
falência (f)	subankrutãvimas (v)	[sʊbaŋkrʊ'taːvʲɪmas]
ruína (f)	nuskurdìmas (v)	[nʊskʊr'dʲɪmas]
arruinar-se (vr)	nuskùrsti	[nʊ'skʊrstʲɪ]
inflação (f)	infliãcija (m)	[ɪn'flʲætsʲɪjɛ]
desvalorização (f)	devalvãcija (m)	[dʲɛvalʲ'vaːtsʲɪjɛ]
capital (m)	kapitãlas (v)	[kapʲɪ'taːlʲas]
rendimento (m)	pãjamos (m dgs)	['paːjamos]
volume (m) de negócios	apývarta (m)	[a'pʲiːvarta]
recursos (m pl)	ištekliai̇̃ (v dgs)	[ɪʃtʲɛ'kʲlʲɛɪ]
recursos (m pl) financeiros	piniginės lė́šos (m dgs)	[pʲɪnʲɪ'gʲɪnʲeːs 'lʲeːʃos]
despesas (f pl) gerais	pridėtìnės ìšlaidos (m dgs)	[prʲɪdʲeː'tʲɪnʲeːs 'ɪʃlʲʌɪdos]
reduzir (vt)	sumãžinti	[sʊ'maːʒʲɪntʲɪ]

76. Marketing

marketing (m)	rinkódara (m)	[rʲɪŋ'kodara]
mercado (m)	rìnka (m)	[rʲɪŋ'ka]
segmento (m) do mercado	riñkos segmeñtas (v)	['rʲɪŋkos sʲɛg'mʲɛntas]
produto (m)	prodùktas (v)	[pro'dʊktas]
mercadoria (f)	prẽkė (m)	['prʲækʲeː]
marca (f)	breñdas (v)	[brʲɛndas]
marca (f) comercial	prẽkės ženklas (v)	[prʲækʲeːs 'ʒʲæŋklʲas]
logotipo (m)	fi̇̃rmos ženklas (v)	['fʲɪrmos 'ʒʲɛŋklʲas]
logo (m)	logotìpas (v)	[lʲogo'tʲɪpas]
demanda (f)	paklausà (m)	[paklʲɑʊ'sa]
oferta (f)	pasiūlà (m)	[pasʲuː'lʲa]
necessidade (f)	póreikis (v)	['porʲɛɪkʲɪs]
consumidor (m)	vartótojas (v)	[var'totoːjɛs]
análise (f)	anãlizė (m)	[a'naːlʲɪzʲeː]
analisar (vt)	analizúoti	[analʲɪ'zʊɑtʲɪ]
posicionamento (m)	pozicionãvimas (v)	[pozʲɪtsʲɪjɔ'naːvʲɪmas]
posicionar (vt)	pozicionúoti	[pozʲɪtsʲɪjɔ'nʊɑtʲɪ]
preço (m)	káina (m)	['kʌɪna]
política (f) de preços	káinų polìtika (m)	['kʌɪnuː poʲlʲɪtʲɪka]
formação (f) de preços	káinų formãvimas (v)	['kʌɪnuː for'maːvʲɪmas]

77. Publicidade

publicidade (f)	reklamà (m)	[rʲɛklʲa'ma]
publicitar (vt)	reklamúoti	[rʲɛklʲa'muatʲɪ]
orçamento (m)	biudžėtas (v)	[bʲu'dʒʲɛtas]

anúncio (m) publicitário	reklamà (m)	[rʲɛklʲa'ma]
publicidade (f) televisiva	telereklamà (m)	[tʲɛlʲɛrʲɛkla'ma]
publicidade (f) na rádio	rãdijo reklamà (m)	['ra:dʲɪjo rʲɛklʲa'ma]
publicidade (f) exterior	išorìnė reklamà (m)	[ɪʃo'rʲɪnʲe: reklʲa'ma]

comunicação (f) de massa	žiniãsklaida (m)	[ʒʲɪ'nʲæsklʲʌɪda]
periódico (m)	periòdinis leidinỹs (v)	[pʲɛrʲɪ'jodʲɪnʲɪs lʲɛɪdʲɪ'nʲi:s]
imagem (f)	įvaizdis (v)	['i:vʌɪzdʲɪs]

slogan (m)	šū̃kis (v)	['ʃu:kʲɪs]
mote (m), divisa (f)	devìzas (v)	[dʲɛ'vʲɪzas]

campanha (f)	kampãnija (m)	[kam'pa:nʲɪjɛ]
companha (f) publicitária	reklãmos kampãnija (m)	[rʲɛklʲa:mos kam'pa:nʲɪjɛ]
grupo (m) alvo	tikslìnė auditòrija (m)	[tʲɪks'lʲɪnʲe: ɑudʲɪ'torʲɪjɛ]

cartão (m) de visita	vizìtinė kortẽlė (m)	[vʲɪ'zʲɪtʲɪnʲe: kor'tʲælʲe:]
flyer (m)	lapẽlis (v)	[la'pʲælʲɪs]
brochura (f)	brošiūrà (m)	[broʃu:'ra]
folheto (m)	lankstinùkas (v)	[lʲaŋkstʲɪ'nʊkas]
boletim (~ informativo)	biuletènis (v)	[bʲulʲɛ'tʲɛnʲɪs]

letreiro (m)	iškaba (m)	['ɪʃkaba]
cartaz, póster (m)	plakãtas (v)	[plʲa'ka:tas]
painel (m) publicitário	skỹdas (v)	['skʲi:das]

78. Banca

banco (m)	bánkas (v)	['baŋkas]
sucursal, balcão (f)	skỹrius (v)	['skʲi:rʲʊs]

consultor (m)	konsultántas (v)	[kɔnsʊlʲ'tantas]
gerente (m)	valdýtojas (v)	[valʲ'dʲi:to:jɛs]

conta (f)	sąskaita (m)	['sa:skʌɪta]
número (m) da conta	sąskaitos nùmeris (v)	['sa:skʌɪtos 'nʊmʲɛrʲɪs]
conta (f) corrente	einamóji sąskaita (m)	[ɛɪna'mo:jɪ 'sa:skʌɪta]
conta (f) poupança	kaupiamóji sąskaita (m)	[kɑupʲæ'mo:jɪ 'sa:skʌɪta]

abrir uma conta	atidarýti sąskaitą	[atʲɪda'rʲi:tʲɪ 'sa:skʌɪta:]
fechar uma conta	uždarýti sąskaitą	[ʊʒda'rʲi:tʲɪ 'sa:skʌɪta:]
depositar na conta	padė́ti į sąskaitą	[pa'dʲe:tʲɪ i: 'sa:skʌɪta:]
levantar (vt)	paim̃ti iš sąskaitos	['pʌɪmtʲɪ ɪʃ 'sa:skʌɪtos]

depósito (m)	iñdėlis (v)	['ɪndʲe:lʲɪs]
fazer um depósito	įnèšti iñdėlį	[i:'nʲɛʃtʲɪ 'indʲe:lʲɪ:]
transferência (f) bancária	pavedìmas (v)	[pavʲɛ'dʲɪmas]

transferir (vt)	atlìkti pavedìmą	[at'lʲɪktʲɪ pavʲɛ'dʲɪmaː]
soma (f)	sumà (m)	[sʊ'ma]
Quanto?	Kíek?	['kʲiɛk?]

assinatura (f)	pãrašas (v)	['paːraʃas]
assinar (vt)	pasirašýti	[pasʲɪra'ʃʲɪːtʲɪ]

cartão (m) de crédito	kredìtinė kortẽlė (m)	[krʲɛ'dʲɪtʲɪnʲeː kor'tʲælʲeː]
código (m)	kòdas (v)	['kodas]
número (m)	kredìtinės kortẽlės	[krʲɛ'dʲɪtʲɪnʲeːs kor'tʲælʲeːs
do cartão de crédito	nùmeris (v)	'nʊmerʲɪs]
Caixa Multibanco (m)	bankomãtas (v)	[baŋko'maːtas]

cheque (m)	kvìtas (v)	['kvʲɪtas]
passar um cheque	išrašýti kvìtą	[ɪʃra'ʃʲɪːtʲɪ 'kvʲɪtaː]
livro (m) de cheques	čèkių knygẽlė (m)	['tʃʲɛkʲuː knʲiː'gʲælʲeː]

empréstimo (m)	kredìtas (v)	[krʲɛ'dʲɪtas]
pedir um empréstimo	kreĩptis dė̃l kredìto	['krʲɛɪptʲɪs dʲeːlʲ krʲɛ'dʲɪto]
obter um empréstimo	im̃ti kredìtą	['ɪmtʲɪ krʲɛ'dʲɪtaː]
conceder um empréstimo	sutèikti kredìtą	[sʊ'tʲɛɪktʲɪ krʲɛ'dʲɪtaː]
garantia (f)	garántija (m)	[ga'rantʲɪjɛ]

79. Telefone. Conversação telefónica

telefone (m)	telefònas (v)	[tʲɛlʲɛ'fonas]
telemóvel (m)	mobilùsis telefònas (v)	[mobʲɪ'lʊsʲɪs tʲɛlʲɛ'fonas]
secretária (f) electrónica	autoatsakìklis (v)	[autoatsa'kʲɪklʲɪs]

fazer uma chamada	skam̃binti	['skambʲɪntʲɪ]
chamada (f)	skambùtis (v)	[skam'bʊtʲɪs]

marcar um número	suriñkti nùmerį	[sʊ'rʲɪŋktʲɪ 'nʊmʲɛrʲɪː]
Alô!	Aliõ!	[a'lʲo!]
perguntar (vt)	paklàusti	[pak'lʲaustʲɪ]
responder (vt)	atsakýti	[atsa'kʲiːtʲɪ]

ouvir (vt)	girdéti	[gʲɪr'dʲeːtʲɪ]
bem	geraĩ	[gʲɛ'rʌɪ]
mal	prastaĩ	[pras'tʌɪ]
ruído (m)	trukdžiaĩ (v dgs)	[trʊk'dʒʲɛɪ]

auscultador (m)	ragẽlis (v)	[ra'gʲælʲɪs]
pegar o telefone	pakélti ragẽlį	[pa'kʲɛlʲtʲɪ ra'gʲælʲɪː]
desligar (vi)	padéti ragẽlį	[pa'dʲeːtʲɪ ra'gʲælʲɪː]

ocupado	ùžimtas	['ʊʒʲɪmtas]
tocar (vi)	skambéti	[skam'bʲeːtʲɪ]
lista (f) telefónica	telefònų knygà (m)	[tʲɛlʲɛ'fonuː knʲiː'ga]
local	viẽtinis	['vʲiɛtʲɪnʲɪs]
chamada (f) local	viẽtinis skambùtis (v)	['vʲiɛtʲɪnʲɪs skam'bʊtʲɪs]
de longa distância	tarpmiestìnis	[tarpmʲiɛs'tʲɪnʲɪs]
chamada (f) de longa distância	tarpmiestìnis skambùtis (v)	[tarpmʲiɛs'tʲɪnʲɪs skam'bʊtʲɪs]

| internacional | tarptautìnis | [tarptɑʊ'tʲɪnʲɪs] |
| chamada (f) internacional | tarptautìnis skambùtis (v) | [tarptɑʊ'tʲɪnʲɪs skam'bʊtʲɪs] |

80. Telefone móvel

telemóvel (m)	mobilùsis telefònas (v)	[mobʲɪ'lʊsʲɪs tʲɛlʲɛ'fonas]
ecrã (m)	ekrãnas (v)	[ɛk'ra:nas]
botão (m)	mygtùkas (v)	[mʲiːk'tʊkas]
cartão SIM (m)	SIM-kortẽlė (m)	[sʲɪm-kor'tʲælʲeː]

bateria (f)	akumuliãtorius (v)	[akʊmʊ'lʲætorʲʊs]
descarregar-se	išsikráuti	[ɪʃsʲɪ'krɑʊtʲɪ]
carregador (m)	įkrovìklis (v)	[iːkro'vʲɪːklʲɪs]

| menu (m) | valgiãraštis (v) | [valʲ'gʲæraʃtʲɪs] |
| definições (f pl) | nustãtymai (v dgs) | [nʊ'sta:tʲiːmʌɪ] |

| melodia (f) | melòdija (m) | [mʲɛ'lʲodʲɪjɛ] |
| escolher (vt) | pasirinkti | [pasʲɪ'rʲɪŋktʲɪ] |

calculadora (f)	skaičiuotùvas (v)	[skʌɪtʃʲʊo'tʊvas]
correio (m) de voz	bal̃so pãštas (v)	['balʲsɔ 'paːʃtas]
despertador (m)	žadintùvas (v)	[ʒadʲɪn'tʊvas]
contatos (m pl)	telefònų knygà (m)	[tʲɛlʲɛ'fonu: knʲiː'ga]

| mensagem (f) de texto | SMS žinùtė (m) | [ɛsɛ'mɛs ʒʲɪnʊtʲeː] |
| assinante (m) | abonentas (v) | [abo'nʲɛntas] |

81. Estacionário

| caneta (f) | automãtinis šratinùkas (v) | [ɑʊto'maːtʲɪnʲɪs ʃratʲɪ'nʊkas] |
| caneta (f) tinteiro | plunksnãkotis (v) | [plʲʊŋk'snaːkotʲɪs] |

lápis (m)	pieštùkas (v)	[pʲiɛʃ'tʊkas]
marcador (m)	žymẽklis (v)	[ʒʲiː'mʲæklʲɪs]
caneta (f) de feltro	flomãsteris (v)	[flʲo'maːstʲɛrʲɪs]

| bloco (m) de notas | bloknòtas (v) | [blʲok'notas] |
| agenda (f) | dienòraštis (v) | [dʲiɛ'noraʃtʲɪs] |

régua (f)	liniuõtė (m)	[lʲɪ'nʲʊoːtʲeː]
calculadora (f)	skaičiuotùvas (v)	[skʌɪtʃʲʊo'tʊvas]
borracha (f)	trintùkas (v)	[trʲɪn'tʊkas]

| pionés (m) | smeigtùkas (v) | [smʲɛɪk'tʊkas] |
| clipe (m) | sąvaržėlė (m) | [saːvar'ʒʲeːlʲeː] |

| cola (f) | klijaĩ (v dgs) | [klʲɪ'jʌɪ] |
| agrafador (m) | segìklis (v) | [sʲɛ'gʲɪklʲɪs] |

| furador (m) | skylãmušis (v) | [skʲiː'lʲaːmʊʃɪs] |
| afia-lápis (m) | drožtùkas (v) | [droʒ'tʊkas] |

82. Tipos de negócios

Português	Lituano	Pronúncia
serviços (m pl) de contabilidade	buhalterinės paslaugos (m dgs)	[buɣalʲ'tʲɛrʲɪnʲe:s 'pa:slɑugos]
publicidade (f)	reklama (m)	[rʲɛklʲa'ma]
agência (f) de publicidade	reklamos agentūra (m)	[rʲɛk'lʲa:mos agʲɛntu:'ra]
ar (m) condicionado	kondicionieriai (v dgs)	[kondʲɪtsʲɪjoʲnʲɛrʲɛɪ]
companhia (f) aérea	aviakompanija (m)	[avʲækom'pa:nʲɪjɛ]

bebidas (f pl) alcoólicas	alkoholiniai gėrimai (v dgs)	[alʲko'ɣolʲɪnʲɛɪ 'gʲe:rʲɪmʌɪ]
comércio (m) de antiguidades	antikvariatas (v)	[antʲɪkvarʲɪ'jatas]
galeria (f) de arte	galerija (m)	[ga'lʲɛrʲɪjɛ]
serviços (m pl) de auditoria	auditorių paslaugos (m dgs)	[ɑu'dʲɪtorʲu: 'pa:slʲɑugos]

negócios (m pl) bancários	bankinis verslas (v)	['baŋkʲɪnʲɪs 'vʲɛrslʲas]
bar (m)	baras (v)	['ba:ras]
salão (m) de beleza	grožio salonas (v)	['gro:ʒʲo sa'lʲonas]
livraria (f)	knygynas (v)	[knʲi:'gʲi:nas]
cervejaria (f)	alaus darykla (m)	[a'lʲɑus darʲi:k'lʲa]
centro (m) de escritórios	verslo centras (v)	['vʲɛrslʲo 'tsʲɛntras]
escola (f) de negócios	verslo mokykla (m)	['vʲɛrslʲo mokʲi:k'lʲa]

casino (m)	kazino (v)	[kazʲɪ'no]
construção (f)	statyba (m)	[sta'tʲi:ba]
serviços (m pl) de consultoria	konsultavimas (v)	[konsulʲ'ta:vʲɪmas]

estomatologia (f)	stomatologija (m)	[stomato'lʲogʲɪjɛ]
design (m)	dizainas (v)	[dʲɪ'zʌɪnas]
farmácia (f)	vaistinė (m)	['vʌɪstʲɪnʲe:]
lavandaria (f)	cheminė valykla (m)	['xʲɛmʲɪnʲe: valʲi:k'la]
agência (f) de emprego	darbuotojų paieškos agentūra (m)	[dar'buoto:ju: paʲiɛʃ'ko:s agʲɛntu:'ra]

serviços (m pl) financeiros	finansinės paslaugos (m dgs)	[fʲɪ'nansʲɪnʲe:s 'pa:slʲɑugos]
alimentos (m pl)	maisto produktai (v dgs)	['mʌɪsto pro'duktʌɪ]
agência (f) funerária	laidojimo biuras (v)	['lʲʌɪdojɪmo 'bʲuras]
mobiliário (m)	baldai (v)	['balʲdʌɪ]
roupa (f)	drabužiai (v dgs), rūbai (v dgs)	[dra'buʒʲɛɪ], ['ru:bʌɪ]
hotel (m)	viešbutis (v)	['vʲɛʃbutʲɪs]

gelado (m)	ledai (v dgs)	[lʲɛ'dʌɪ]
indústria (f)	pramonė (m)	['pra:monʲe:]
seguro (m)	draudimas (v)	[drɑu'dʲɪmas]
internet (f)	internetas (v)	[ɪntʲɛr'nʲɛtas]
investimento (m)	investicijos (m dgs)	[ɪnvʲɛs'tʲɪtsʲɪjos]

joalheiro (m)	juvelyras (v)	[juvʲɛ'lʲi:ras]
joias (f pl)	juvelyriniai dirbiniai (v dgs)	[juvʲɛ'lʲi:rʲɪnʲɛɪ dʲɪrbʲɪ'nʲɛɪ]
lavandaria (f)	skalbykla (m)	[skalʲbʲi:k'la]
serviços (m pl) jurídicos	juridinės paslaugos (m dgs)	[juʲrʲɪdʲɪnʲe:s paslʲɑu'go:s]
indústria (f) ligeira	lengvoji pramonė (m)	[lʲɛng'vo:jɪ 'pra:monʲe:]

revista (f)	žurnalas (v)	[ʒur'na:lʲas]
vendas (f pl) por catálogo	prekyba pagal katalogą (m)	[prʲɛ'kʲi:ba pa'galʲ kata'lʲoga:]
medicina (f)	medicina (m)	[mʲɛdʲɪtsʲɪ'na]

76

T&P Books. Vocabulário Português-Lituano - 5000 palavras

| cinema (m) | kino teatras (v) | ['kʲɪnɔ tʲɛ'aːtras] |
| museu (m) | muziejus (v) | [mʊ'zʲɛjʊs] |

agência (f) de notícias	informacijos agentūra (m)	[ɪnfor'maːtsʲɪjɔs agʲɛntuː'ra]
jornal (m)	laikraštis (v)	['lʲʌɪkraʃtʲɪs]
clube (m) noturno	naktinis klubas (v)	[nak'tʲɪnʲɪs 'klʲʊbas]

petróleo (m)	nafta (m)	[naf'ta]
serviço (m) de encomendas	kurjerių tarnyba (m)	['kʊrjɛrʲu: tar'nʲiːba]
indústria (f) farmacêutica	farmacija (m)	[far'maːtsʲɪjɛ]
poligrafia (f)	poligrafija (m)	[polʲɪ'graːfʲɪjɛ]
editora (f)	leidykla (m)	[lʲɛɪdʲiːk'la]

rádio (m)	radijas (v)	['raːdʲɪjas]
imobiliário (m)	nekilnojamasis turtas (v)	[nʲɛkʲɪlʲʲnojamasʲɪs 'tʊrtas]
restaurante (m)	restoranas (v)	[rʲɛsto'raːnas]

empresa (f) de segurança	saugos tarnyba (m)	[sɑʊ'goːs tar'nʲiːba]
desporto (m)	sportas (v)	['sportas]
bolsa (f)	birža (m)	['bʲɪrʒa]
loja (f)	parduotuvė (m)	[pardʊɑ'tʊvʲe:]
supermercado (m)	prekybos centras (v)	[prʲɛ'kʲiːbos 'tsʲɛntras]
piscina (f)	baseinas (v)	[ba'sʲɛɪnas]

alfaiataria (f)	ateljė (m)	[ate'lʲje:]
televisão (f)	televizija (m)	[tʲɛlʲɛ'vʲɪzʲɪjɛ]
teatro (m)	teatras (v)	[tʲɛ'aːtras]
comércio (atividade)	prekyba (m)	[prʲɛ'kʲiːba]
serviços (m pl) de transporte	pervežimai (v dgs)	['pʲɛrvʲɛʒʲɪmʌɪ]
viagens (f pl)	turizmas (v)	[tʊ'rʲɪzmas]

veterinário (m)	veterinaras (v)	[vʲɛtʲɛrʲɪ'naːras]
armazém (m)	sandėlis (v)	['sandʲe:lʲɪs]
recolha (f) do lixo	šiukšlių išvežimas (v)	['ʃʲʊkʃlʲuː iʃvʲɛ'ʒʲɪmas]

77

Emprego. Negócios. Parte 2

83. Espetáculo. Feira

feira (f)	paroda (m)	[paro'da]
feira (f) comercial	prekybos paroda (m)	[prʲɛ'kʲiːbos paro'da]
participação (f)	dalyvãvimas (v)	[dalʲiː'vaːvʲɪmas]
participar (vi)	dalyvauti	[dalʲiː'vɑʊtʲɪ]
participante (m)	dalyvis (v)	[da'lʲiːvʲɪs]
diretor (m)	direktorius (v)	[dʲɪ'rʲɛktorʲʊs]
organizador (m)	organizātorius (v)	[organʲɪ'zaːtorʲʊs]
organizar (vt)	organizúoti	[organʲɪ'zʊɑtʲɪ]
ficha (f) de inscrição	paraiška dalyvãvimui (m)	[parʌɪʃ'ka dalʲiː'vaːvʲɪmʊi]
preencher (vt)	užpildyti	[ʊʒ'pʲɪlʲdʲiːtʲɪ]
detalhes (m pl)	smulkmenos (m dgs)	['smʊlʲkmʲɛnos]
informação (f)	informācija (m)	[ɪnfor'maːtsʲɪjɛ]
preço (m)	kaina (m)	['kʌɪna]
incluindo	įskaitant	[iːs'kʌɪtant]
incluir (vt)	įskaičiúoti	[iːskʌɪ'tʂʲʊɑtʲɪ]
pagar (vt)	mokéti	[mo'kʲeːtʲɪ]
taxa (f) de inscrição	registrācijos mókestis (v)	[rʲɛgʲɪs'traːtsʲɪjos 'mokʲɛstʲɪs]
entrada (f)	įėjimas (v)	[iːɛː'jɪmas]
pavilhão (m)	paviljonas (v)	[pavʲɪ'lʲjo nas]
inscrever (vt)	registrúoti	[rʲɛgʲɪs'trʊɑtʲɪ]
crachá (m)	kortẽlẽ (m)	[kɔr'tʲælʲeː]
stand (m)	stendas (v)	['stʲɛndas]
reservar (vt)	rezervúoti	[rʲɛzʲɛr'vʊɑtʲɪ]
vitrina (f)	vitrinà (m)	[vʲɪtrʲɪ'na]
foco, spot (m)	šviestuvas (v)	[ʃvʲɪɛ'stʊvas]
design (m)	dizainas (v)	[dʲɪ'zʌɪnas]
pôr, colocar (vt)	apgyvéndinti, išdéstyti	[apgʲiː'vʲɛndʲɪntʲɪ], [ɪʃdʲeːstʲiːtʲɪ]
ser colocado, -a	įsikurti	[iːsʲɪ'kʊrtʲɪ]
distribuidor (m)	platintojas (v)	['plʲaːtʲɪntoːjɛs]
fornecedor (m)	tiekéjas (v)	[tʲiɛ'kʲeːjas]
fornecer (vt)	tiekti	['tʲɛktʲɪ]
país (m)	šalìs (m)	[ʃa'lʲɪs]
estrangeiro	užsienio	['ʊʒsʲiɛnʲɔ]
produto (m)	produktas (v)	[pro'dʊktas]
associação (f)	asociācija (m)	[asotsʲɪ'jatsʲɪjɛ]
sala (f) de conferências	konferencijų sālé (m)	[kɔnfe'rentsʲɪju: 'saːlʲeː]
congresso (m)	kongrèsas (v)	[kɔn'grʲɛsas]

T&P Books. Vocabulário Português-Lituano - 5000 palavras

concurso (m)	konkùrsas (v)	[kɔŋ'kursas]
visitante (m)	lankýtojas (v)	[lʲaŋ'kʲiːtoːjɛs]
visitar (vt)	lankýti	[lʲaŋ'kʲiːtʲɪ]
cliente (m)	užsakóvas (v)	[ʊʒsa'koːvas]

84. Ciência. Investigação. Cientistas

ciência (f)	mókslas (v)	['mokslʲas]
científico	mókslinis	['mokslʲɪnʲɪs]
cientista (m)	mókslininkas (v)	['mokslʲɪnʲɪŋkas]
teoria (f)	teòrija (m)	[tʲɛ'orʲɪjɛ]

axioma (m)	aksiomà (m)	[aksʲɪjɔ'ma]
análise (f)	anãlizė (m)	[a'naːlʲɪzʲeː]
analisar (vt)	analizúoti	[analʲɪ'zuɑtʲɪ]
argumento (m)	argumeñtas (v)	[argʊ'mʲɛntas]
substância (f)	mẽdžiaga (m)	['mʲædʒʲæga]

hipótese (f)	hipotèzė (m)	[ɣʲɪpo'tʲɛzʲeː]
dilema (m)	dilemà (m)	[dʲɪlʲɛ'ma]
tese (f)	disertãcija (m)	[dʲɪsʲɛr'taːtsʲɪjɛ]
dogma (m)	dogmà (m)	[dog'ma]

doutrina (f)	doktrinà (m)	[doktrʲɪ'na]
pesquisa (f)	tyrinėjimas (v)	[tʲiːrʲɪ'nʲɛjɪmas]
pesquisar (vt)	tyrinėti	[tʲiːrʲɪ'nʲeːtʲɪ]
teste (m)	kontròlė (m)	[kɔn'trolʲeː]
laboratório (m)	laboratòrija (m)	[lʲabora'torʲɪjɛ]

método (m)	metòdas (v)	[mʲɛ'todas]
molécula (f)	molèkulė (m)	[mo'lʲɛkʊlʲeː]
monitoramento (m)	monitòringas (v)	[monʲɪ'torʲɪngas]
descoberta (f)	atradìmas (v)	[atra'dʲɪmas]

postulado (m)	postulãtas (v)	[postʊ'lʲaːtas]
princípio (m)	prìncipas (v)	['prʲɪntsʲɪpas]
prognóstico (previsão)	prognòzė (m)	[prog'nozʲeː]
prognosticar (vt)	prognozúoti	[progno'zuɑtʲɪ]

síntese (f)	sìntezė (m)	['sʲɪntezʲeː]
tendência (f)	tendeñcija (m)	[tʲɛn'dʲɛnʲtsʲɪjɛ]
teorema (m)	teoremà (m)	[tʲɛorʲɛ'ma]

ensinamentos (m pl)	mókslas (v)	['mokslʲas]
facto (m)	fãktas (v)	['faːktas]
expedição (f)	ekspedìcija (m)	[ɛkspʲɛ'dʲɪtsʲɪjɛ]
experiência (f)	eksperimeñtas (v)	[ɛkspʲɛrʲɪ'mʲɛntas]

académico (m)	akadèmikas (v)	[aka'dʲɛmʲɪkas]
bacharel (m)	bakaláuras (v)	[baka'lʲɑʊras]
doutor (m)	dãktaras (v)	['daːktaras]
docente (m)	doceñtas (v)	[do'tsʲɛntas]
mestre (m)	magìstras (v)	[ma'gʲɪstras]
professor (m) catedrático	profèsorius (v)	[pro'fʲɛsorʲʊs]

79

Profissões e ocupações

85. Procura de emprego. Demissão

trabalho (m)	dárbas (v)	['darbas]
equipa (f)	etãtai (dgs)	[ɛ'taːtʌɪ]
pessoal (m)	personãlas (v)	[pʲɛrsoˈnaːlas]
carreira (f)	karjerà (m)	[karjɛ'ra]
perspetivas (f pl)	perspektyvà (m)	[pʲɛrspʲɛktʲiːˈva]
mestria (f)	meistriškùmas (v)	[mʲɛɪstrʲɪʃˈkʊmas]
seleção (f)	atrankà (m)	[atraŋˈka]
agência (f) de emprego	darbúotojų paieškõs agentūra (m)	[darˈbʊɑtoːjuː paʲiɛʃˈkoːs agʲɛntuːˈra]
CV, currículo (m)	gyvẽnimo aprãšymas (v)	[gʲiːˈvʲænʲɪmɔ apˈraːʃɪːmas]
entrevista (f) de emprego	pókalbis (v)	[ˈpokalʲbʲɪs]
vaga (f)	laisvà dárbo vietà (m)	[lʲʌɪsˈva ˈdarbɔ vʲiɛˈta]
salário (m)	dárbo ùžmokestis (v)	['darbɔ ˈʊʒmokʲɛstʲɪs]
salário (m) fixo	algà (m)	[alʲˈga]
pagamento (m)	atlýginimas (v)	[atˈlʲiːgʲɪnʲɪmas]
posto (m)	páreigos (m dgs)	[ˈparʲɛɪgos]
dever (do empregado)	pareigà (m)	[parʲɛɪˈga]
gama (f) de deveres	sritìs (m)	[srʲɪˈtʲɪs]
ocupado	ùžimtas	[ˈʊʒʲɪmtas]
despedir, demitir (vt)	atléisti	[atˈlʲɛɪstʲɪ]
demissão (f)	atleidìmas (v)	[atlʲɛɪˈdʲɪmas]
desemprego (m)	bedarbỹstė (m)	[bʲɛdarˈbʲiːstʲeː]
desempregado (m)	bedárbis (v)	[bʲɛˈdarbʲɪs]
reforma (f)	peñsija (m)	[ˈpʲɛnsʲɪjɛ]
reformar-se	išeĩti į̃ peñsiją	[ɪˈʃɛɪtʲɪ iː ˈpʲɛnsʲɪjaː]

86. Gente de negócios

diretor (m)	dirèktorius (v)	[dʲɪˈrʲɛktorʲʊs]
gerente (m)	valdýtojas (v)	[valʲˈdʲiːtoːjɛs]
patrão, chefe (m)	vadõvas (v)	[vaˈdoːvas]
superior (m)	vir̃šininkas (v)	[ˈvʲɪrʃɪnʲɪŋkas]
superiores (m pl)	vadovỹbė (m)	[vadoˈvʲiːbʲeː]
presidente (m)	prezideñtas (v)	[prʲɛzʲɪˈdʲɛntas]
presidente (m) de direção	pìrmininkas (v)	[ˈpʲɪrmʲɪnʲɪŋkas]
substituto (m)	pavaduótojas (v)	[pavaˈdʊɑtoːjɛs]
assistente (m)	padėjéjas (v)	[padʲeːˈjeːjas]

secretário (m)	sekretõrius (v)	[sʲɛkrʲɛ'to:rʲʊs]
secretário (m) pessoal	asmenìnis sekretõrius (v)	[asmʲɛ'nʲɪnʲɪs sʲɛkrʲɛ'to:rʲʊs]
homem (m) de negócios	komersántas (v)	[kɔmʲɛr'santas]
empresário (m)	veŕslininkas (v)	['vʲɛrslʲɪnʲɪŋkas]
fundador (m)	steigėjas (v)	[stʲɛɪ'gʲe:jas]
fundar (vt)	įsteĩgti	[i:'stʲɛɪktʲɪ]
fundador, sócio (m)	steigėjas (v)	[stʲɛɪ'gʲe:jas]
parceiro, sócio (m)	pártneris (v)	['partnʲɛrʲɪs]
acionista (m)	ãkcininkas (v)	['a:ktsʲɪnʲɪŋkas]
milionário (m)	milijoniẽrius (v)	[mʲɪlʲɪjo'nʲɛrʲʊs]
bilionário (m)	milijardiẽrius (v)	[mʲɪlʲɪjar'dʲɛrʲʊs]
proprietário (m)	valdýtojas (v)	[valʲ'dʲi:to:jɛs]
proprietário (m) de terras	žẽmės savinìnkas (v)	['ʒʲæmʲe:s savʲɪ'nʲɪŋkas]
cliente (m)	kliẽntas (v)	['klʲiɛntas]
cliente (m) habitual	pastovùs kliẽntas (v)	[pasto'vʊs klʲi'ɛntas]
comprador (m)	pirkėjas (v)	[pʲɪr'kʲe:jas]
visitante (m)	lankýtojas (v)	[lʲaŋ'kʲi:to:jɛs]
profissional (m)	profesionãlas (v)	[profʲɛsʲɪjo'na:lʲas]
perito (m)	ekspèrtas (v)	[ɛks'pʲɛrtas]
especialista (m)	specialìstas (v)	[spʲɛtsʲɪja'lʲɪstas]
banqueiro (m)	bánkininkas (v)	['baŋkʲɪnʲɪŋkas]
corretor (m)	brókeris (v)	['brokʲɛrʲɪs]
caixa (m, f)	kãsininkas (v)	['ka:sʲɪnʲɪŋkas]
contabilista (m)	buhálteris (v)	[bʊ'ɣalʲtʲɛrʲɪs]
guarda (m)	apsauginìnkas (v)	[apsɑʊgʲɪ'nʲɪŋkas]
investidor (m)	investúotojas (v)	[ɪnvʲɛs'tʊato:jɛs]
devedor (m)	skólininkas (v)	['sko:lʲɪnʲɪŋkas]
credor (m)	kredìtorius (v)	[krʲɛ'dʲɪtorʲʊs]
mutuário (m)	paskolõs gavėjas (v)	[pasko'lʲo:s ga'vʲe:jas]
importador (m)	importúotojas (v)	[ɪmpor'tʊato:jɛs]
exportador (m)	eksportúotojas (v)	[ɛkspor'tʊato:jɛs]
produtor (m)	gamìntojas (v)	[ga'mʲɪnto:jɛs]
distribuidor (m)	plãtintojas (v)	['plʲa:tʲɪnto:jɛs]
intermediário (m)	tárpininkas (v)	['tarpʲɪnʲɪŋkas]
consultor (m)	konsultántas (v)	[kɔnsʊlʲ'tantas]
representante (m)	atstõvas (v)	[at'sto:vas]
agente (m)	agentas (v)	[a'gʲɛntas]
agente (m) de seguros	draudìmo agentas (v)	[drɑʊ'dʲɪmɔ a'gʲɛntas]

87. Profissões de serviços

cozinheiro (m)	virėjas (v)	[vʲɪ'rʲe:jas]
cozinheiro chefe (m)	vyriáusiasis virėjas (v)	[vʲi:'rʲæʊsʲæsʲɪs vʲɪ'rʲe:jas]

T&P Books. Vocabulário Português-Lituano - 5000 palavras

padeiro (m)	kepėjas (v)	[kʲɛ'pʲeːjas]
barman (m)	barmenas (v)	['barmʲɛnas]
empregado (m) de mesa	padavėjas (v)	[padaˈvʲeːjas]
empregada (f) de mesa	padavėja (m)	[padaˈvʲeːja]

advogado (m)	advokatas (v)	[advoˈkaːtas]
jurista (m)	juristas (v)	[jʊˈrʲɪstas]
notário (m)	notaras (v)	[noˈtaːras]

eletricista (m)	monteris (v)	[ˈmontʲɛrʲɪs]
canalizador (m)	santechnikas (v)	[sanˈtʲɛxnʲɪkas]
carpinteiro (m)	dailidė (v)	[dʌɪˈlʲɪdʲeː]

massagista (m)	masažistas (v)	[masaˈʒʲɪstas]
massagista (f)	masažistė (m)	[masaˈʒʲɪstʲeː]
médico (m)	gydytojas (v)	[ˈgʲiːdʲiːtoːjɛs]

taxista (m)	taksistas (v)	[takˈsʲɪstas]
condutor (automobilista)	vairuotojas (v)	[vʌɪˈrʊɑtoːjɛs]
entregador (m)	kurjeris (v)	[ˈkʊrjɛrʲɪs]

camareira (f)	kambarinė (m)	[kambaˈrʲɪnʲeː]
guarda (m)	apsaugininkas (v)	[apsɑʊgʲɪˈnʲɪŋkas]
hospedeira (f) de bordo	stiuardesė (m)	[stʲʊarˈdʲɛsʲeː]

professor (m)	mokytojas (v)	[ˈmokʲiːtoːjɛs]
bibliotecário (m)	bibliotekininkas (v)	[bʲɪblʲɪjoˈtʲɛkʲɪnʲɪŋkas]
tradutor (m)	vertėjas (v)	[vʲɛrˈtʲeːjas]
intérprete (m)	vertėjas (v)	[vʲɛrˈtʲeːjas]
guia (pessoa)	gidas (v)	[ˈgʲɪdas]

cabeleireiro (m)	kirpėjas (v)	[kʲɪrˈpʲeːjas]
carteiro (m)	paštininkas (v)	[ˈpaːʃtʲɪnʲɪŋkas]
vendedor (m)	pardavėjas (v)	[pardaˈvʲeːjas]

jardineiro (m)	sodininkas (v)	[ˈsoːdʲɪnʲɪŋkas]
criado (m)	tarnas (v)	[ˈtarnas]
criada (f)	tarnaitė (m)	[tarˈnʌɪtʲeː]
empregada (f) de limpeza	valytoja (m)	[vaˈlʲiːtoːjɛ]

88. Profissões militares e postos

soldado (m) raso	eilinis (v)	[ɛɪˈlʲɪnʲɪs]
sargento (m)	seržantas (v)	[sʲɛrˈʒantas]
tenente (m)	leitenantas (v)	[lʲɛɪtʲɛˈnantas]
capitão (m)	kapitonas (v)	[kapʲɪˈtoːnas]

major (m)	majoras (v)	[maˈjɔːras]
coronel (m)	pulkininkas (v)	[ˈpʊlʲkʲɪnʲɪŋkas]
general (m)	generolas (v)	[gʲɛnʲɛˈroːlʲas]
marechal (m)	maršalas (v)	[ˈmarʃalʲas]
almirante (m)	admirolas (v)	[admʲɪˈroːlʲas]
militar (m)	kariškis (v)	[kaˈrʲɪʃkʲɪs]
soldado (m)	kareivis (v)	[kaˈrʲɛɪvʲɪs]

oficial (m)	kariniñkas (v)	[karʲɪˈnʲɪŋkas]
comandante (m)	vãdas (v)	[ˈvaːdas]
guarda (m) fronteiriço	pasieniẽtis (v)	[pasʲiɛˈnʲɛtʲɪs]
operador (m) de rádio	radìstas (v)	[raˈdʲɪstas]
explorador (m)	žvalgas (v)	[ˈʒvalʲgas]
sapador (m)	pioniẽrius (v)	[pʲɪjɔˈnʲɛrʲʊs]
atirador (m)	šaulỹs (v)	[ʃɑʊˈlʲiːs]
navegador (m)	štùrmanas (v)	[ˈʃtʊrmanas]

89. Oficiais. Padres

rei (m)	karãlius (v)	[kaˈraːlʲʊs]
rainha (f)	karalíenė (m)	[karaˈlʲiɛnʲeː]
príncipe (m)	prìncas (v)	[ˈprʲɪntsas]
princesa (f)	princèsė (m)	[prʲɪnˈtsʲɛsʲeː]
czar (m)	cãras (v)	[ˈtsaːras]
czarina (f)	caríenė (m)	[tsaˈrʲiɛnʲe:]
presidente (m)	prezideñtas (v)	[prʲɛzʲɪˈdʲɛntas]
ministro (m)	minìstras (v)	[mʲɪˈnʲɪstras]
primeiro-ministro (m)	minìstras pìrmininkas (v)	[mʲɪˈnʲɪstras ˈpʲɪrmʲɪnʲɪŋkas]
senador (m)	senãtorius (v)	[sʲɛˈnaːtorʲʊs]
diplomata (m)	diplomãtas (v)	[dʲɪplʲoˈmaːtas]
cônsul (m)	kònsulas (v)	[ˈkonsʊlʲas]
embaixador (m)	ambasãdorius (v)	[ambaˈsaːdorʲʊs]
conselheiro (m)	pataréjas (v)	[pataˈrʲeːjas]
funcionário (m)	valdiniñkas (v)	[valʲdʲɪˈnʲɪŋkas]
prefeito (m)	prefèktas (v)	[prʲɛˈfʲɛktas]
Presidente (m) da Câmara	mèras (v)	[ˈmʲɛras]
juiz (m)	teiséjas (v)	[tʲɛɪˈsʲeːjas]
procurador (m)	prokuròras (v)	[prokʊˈroras]
missionário (m)	misioniẽrius (v)	[mʲɪsʲɪjoˈnʲɛrʲʊs]
monge (m)	vienuõlis (v)	[vʲiɛˈnʊɑlʲɪs]
abade (m)	abãtas (v)	[aˈbaːtas]
rabino (m)	rãbinas (v)	[ˈraːbʲɪnas]
vizir (m)	vizìris (v)	[vʲɪˈzʲɪrʲɪs]
xá (m)	šãchas (v)	[ˈʃaːxas]
xeque (m)	šèichas (v)	[ˈʃɛɪxas]

90. Profissões agrícolas

apicultor (m)	bìtininkas (v)	[ˈbʲɪtʲɪnʲɪŋkas]
pastor (m)	piemuõ (v)	[pʲiɛˈmʊɑ]
agrónomo (m)	agronòmas (v)	[agroˈnomas]

T&P Books. Vocabulário Português-Lituano - 5000 palavras

criador (m) de gado	gývulininkas (v)	['gʲiːvʉlʲɪnʲɪŋkas]
veterinário (m)	veterinãras (v)	[vʲɛtʲɛrʲɪˈnaːras]

agricultor (m)	fèrmeris (v)	['fʲɛrmʲɛrʲɪs]
vinicultor (m)	vyndarỹs (v)	[vʲiːndaˈrʲiːs]
zoólogo (m)	zoològas (v)	[zooˈlʲogas]
cowboy (m)	kaubòjus (v)	[kɑʊˈbojʊs]

91. Profissões artísticas

ator (m)	ãktorius (v)	['aːktorʲʊs]
atriz (f)	ãktorė (m)	['aːktorʲeː]

cantor (m)	dainininkas (v)	[dʌɪnʲɪˈnʲɪŋkas]
cantora (f)	daininiñkė (m)	[dʌɪnʲɪˈnʲɪŋkʲeː]

bailarino (m)	šokėjas (v)	[ʃoˈkʲeːjas]
bailarina (f)	šokėja (m)	[ʃoˈkʲeːja]

artista (m)	artìstas (v)	[arˈtʲɪstas]
artista (f)	artìstė (m)	[arˈtʲɪstʲeː]

músico (m)	muzikántas (v)	[mʊzʲɪˈkantas]
pianista (m)	pianìstas (v)	[pʲɪjaˈnʲɪstas]
guitarrista (m)	gitarìstas (v)	[gʲɪtaˈrʲɪstas]

maestro (m)	dirigeñtas (v)	[dʲɪrʲɪˈgʲɛntas]
compositor (m)	kompozìtorius (v)	[kɔmpoˈzʲɪtorʲʊs]
empresário (m)	impresãrijas (v)	[ɪmprʲɛˈsaːrʲɪjas]

realizador (m)	režisiẽrius (v)	[rʲɛʒʲɪˈsʲɛrʲʊs]
produtor (m)	prodiùseris (v)	[proˈdʲʊsʲɛrʲɪs]
argumentista (m)	scenarìstas (v)	[stsʲɛnaˈrʲɪstas]
crítico (m)	kritìkas (v)	['krʲɪtʲɪkas]

escritor (m)	rašýtojas (v)	[raˈʃɪːtoːjɛs]
poeta (m)	poètas (v)	[poˈɛtas]
escultor (m)	skulptorius (v)	['skʊlʲptorʲʊs]
pintor (m)	mėnininkas (v)	['mʲænʲɪnʲɪŋkas]

malabarista (m)	žongliẽrius (v)	[ʒonˈglʲɛrʲʊs]
palhaço (m)	klòunas (v)	['klʲoʊnas]
acrobata (m)	akrobãtas (v)	[akroˈbaːtas]
mágico (m)	fòkusininkas (v)	['fokʊsʲɪnʲɪŋkas]

92. Várias profissões

médico (m)	gýdytojas (v)	['gʲiːdʲiːtoːjɛs]
enfermeira (f)	medicìnos seselė (m)	[mʲɛdʲɪˈtsʲɪnos seˈsʲælʲeː]
psiquiatra (m)	psichiãtras (v)	[psʲɪxʲɪˈjatras]
estomatologista (m)	stomatològas (v)	[stomatoˈlʲogas]
cirurgião (m)	chirùrgas (v)	[xʲɪˈrʊrgas]

84

astronauta (m)	astronáutas (v)	[astro'nɑʊtas]
astrónomo (m)	astronomas (v)	[astro'nomas]
piloto (m)	pilotas (v)	[pʲɪ'lʲotas]

motorista (m)	vairúotojas (v)	[vʌɪ'rʊɑto:jɛs]
maquinista (m)	mašinistas (v)	[maʃʲɪ'nʲɪstas]
mecânico (m)	mechãnikas (v)	[mʲɛ'xa:nʲɪkas]

mineiro (m)	šãchtininkas (v)	['ʃa:xtʲɪnʲɪŋkas]
operário (m)	darbininkas (v)	[darbʲɪ'nʲɪŋkas]
serralheiro (m)	šáltkalvis (v)	['ʃalʲtkalʲvʲɪs]
marceneiro (m)	stãlius (v)	['sta:lʲʊs]
torneiro (m)	tekintojas (v)	['tʲækʲɪnto:jɛs]
construtor (m)	statýbininkas (v)	[sta'tʲi:bʲɪnʲɪŋkas]
soldador (m)	suvirintojas (v)	[sʊ'vʲɪrʲɪnto:jɛs]

professor (m) catedrático	profesorius (v)	[pro'fɛsorʲʊs]
arquiteto (m)	architektas (v)	[arxʲɪ'tʲɛktas]
historiador (m)	istorikas (v)	[ɪs'torʲɪkas]
cientista (m)	mokslininkas (v)	['mokslʲɪnʲɪŋkas]
físico (m)	fizikas (v)	['fʲɪzʲɪkas]
químico (m)	chemikas (v)	['xʲɛmʲɪkas]

arqueólogo (m)	archeologas (v)	[arxʲɛo'lʲogas]
geólogo (m)	geologas (v)	[gʲɛo'lʲogas]
pesquisador (cientista)	tyrinétojas (v)	[tʲi:rʲɪ'nʲe:to:jɛs]

babysitter (f)	áuklė (m)	['ɑʊklʲe:]
professor (m)	pedagogas (v)	[pʲɛda'gogas]

redator (m)	redãktorius (v)	[rʲɛ'da:ktorʲʊs]
redator-chefe (m)	vyriáusiasis redãktorius (v)	[vʲi:'rʲæʊsʲæsʲɪs rʲɛ'da:ktorʲʊs]
correspondente (m)	korespondeñtas (v)	[korʲɛspon'dʲɛntas]
datilógrafa (f)	mašinininkė (m)	[ma'ʃɪnʲɪnʲɪŋkʲe:]

designer (m)	dizáineris (v)	[dʲɪ'zʌɪnʲɛrʲɪs]
especialista (m) em informática	kompiuterių specialistas (v)	[kɔm'pʲʊtʲɛrʲu: spʲɛtsʲɪja'lʲɪstas]
programador (m)	programúotojas (v)	[progra'mʊɑto:jɛs]
engenheiro (m)	inžinierius (v)	[ɪnʒʲɪ'nʲɛrʲʊs]

marujo (m)	júrininkas (v)	['ju:rʲɪnʲɪŋkas]
marinheiro (m)	júreivis (v)	[ju:'rʲɛɪvʲɪs]
salvador (m)	gelbetojas (v)	['gʲælʲbʲe:to:jɛs]

bombeiro (m)	gaisrininkas (v)	['gʌɪsrʲɪnʲɪŋkas]
polícia (m)	policininkas (v)	[po'lʲɪtsʲɪnʲɪŋkas]
guarda-noturno (m)	sargas (v)	['sargas]
detetive (m)	seklýs (v)	[sʲɛk'lʲi:s]

funcionário (m) da alfândega	muitininkas (v)	['mʊɪtʲɪnʲɪŋkas]
guarda-costas (m)	asmeñs sargýbinis (v)	[as'mʲɛns sar'gʲi:bʲɪnʲɪs]
guarda (m) prisional	prižiūrétojas (v)	[prʲɪʒʲu:'rʲe:to:jɛs]
inspetor (m)	inspektorius (v)	[ɪn'spʲɛktorʲʊs]
desportista (m)	sportininkas (v)	['sportʲɪnʲɪŋkas]
treinador (m)	treneris (v)	['trʲɛnʲɛrʲɪs]

talhante (m)	mėsininkas (v)	['mʲeːsʲɪnʲɪŋkas]
sapateiro (m)	batsiuvỹs (v)	[batsʲʊ'vʲiːs]
comerciante (m)	komersántas (v)	[komʲɛr'santas]
carregador (m)	krovėjas (v)	[kro'vʲeːjas]
estilista (m)	modeliúotojas (v)	[modʲɛ'lʲʊɑtoːjɛs]
modelo (f)	mòdelis (v)	['modʲɛlʲɪs]

93. Ocupações. Estatuto social

| aluno, escolar (m) | moksleĩvis (v) | [moks'lʲɛɪvʲɪs] |
| estudante (~ universitária) | studeñtas (v) | [stʊ'dʲɛntas] |

filósofo (m)	filosòfas (v)	[fɪlʲo'sofas]
economista (m)	ekonomìstas (v)	[ɛkono'mʲɪstas]
inventor (m)	išradėjas (v)	[ɪʃra'dʲeːjas]

desempregado (m)	bedarbis (v)	[bʲɛ'darbʲɪs]
reformado (m)	pensininkas (v)	['pʲɛnsʲɪnʲɪŋkas]
espião (m)	šnìpas (v)	['ʃnʲɪpas]

preso (m)	kalinỹs (v)	[kalʲɪ'nʲiːs]
grevista (m)	streĩkininkas (v)	['strʲɛɪkʲɪnʲɪŋkas]
burocrata (m)	biurokrãtas (v)	[bʲʊro'kraːtas]
viajante (m)	keliáutojas (v)	[kʲɛ'lʲæʊtoːjɛs]

homossexual (m)	homoseklualìstas (v)	[ɣomosʲɛklʊa'lʲɪstas]
hacker (m)	programìšius (v)	[progra'mʲɪʃʊs]
hippie	hìpis (v)	['ɣʲɪpʲɪs]

bandido (m)	bandìtas (v)	[ban'dʲɪtas]
assassino (m) a soldo	samdomas žudìkas (v)	['samdomas ʒʊ'dʲɪkas]
toxicodependente (m)	narkomãnas (v)	[narko'maːnas]
traficante (m)	narkotikų prekeĩvis (v)	[nar'kotʲɪkuː prʲɛ'kʲɛɪvʲɪs]
prostituta (f)	prostitutė (m)	[prostɪ'tʊtʲeː]
chulo (m)	suteneris (v)	[sʊ'tʲɛnʲɛrʲɪs]

bruxo (m)	burtininkas (v)	['bʊrtʲɪnʲɪŋkas]
bruxa (f)	burtininkė (m)	['bʊrtʲɪnʲɪŋkʲeː]
pirata (m)	pirãtas (v)	[pʲɪ'raːtas]
escravo (m)	vergas (v)	['vʲɛrgas]
samurai (m)	samurãjus (v)	[samʊ'raːjʊs]
selvagem (m)	laukìnis žmogùs (v)	[lʲɑʊ'kʲɪnʲɪs ʒmɔ'gʊs]

Educação

94. Escola

escola (f)	mokyklà (m)	[mokʲiːkˈlʲa]
diretor (m) de escola	mokỹklos dirèktorius (v)	[moˈkʲiːklʲos dʲɪˈrʲɛktorʲʊs]
aluno (m)	mokinỹs (v)	[mokʲɪˈnʲiːs]
aluna (f)	mokinẽ (m)	[mokʲɪˈnʲeː]
escolar (m)	moksleĩvis (v)	[moksˈlʲɛɪvʲɪs]
escolar (f)	moksleĩvė (m)	[moksˈlʲɛɪvʲeː]
ensinar (vt)	mókyti	[ˈmokʲiːtʲɪ]
aprender (vt)	mókytis	[ˈmokʲiːtʲɪs]
aprender de cor	mókytis atmintinaĩ	[ˈmokʲiːtʲɪs atmʲɪntʲɪˈnʌɪ]
estudar (vi)	mókytis	[ˈmokʲiːtʲɪs]
andar na escola	mókytis	[ˈmokʲiːtʲɪs]
ir à escola	eĩti į̃ mokỹklą	[ˈɛɪtʲɪ iː moˈkʲɪːklʲaː]
alfabeto (m)	abėcėlė̃ (m)	[abʲeːˈtsʲeːlʲeː]
disciplina (f)	dalỹkas (v)	[daˈlʲiːkas]
sala (f) de aula	klãsė̃ (m)	[ˈklʲaːsʲeː]
lição (f)	pamokà (m)	[pamoˈka]
recreio (m)	pértrauka (m)	[ˈpʲɛrtraʊka]
toque (m)	skambùtis (v)	[skamˈbʊtʲɪs]
carteira (f)	súolas (v)	[ˈsʊɑlʲas]
quadro (m) negro	lentà (m)	[lʲɛnˈta]
nota (f)	pažymỹs (v)	[paʒʲiːˈmʲiːs]
boa nota (f)	gèras pažymỹs (v)	[ˈgʲæras paʒʲiːˈmʲiːs]
nota (f) baixa	prãstas pažymỹs (v)	[ˈpraːstas paʒʲiːˈmʲiːs]
dar uma nota	rašýti pãžymį	[raˈʃɪːtʲɪ ˈpaːʒʲɪːmʲɪː]
erro (m)	klaidà (m)	[klʲʌɪˈda]
fazer erros	darýti klaidàs	[daˈrʲiːtʲɪ klʲʌɪˈdas]
corrigir (vt)	taisýti	[tʌɪˈsʲiːtʲɪ]
cábula (f)	paruoštùkas (v)	[parʊɑˈʃtʊkas]
dever (m) de casa	namų̃ dárbas (v)	[naˈmuː ˈdarbas]
exercício (m)	pratìmas (v)	[praˈtʲɪmas]
estar presente	bū́ti	[ˈbuːtʲɪ]
estar ausente	nebū́ti	[nʲɛˈbuːtʲɪ]
faltar às aulas	praleisti pãmokas	[praˈlʲɛɪstʲɪ ˈpaːmokas]
punir (vt)	baũsti	[ˈbaʊstʲɪ]
punição (f)	bausmė̃ (m)	[baʊsˈmʲeː]
comportamento (m)	elgesỹs (v)	[ɛlʲgʲɛˈsʲiːs]

boletim (m) escolar	dienynas (v)	[dʲiɛ'nʲiːnas]
lápis (m)	pieštukas (v)	[pʲiɛʃ'tʊkas]
borracha (f)	trintukas (v)	[trʲɪn'tʊkas]
giz (m)	kreida (m)	[krʲɛɪda]
estojo (m)	penalas (v)	[pʲɛ'nalʲas]
pasta (f) escolar	portfelis (v)	['portfɛlʲɪs]
caneta (f)	tušinukas (v)	[tʊʃɪ'nʊkas]
caderno (m)	sąsiuvinis (v)	['saːsʲʊvʲɪnʲɪs]
manual (m) escolar	vadovėlis (v)	[vado'vʲeːlʲɪs]
compasso (m)	skriestuvas (v)	[skrʲiɛ'stʊvas]
traçar (vt)	braižyti	[brʌɪ'ʒʲiːtʲɪ]
desenho (m) técnico	brėžinys (v)	[brʲeːʒɪ'nʲiːs]
poesia (f)	eilėraštis (v)	[ɛɪ'lʲeːraʃtʲɪs]
de cor	atmintinai	[atmʲɪntʲɪ'nʌɪ]
aprender de cor	mokytis atmintinai	['mokʲiːtʲɪs atmʲɪntʲɪ'nʌɪ]
férias (f pl)	atostogos (m dgs)	[a'tostogos]
estar de férias	atostogauti	[atosto'gɑʊtʲɪ]
passar as férias	praleisti atostogas	[pra'lʲɛɪstʲɪ a'tostogas]
teste (m)	kontrolinis darbas (v)	[kɔn'trolʲɪnʲɪs 'darbas]
composição, redação (f)	rašinys (v)	[raʃɪ'nʲiːs]
ditado (m)	diktantas (v)	[dʲɪk'tantas]
exame (m)	egzaminas (v)	[ɛg'zaːmʲɪnas]
fazer exame	laikyti egzaminus	[lʲʌɪ'kʲiːtʲɪ ɛg'zaːmʲɪnʊs]
experiência (~ química)	bandymas (v)	['bandʲiːmas]

95. Colégio. Universidade

academia (f)	akademija (m)	[aka'dʲɛmʲɪjɛ]
universidade (f)	universitetas (v)	[ʊnʲɪvʲɛrsʲɪ'tʲɛtas]
faculdade (f)	fakultetas (v)	[fakʊlʲ'tʲɛtas]
estudante (m)	studentas (v)	[stʊ'dʲɛntas]
estudante (f)	studentė (m)	[stʊ'dentʲeː]
professor (m)	dėstytojas (v)	['dʲeːstʲiːtoːjɛs]
sala (f) de palestras	auditorija (m)	[ɑʊdʲɪ'torʲɪjɛ]
graduado (m)	absolventas (v)	[absolʲ'vʲɛntas]
diploma (m)	diplomas (v)	[dʲɪp'lʲomas]
tese (f)	disertacija (m)	[dʲɪsʲɛr'taːtsʲɪjɛ]
estudo (obra)	tyrinėjimas (v)	[tʲiːrʲɪ'nʲɛjɪmas]
laboratório (m)	laboratorija (m)	[lʲabora'torʲɪjɛ]
palestra (f)	paskaita (m)	[paskʌɪ'ta]
colega (m) de curso	bendrakursis (v)	[bʲɛndra'kʊrsʲɪs]
bolsa (f) de estudos	stipendija (m)	[stʲɪ'pʲɛndʲɪjɛ]
grau (m) académico	mokslinis laipsnis (v)	['moksʲlʲɪnʲɪs 'lʌɪpsnʲɪs]

96. Ciências. Disciplinas

matemática (f)	matemātika (m)	[matʲɛ'maːtʲɪka]
álgebra (f)	álgebra (m)	['alʲgʲɛbra]
geometria (f)	geomėtrija (m)	[gʲɛo'mʲɛtrʲɪjɛ]

astronomia (f)	astronómija (m)	[astro'nomʲɪjɛ]
biologia (f)	biológija (m)	[bʲɪjɔ'lʲogʲɪjɛ]
geografia (f)	geogrāfija (m)	[gʲɛo'graːfʲɪjɛ]
geologia (f)	geológija (m)	[gʲɛo'lʲogʲɪjɛ]
história (f)	istórija (m)	[ɪs'torʲɪjɛ]

medicina (f)	medicinā (m)	[mʲɛdʲɪtsʲɪ'na]
pedagogia (f)	pedagógika (m)	[pʲɛda'gogʲɪka]
direito (m)	tèisė (m)	['tʲɛisʲeː]

física (f)	fīzika (m)	['fʲɪzʲɪka]
química (f)	chėmija (m)	['xʲɛmʲɪjɛ]
filosofia (f)	filosófija (m)	[fʲɪlʲo'sofʲɪjɛ]
psicologia (f)	psichológija (m)	[psʲɪxo'lʲogʲɪjɛ]

97. Sistema de escrita. Ortografia

gramática (f)	gramātika (m)	[gra'maːtʲɪka]
vocabulário (m)	lėksika (m)	['lʲɛksʲɪka]
fonética (f)	fonėtika (m)	[fo'nʲɛtʲɪka]

substantivo (m)	daiktāvardis (v)	[dʌɪk'taːvardʲɪs]
adjetivo (m)	būdvardis (v)	['buːdvardʲɪs]
verbo (m)	veiksmāžodis (v)	[vʲɛɪks'maːʒodʲɪs]
advérbio (m)	príeveiksmis (v)	['prʲɛvʲɛɪksmʲɪs]

pronome (m)	ívardis (v)	['iːvardʲɪs]
interjeição (f)	jaustùkas (v)	[jɛʊs'tʊkas]
preposição (f)	príelinksnis (v)	['prʲɛlʲɪŋksnʲɪs]

raiz (f) da palavra	žódžio šaknìs (m)	['ʒoːdʒʲɔ ʃak'nʲɪs]
terminação (f)	galūnė (m)	[ga'lʲuːnʲeː]
prefixo (m)	príešdėlis (v)	['prʲɛʃdʲeːlʲɪs]
sílaba (f)	skiemuõ (v)	[skʲɛ'mʊɑ]
sufixo (m)	príesaga (m)	['prʲɛsaga]

| acento (m) | kĩrtis (m) | ['kʲɪrtʲɪs] |
| apóstrofo (m) | apostrófas (v) | [apos'trofas] |

ponto (m)	tãškas (v)	['taːʃkas]
vírgula (f)	kablẽlis (v)	[kab'lʲælʲɪs]
ponto e vírgula (m)	kabliãtaškis (v)	[kab'lʲætaʃkʲɪs]
dois pontos (m pl)	dvìtaškis (v)	['dvʲɪtaʃkʲɪs]
reticências (f pl)	daũgtaškis (v)	['dɑʊktaʃkʲɪs]

| ponto (m) de interrogação | klaustùkas (v) | [klʲɑʊ'stʊkas] |
| ponto (m) de exclamação | šauktùkas (v) | [ʃɑʊk'tʊkas] |

aspas (f pl)	kabutės (m dgs)	[ka'butʲeːs]
entre aspas	kabutėse	[ka'butʲeːse]
parênteses (m pl)	skliausteliai (v dgs)	[sklʲɛu'stʲælʲɛɪ]
entre parênteses	skliausteliuose	[sklʲɛu'stʲælʲuosʲɛ]

hífen (m)	defisas (v)	[dʲɛ'fɪsas]
travessão (m)	brūkšnys (v)	[bruːkʃnʲiːs]
espaço (m)	tarpas (v)	['tarpas]

| letra (f) | raidė (m) | ['rʌɪdʲeː] |
| letra (f) maiúscula | didžioji raidė (m) | [dʲɪ'dʒʲoːjɪ 'rʌɪdʲeː] |

| vogal (f) | balsis (v) | ['balʲsʲɪs] |
| consoante (f) | priebalsis (v) | ['prʲiɛbalʲsʲɪs] |

frase (f)	sakinys (v)	[sakʲɪ'nʲiːs]
sujeito (m)	veiksnys (v)	[vʲɛɪks'nʲiːs]
predicado (m)	tarinys (v)	[tarʲɪ'nʲiːs]

linha (f)	eilutė (m)	[ɛɪ'lʲutʲeː]
em uma nova linha	iš naujos eilutės	[ɪʃ 'naujoːs ɛɪ'lʲutʲeːs]
parágrafo (m)	pastraipa (m)	[past'rʌɪpa]

palavra (f)	žodis (v)	['ʒoːdʲɪs]
grupo (m) de palavras	žodžių junginys (v)	['ʒoːdʒʲu: jungʲɪ'nʲiːs]
expressão (f)	išsireiškimas (v)	[ɪʃsʲɪrʲɛɪʃkʲɪmas]
sinónimo (m)	sinonimas (v)	[sʲɪno'nʲɪmas]
antónimo (m)	antonimas (v)	[anto'nʲɪmas]

regra (f)	taisyklė (m)	[tʌɪ'sʲiːkʲeː]
exceção (f)	išimtis (m)	[ɪʃɪm'tʲɪs]
correto	teisingas	[tʲɛɪ'sʲɪngas]

conjugação (f)	asmenuotė (m)	[asme'nuatʲeː]
declinação (f)	linksniuotė (m)	[lʲɪŋks'nʲuoːtʲeː]
caso (m)	linksnis (v)	['lʲɪŋksnʲɪs]
pergunta (f)	klausimas (v)	['klʲausʲɪmas]
sublinhar (vt)	pabraukti	[pa'braukt'ɪ]
linha (f) pontilhada	punktyras (v)	[puŋk'tʲiːras]

98. Línguas estrangeiras

língua (f)	kalba (m)	[kalʲ'ba]
estrangeiro	užsienio	['ʊʒsʲiɛnʲɔ]
língua (f) estrangeira	užsienio kalba (m)	['ʊʒsʲiɛnʲɔ kalʲba]
estudar (vt)	studijuoti	[stʊdʲɪ'juatʲɪ]
aprender (vt)	mokytis	['mokʲiːtʲɪs]

ler (vt)	skaityti	[skʌɪ'tʲiːtʲɪ]
falar (vi)	kalbėti	[kalʲ'bʲeːtʲɪ]
compreender (vt)	suprasti	[sup'rastʲɪ]
escrever (vt)	rašyti	[ra'ʃɪːtʲɪ]
rapidamente	greitai	['grʲɛɪtʌɪ]
devagar	lėtai	[lʲeː'tʌɪ]

fluentemente	laisvai	[lʲʌɪsˈvʌɪ]
regras (f pl)	taisyklės (m dgs)	[tʌɪˈsʲiːklʲeːs]
gramática (f)	gramãtika (m)	[graˈmaːtʲɪka]
vocabulário (m)	lėksika (m)	[ˈlʲɛksʲɪka]
fonética (f)	fonètika (m)	[foˈnʲɛtʲɪka]
manual (m) escolar	vadovėlis (v)	[vadoˈvʲeːlʲɪs]
dicionário (m)	žodýnas (v)	[ʒoˈdʲiːnas]
manual (m) de autoaprendizagem	savìmokos vadovėlis (v)	[saˈvʲɪmokos vadoˈvʲeːlʲɪs]
guia (m) de conversação	pasikalbėjimų knygėlė (m)	[pasʲɪkalʲˈbʲɛjɪmuː knʲiːˈgʲælʲeː]
cassete (f)	kasetė (m)	[kaˈsʲɛtʲeː]
vídeo cassete (m)	vaizdãjuostė (m)	[vʌɪzˈdaːjʊɑstʲeː]
CD (m)	kompãktinis dìskas (v)	[komˈpaːktʲɪnʲɪs ˈdʲɪskas]
DVD (m)	DVD dìskas (v)	[dʲɪvʲɪˈdʲɪ dʲɪsˈkas]
alfabeto (m)	abėcėlė (m)	[abʲeːˈtsʲelʲeː]
soletrar (vt)	sakýti paraidžiuĩ	[saˈkʲiːtʲɪ parʌɪˈdʒʲʊɪ]
pronúncia (f)	tarìmas (v)	[taˈrʲɪmas]
sotaque (m)	akceñtas (v)	[akˈtsʲɛntas]
com sotaque	sù akcentù	[ˈsʊ aktsʲɛnˈtʊ]
sem sotaque	bė akceñto	[ˈbʲɛ akˈtsʲɛntɔ]
palavra (f)	žõdis (v)	[ˈʒoːdʲɪs]
sentido (m)	prasmė̃ (m)	[prasˈmʲeː]
cursos (m pl)	kùrsai (v dgs)	[ˈkʊrsʌɪ]
inscrever-se (vr)	užsirašýti	[ʊʒsʲɪraˈʃʲɪːtʲɪ]
professor (m)	déstytojas (v)	[ˈdʲeːstʲiːtoːjɛs]
tradução (processo)	vertìmas (v)	[vʲɛrˈtʲɪmas]
tradução (texto)	vertìmas (v)	[vʲɛrˈtʲɪmas]
tradutor (m)	vertėjas (v)	[vʲɛrˈtʲeːjas]
intérprete (m)	vertėjas (v)	[vʲɛrˈtʲeːjas]
poliglota (m)	poliglòtas (v)	[polʲɪˈglotas]
memória (f)	atmintìs (m)	[atmʲɪnˈtʲɪs]

Descanso. Entretenimento. Viagens

99. Viagens

turismo (m)	turizmas (v)	[tʊˈrʲɪzmas]
turista (m)	turistas (v)	[tʊˈrʲɪstas]
viagem (f)	kelionė (m)	[kʲɛˈlʲoːnʲeː]
aventura (f)	nuotykis (v)	[ˈnʊɑtʲiːkʲɪs]
viagem (f)	išvyka (m)	[ˈɪʃvʲiːka]
férias (f pl)	atostogos (m dgs)	[aˈtostogos]
estar de férias	atostogauti	[atostoˈgɑʊtʲɪ]
descanso (m)	poilsis (v)	[ˈpoɪlʲsʲɪs]
comboio (m)	traukinys (v)	[trɑʊkʲɪˈnʲiːs]
de comboio (chegar ~)	traukiniu	[ˈtrɑʊkʲɪnʲʊ]
avião (m)	lėktuvas (v)	[lʲeːkˈtʊvas]
de avião	lėktuvu	[lʲeːktʊˈvʊ]
de carro	automobiliu	[ɑʊtomobʲɪˈlʲʊ]
de navio	laivu	[lʲʌɪˈvʊ]
bagagem (f)	bagažas (v)	[baˈgaːʒas]
mala (f)	lagaminas (v)	[lʲagaˈmʲɪnas]
carrinho (m)	bagažo vežimėlis (v)	[baˈgaːʒɔ veʒʲɪˈmʲeːlʲɪs]
passaporte (m)	pasas (v)	[ˈpaːsas]
visto (m)	viza (m)	[vʲɪˈza]
bilhete (m)	bilietas (v)	[ˈbʲɪlʲiɛtas]
bilhete (m) de avião	lėktuvo bilietas (v)	[lʲeːkˈtʊvɔ ˈbʲɪlʲiɛtas]
guia (m) de viagem	vadovas (v)	[vaˈdoːvas]
mapa (m)	žemėlapis (v)	[ʒeˈmʲeːlʲapʲɪs]
local (m), area (f)	vietovė (m)	[vʲiɛˈtovʲeː]
lugar, sítio (m)	vieta (m)	[vʲiɛˈta]
exotismo (m)	egzotika (m)	[ɛgˈzotʲɪka]
exótico	egzotinis	[ɛgˈzotʲɪnʲɪs]
surpreendente	nuostabus	[nʊɑstaˈbʊs]
grupo (m)	grupė (m)	[ˈgrʊpʲeː]
excursão (f)	ekskursija (m)	[ɛksˈkʊrsʲɪjɛ]
guia (m)	ekskursijos vadovas (v)	[ɛksˈkʊrsʲɪjɔs vaˈdoːvas]

100. Hotel

hotel (m)	viešbutis (v)	[ˈvʲɛʃbutʲɪs]
motel (m)	motelis (v)	[moˈtʲɛlʲɪs]
três estrelas	3 žvaigždutės	[ˈtrʲɪs ʒvʌɪgʒˈdutʲeːs]

cinco estrelas	5 žvaigždutės	['penʲkʲos ʒvʌɪgʒ'dutʲeːs]
ficar (~ num hotel)	apsistoti	[apsʲɪs'totʲɪ]
quarto (m)	kambarỹs (v)	[kamba'rʲiːs]
quarto (m) individual	vienvietis kambarỹs (v)	['vʲiɛn'vʲɛtʲɪs kamba'rʲiːs]
quarto (m) duplo	dvivietis kambarỹs (v)	[dvʲɪ'vʲɛtʲɪs kamba'rʲiːs]
reservar um quarto	rezervúoti kambarį	[rʲɛzʲɛr'vuatʲɪ 'kambarʲɪː]
meia pensão (f)	pusiáu pensionas (v)	[pusʲæu pʲɛnsʲɪ'jonas]
pensão (f) completa	pensionas (v)	[pʲɛnsʲɪ'jonas]
com banheira	sù vonià	['su vo'nʲæ]
com duche	sù dušù	['su du'ʃu]
televisão (m) satélite	palydõvinė televìzija (m)	[palʲiː'doːvʲɪnʲeː tʲɛlʲɛ'vʲɪzʲɪjɛ]
ar (m) condicionado	kondicioniẽrius (v)	[kondʲɪtsʲɪjo'nʲɛrʲus]
toalha (f)	rañkšluostis (v)	['raŋkʃlʲuastʲɪs]
chave (f)	rãktas (v)	['raːktas]
administrador (m)	administrãtorius (v)	[admʲɪnʲɪs'traːtorʲus]
camareira (f)	kambarìnė (m)	[kamba'rʲɪnʲeː]
bagageiro (m)	nešìkas (v)	[nʲɛ'ʃɪkas]
porteiro (m)	registrãtorius (v)	[rʲɛgʲɪs'traːtorʲus]
restaurante (m)	restorãnas (v)	[rʲɛsto'raːnas]
bar (m)	bãras (v)	['baːras]
pequeno-almoço (m)	pùsryčiai (v dgs)	['pusrʲiːtsʲɛɪ]
jantar (m)	vakariẽnė (m)	[vaka'rʲɛnʲeː]
buffet (m)	švèdiškas stãlas (v)	['ʃvʲɛdʲɪʃkas 'staːlʲas]
hall (m) de entrada	vestibiùlis (v)	[vʲɛstʲɪ'bʲulʲɪs]
elevador (m)	lìftas (v)	['lʲɪftas]
NÃO PERTURBE	NETRUKDÝTI	[nʲɛtruk'dʲiːtʲɪ]
PROIBIDO FUMAR!	NERŪKÝTI!	[nʲɛruː'kʲiːtʲɪ]

EQUIPAMENTO TÉCNICO. TRANSPORTES

Equipamento técnico. Transportes

101. Computador

computador (m)	kompiùteris (v)	[kɔmˈpʲutʲɛrʲɪs]
portátil (m)	nešiojamasis kompiùteris (v)	[nʲɛˈʃojamasʲɪs kɔmˈpʲutʲɛrʲɪs]
ligar (vt)	jjùngti	[iːˈjʊŋktʲɪ]
desligar (vt)	išjùngti	[ɪˈʃjʊŋktʲɪ]
teclado (m)	klaviatūrà (m)	[klʲavʲætuːˈra]
tecla (f)	klavìšas (v)	[klʲaˈvʲɪʃas]
rato (m)	pelė̃ (m)	[pʲɛˈlʲeː]
tapete (m) de rato	kilimė̃lis (v)	[kʲɪlʲɪˈmʲeːlʲɪs]
botão (m)	mygtùkas (v)	[mʲiːkˈtukas]
cursor (m)	žymė̃klis (v)	[ʒʲiːˈmʲæklʲɪs]
monitor (m)	monìtorius (v)	[mɔˈnʲɪtɔrʲʊs]
ecrã (m)	ekrãnas (v)	[ɛkˈraːnas]
disco (m) rígido	kietàsis dìskas (v)	[kʲiɛˈtasʲɪs ˈdʲɪskas]
capacidade (f) do disco rígido	kíetojo dìsko talpà (m)	[ˈkʲiɛtojo ˈdʲɪskɔ talʲˈpa]
memória (f)	atmintìs (m)	[atmʲɪnˈtʲɪs]
memória RAM (f)	operatyvióji atmintìs (m)	[opʲɛratʲiːˈvʲoːjɪ atmʲɪnˈtʲɪs]
ficheiro (m)	faílas (v)	[ˈfʌɪlʲas]
pasta (f)	āplankas (v)	[ˈaːplʲaŋkas]
abrir (vt)	atidarýti	[atʲɪdaˈrʲiːtʲɪ]
fechar (vt)	uždarýti	[ʊʒdaˈrʲiːtʲɪ]
guardar (vt)	išsáugoti	[ɪʃˈsaʊgotʲɪ]
apagar, eliminar (vt)	ištrìnti	[ɪʃˈtrʲɪntʲɪ]
copiar (vt)	nukopijúoti	[nʊkɔpʲɪˈjʊatʲɪ]
ordenar (vt)	rūšiúoti	[ruːˈʃʊatʲɪ]
copiar (vt)	pérrašyti	[ˈpʲɛrraʃɪːtʲɪ]
programa (m)	programà (m)	[prɔgraˈma]
software (m)	prograḿiné įranga (m)	[prɔˈgraːmʲɪnʲeː ˈiːranga]
programador (m)	programúotojas (v)	[prɔgraˈmʊatoːjɛs]
programar (vt)	programúoti	[prɔgraˈmʊatʲɪ]
hacker (m)	programìšius (v)	[prɔgraˈmʲɪʃʊs]
senha (f)	slaptãžodis (v)	[slʲapˈtaːʒodʲɪs]
vírus (m)	vìrusas (v)	[ˈvʲɪrʊsas]
detetar (vt)	aptìkti	[apˈtʲɪktʲɪ]

| byte (m) | baitas (v) | ['bʌɪtas] |
| megabyte (m) | megabaitas (v) | [mʲɛga'bʌɪtas] |

| dados (m pl) | duomenys (v dgs) | ['dʊamʲɛnʲiːs] |
| base (f) de dados | duomenų bazė (m) | [dʊame'nu: 'baːzʲeː] |

cabo (m)	laidas (v)	['lʲʌɪdas]
desconectar (vt)	prijungti	[prʲɪ'jʊŋktʲɪ]
conetar (vt)	atjungti	[a'tjʊŋktʲɪ]

102. Internet. E-mail

internet (f)	internetas (v)	[ɪntʲɛr'nʲɛtas]
browser (m)	naršyklė (m)	[nar'ʃɪːklʲeː]
motor (m) de busca	paieškos sistema (m)	[paʲiɛʃ'koːs sʲɪstʲɛ'ma]
provedor (m)	tiekėjas (v)	[tʲiɛ'kʲeːjas]

webmaster (m)	svetainių kūrėjas (v)	[sve'tʌɪnʲuː kuː'rʲeːjas]
website, sítio web (m)	svetainė (v)	[sve'tʌɪnʲeː]
página (f) web	tinklalapis (v)	[tʲɪŋk'lʲaːlʲapʲɪs]

| endereço (m) | adresas (v) | ['aːdrʲɛsas] |
| livro (m) de endereços | adresų knyga (m) | [adrʲɛ'suː knʲiː'ga] |

caixa (f) de correio	pašto dėžutė (m)	['paːʃtɔ dʲeː'ʒʊtʲeː]
correio (m)	korespondencija (m)	[kɔrʲɛspon'dʲɛntsʲɪjɛ]
cheia (caixa de correio)	perpildytas	['pʲɛrpʲɪlʲdʲiːtas]

mensagem (f)	pranešimas (v)	[pranʲɛ'ʃɪmas]
mensagens (f pl) recebidas	įeinantys pranešimai (v dgs)	[iː'ɛɪnantʲɪːs pranʲɛ'ʃɪːmʌɪ]
mensagens (f pl) enviadas	išeinantys pranešimai (v dgs)	[ɪ'ʃɛɪnantʲɪːs pranʲɛ'ʃɪmʌɪ]

remetente (m)	siuntėjas (v)	[sʲʊn'tʲeːjas]
enviar (vt)	išsiųsti	[ɪʃ'sʲuːstʲɪ]
envio (m)	išsiuntimas (v)	[ɪʃsʲʊn'tʲɪmas]

| destinatário (m) | gavėjas (v) | [ga'vʲeːjas] |
| receber (vt) | gauti | ['gaʊtʲɪ] |

| correspondência (f) | susirašinėjimas (v) | [sʊsʲɪraʃɪ'nʲɛjɪmas] |
| corresponder-se (vr) | susirašinėti | [sʊsʲɪraʃɪ'nʲeːtʲɪ] |

ficheiro (m)	failas (v)	['fʌɪlʲas]
fazer download, baixar	parsisiųsti	[parsʲɪ'sʲuːstʲɪ]
criar (vt)	sukurti	[sʊ'kʊrtʲɪ]
apagar, eliminar (vt)	ištrinti	[ɪʃ'trʲɪntʲɪ]
eliminado	ištrintas	[ɪʃ'trʲɪntas]

conexão (f)	ryšys (v)	[rʲiː'ʃɪːs]
velocidade (f)	greitis (v)	['grʲɛɪtʲɪs]
modem (m)	modemas (v)	[mo'dʲɛmas]
acesso (m)	prieiga (m)	['prʲɪʲɛɪga]
porta (f)	prievadas (v)	['prʲiɛvadas]
conexão (f)	pajungimas (v)	[pajʊn'gʲɪmas]

conetar (vi)   prisijùngti   [prʲɪsʲɪˈjʊŋktʲɪ]
escolher (vt)   pasiriñkti   [pasʲɪˈrʲɪŋktʲɪ]
buscar (vt)   ieškóti   [ɪɛʃˈkotʲɪ]

103. Eletricidade

eletricidade (f)   elektrà (m)   [ɛlʲɛktˈra]
elétrico   elektrìnis   [ɛlʲɛkˈtrʲɪnʲɪs]
central (f) elétrica   elèktros stotìs (m)   [ɛˈlʲɛktros stoˈtʲɪs]
energia (f)   enèrgija (m)   [ɛˈnʲɛrgʲɪjɛ]
energia (f) elétrica   elèktros enèrgija (m)   [ɛˈlʲɛktros ɛˈnʲɛrgʲɪjɛ]

lâmpada (f)   lempùtė (m)   [lʲɛmˈpʊtʲeː]
lanterna (f)   žibintùvas (v)   [ʒʲɪbʲɪnˈtʊvas]
poste (m) de iluminação   žibiñtas (v)   [ʒʲɪˈbʲɪntas]

luz (f)   šviesà (m)   [ʃvʲɪɛˈsa]
ligar (vt)   įjùngti   [iːˈjʊŋktʲɪ]
desligar (vt)   išjùngti   [ɪˈʃjʊŋktʲɪ]
apagar a luz   užgesìnti šviẽsą   [ʊʒgʲɛˈsʲɪntʲɪ ˈʃvʲɛsaː]

fundir (vi)   pérdegti   [ˈpʲɛrdʲɛktʲɪ]
curto-circuito (m)   trumpàsis jungìmas (v)   [trʊmˈpasʲɪs jʊnˈgʲɪmas]
rutura (f)   trūkìmas (v)   [truːˈkʲɪmas]
contacto (m)   kontãktas (v)   [kɔnˈtaːktas]

interruptor (m)   jungìklis (v)   [jʊnˈgʲɪklʲɪs]
tomada (f)   šakùtės lìzdas (v)   [ʃaˈkʊtʲeːs ˈlʲɪzdas]
ficha (f)   šakùtė (m)   [ʃaˈkʊtʲeː]
extensão (f)   ilgintùvas (v)   [ɪlʲgʲɪnˈtʊvas]

fusível (m)   saugìklis (v)   [sɑʊˈgʲɪklʲɪs]
fio, cabo (m)   laĩdas (v)   [ˈlʲʌɪdas]
instalação (f) elétrica   instaliãcija (m)   [ɪnstaˈlʲætsʲɪjɛ]

ampere (m)   ampèras (v)   [amˈpʲɛras]
amperagem (f)   srovẽs stìpris (v)   [sroˈvʲeːs ˈstʲɪprʲɪs]
volt (m)   vòltas (v)   [ˈvolʲtas]
voltagem (f)   įtampa (m)   [ˈiːtampa]

aparelho (m) elétrico   elèktros príetaisas (v)   [ɛˈlʲɛktros ˈprʲɪɛtʌɪsas]
indicador (m)   indikãtorius (v)   [ɪndʲɪˈkaːtorʲʊs]

eletricista (m)   elèktrikas (v)   [ɛˈlʲɛktrʲɪkas]
soldar (vt)   lituóti   [lʲɪˈtʊɑtʲɪ]
ferro (m) de soldar   lituóklis (v)   [lʲɪˈtʊɑklʲɪs]
corrente (f) elétrica   srovẽ (m)   [sroˈvʲeː]

104. Ferramentas

ferramenta (f)   įrankis (v)   [ˈiːraŋkʲɪs]
ferramentas (f pl)   įrankiai (v dgs)   [ˈiːraŋkʲɛɪ]

equipamento (m)	įranga (m)	['i:ranga]
martelo (m)	plaktùkas (v)	[plʲak'tʊkas]
chave (f) de fendas	atsuktùvas (v)	[atsʊk'tʊvas]
machado (m)	kírvis (v)	['kʲɪrvʲɪs]
serra (f)	pjūklas (v)	['pju:klʲas]
serrar (vt)	pjáuti	['pjɑʊtʲɪ]
plaina (f)	õblius (v)	['o:blʲʊs]
aplainar (vt)	obliúoti	[ob'lʲʊɑtʲɪ]
ferro (m) de soldar	lituõklis (v)	[lʲɪ'tʊɑklʲɪs]
soldar (vt)	lituõti	[lʲɪ'tʊɑtʲɪ]
lima (f)	dìldė (m)	['dʲɪlʲdʲe:]
tenaz (f)	rẽplės (m dgs)	['rʲæplʲe:s]
alicate (m)	plókščiosios rẽplės (m dgs)	['plokʃtʂʲosʲos 'rʲæplʲe:s]
formão (m)	káltas (v)	['kalʲtas]
broca (f)	grą̃žtas (v)	['gra:ʒtas]
berbequim (f)	grę̃žtuvas (v)	[grʲɛ:ʒ'tʊvas]
furar (vt)	grę̃žti	[grʲɛ:ʒtʲɪ]
faca (f)	peĩlis (v)	['pʲɛɪlʲɪs]
lâmina (f)	ãšmenys (v dgs)	['a:ʃmʲɛnʲi:s]
afiado	aštrùs	[aʃt'rʊs]
cego	bùkas	['bʊkas]
embotar-se (vr)	atbùkti	[at'bʊktʲɪ]
afiar, amolar (vt)	galą́sti	[ga'lʲa:stʲɪ]
parafuso (m)	var̃žtas (v)	['varʒtas]
porca (f)	veržlė̃ (v)	[vʲɛrʒ'lʲe:]
rosca (f)	sriẽgis (v)	['srʲɛgʲɪs]
parafuso (m) para madeira	sráigtas (v)	['srʌɪktas]
prego (m)	vinìs (m)	[vʲɪ'nʲɪs]
cabeça (f) do prego	galvùtė (f)	[galʲ'vʊtʲe:]
régua (f)	liniuõtė (m)	[lʲɪ'nʲʊo:tʲe:]
fita (f) métrica	rulẽtė (m)	[rʊ'lʲɛtʲe:]
nível (m)	gulsčiùkas (v)	[gʊlʲs'tʂʲʊkas]
lupa (f)	lùpa (m)	['lʲʊpa]
medidor (m)	matãvimo príetaisas (v)	[ma'ta:vʲɪmɔ 'prʲiɛtʌɪsas]
medir (vt)	matúoti	[ma'tʊɑtʲɪ]
escala (f)	skãlė (m)	['ska:lʲe:]
indicação (f), registo (m)	rodmuõ (v)	[rod'mʊɑ]
compressor (m)	kompresõrius (v)	[kɔm'prʲɛsorʲʊs]
microscópio (m)	mikroskòpas (v)	[mʲɪkro'skopas]
bomba (f)	siurblỹs (v)	[sʲʊr'blʲi:s]
robô (m)	ròbotas (v)	['robotas]
laser (m)	lãzeris (v)	['lʲa:zʲɛrʲɪs]
chave (f) de boca	veržlių̃ rãktas (v)	[vʲɛrʒ'lʲu: 'ra:ktas]
fita (f) adesiva	lipnì juõsta (m)	[lʲɪp'nʲɪ 'jʊɑsta]

cola (f)	klijaĩ (v dgs)	[klʲɪˈjʌɪ]
lixa (f)	švìtrinis põpierius (v)	[ˈʃvʲɪtrʲɪnʲɪs ˈpoːpʲɪɛrʲʊs]
mola (f)	spyruõklė (m)	[spʲiːˈrʊaklʲe:]
íman (m)	magnètas (v)	[magˈnʲɛtas]
luvas (f pl)	pĩrštinės (m dgs)	[ˈpʲɪrʃtʲɪnʲeːs]
corda (f)	vìrvė (m)	[ˈvʲɪrvʲeː]
cordel (m)	virvẽlė (m)	[vʲɪrˈvʲælʲeː]
fio (m)	laĩdas (v)	[ˈlʲʌɪdas]
cabo (m)	kãbelis (v)	[ˈkabʲɛlʲɪs]
marreta (f)	kũjis (v)	[ˈkuːjis]
pé de cabra (m)	laužtùvas (v)	[lʲaʊʒˈtʊvas]
escada (f) de mão	kópėčios (m dgs)	[ˈkopʲeːtsʲos]
escadote (m)	kilnójamosios kópėčios (m dgs)	[kʲɪlʲˈnojamosʲos ˈkopʲeːtsʲos]
enroscar (vt)	užsùkti	[ʊʒˈsʊktʲɪ]
desenroscar (vt)	atsùkti	[atˈsʊktʲɪ]
apertar (vt)	užspáusti	[ʊʒsˈpaʊstʲɪ]
colar (vt)	priklijúoti	[prʲɪklʲɪˈjʊatʲɪ]
cortar (vt)	pjáuti	[ˈpjaʊtʲɪ]
falha (mau funcionamento)	gedìmas (v)	[gʲɛˈdʲɪmas]
conserto (m)	taĩsymas (v)	[ˈtʌɪsʲiːmas]
consertar, reparar (vt)	taisýti	[tʌɪˈsʲiːtʲɪ]
regular, ajustar (vt)	reguliúoti	[rʲɛguˈlʲʊatʲɪ]
verificar (vt)	tìkrinti	[ˈtʲɪkrʲɪntʲɪ]
verificação (f)	patìkrinimas (v)	[paˈtʲɪkrʲɪnʲɪmas]
indicação (f), registo (m)	rodmuõ (v)	[rodˈmʊa]
seguro	pàtikimas	[ˈpatʲɪkʲɪmas]
complicado	sudėtìngas	[sʊdʲeːˈtʲɪngas]
enferrujar (vi)	rūdýti	[ruːˈdʲiːtʲɪ]
enferrujado	surūdìjęs	[sʊruːˈdʲɪjɛːs]
ferrugem (f)	rū̃dys (m dgs)	[ˈruːdʲiːs]

Transportes

105. Avião

avião (m)	léktuvas (v)	[lʲeːkˈtʊvas]
bilhete (m) de avião	léktuvo bìlietas (v)	[lʲeːkˈtʊvɔ ˈbʲɪlʲiɛtas]
companhia (f) aérea	aviakompãnija (m)	[avʲækomˈpaːnʲɪjɛ]
aeroporto (m)	óro úostas (v)	[ˈorɔ ˈʊɑstas]
supersónico	viršgarsìnis	[vʲɪrʃgarˈsʲɪnʲɪs]

comandante (m) do avião	órlaivio kapitõnas (v)	[ˈorlʲʌɪvʲɔ kapʲɪˈtoːnas]
tripulação (f)	ekipãžas (v)	[ɛkʲɪˈpaːʒas]
piloto (m)	pilõtas (v)	[pʲɪˈlʲotas]
hospedeira (f) de bordo	stiuardẽsė (m)	[stʲʊarˈdʲɛsʲeː]
copiloto (m)	štùrmanas (v)	[ˈʃtʊrmanas]

asas (f pl)	sparnaĩ (v dgs)	[sparˈnʌɪ]
cauda (f)	gãlas (v)	[ˈgaːlʲas]
cabine (f) de pilotagem	kabinà (m)	[kabʲɪˈna]
motor (m)	varìklis (v)	[vaˈrʲɪklʲɪs]
trem (m) de aterragem	važiuõklė (m)	[vaʒʲʊˈoːklʲeː]
turbina (f)	turbinà (m)	[tʊrbʲɪˈna]

hélice (f)	propèleris (v)	[proˈpʲɛlʲɛrʲɪs]
caixa-preta (f)	juodà dėžẽ (m)	[jʊɑˈda dʲeːʒʲeː]
coluna (f) de controlo	vairãratis (v)	[vʌɪˈraːratʲɪs]
combustível (m)	degalaĩ (v dgs)	[dʲɛgaˈlʲʌɪ]

instruções (f pl) de segurança	instrùkcija (m)	[ɪnsˈtrʊktsʲɪjɛ]
máscara (f) de oxigénio	deguõnies káukė (m)	[dʲɛgʊɑˈnʲiɛs ˈkɑʊkʲeː]
uniforme (m)	unifòrma (m)	[ʊnʲɪˈforma]

colete (m) salva-vidas	gélbėjimosi liemẽnė (m)	[ˈgʲælʲbʲeːjimosʲɪ lʲiɛˈmʲænʲeː]
paraquedas (m)	parašiùtas (v)	[paraˈʃʲʊtas]

descolagem (f)	kìlimas (v)	[kʲɪˈlʲɪmas]
descolar (vi)	kìlti	[ˈkʲɪlʲtʲɪ]
pista (f) de descolagem	kìlimo tãkas (v)	[kʲɪˈlʲɪmɔ ˈtaːkas]

visibilidade (f)	matomùmas (v)	[matoˈmʊmas]
voo (m)	skrỹdis (v)	[ˈskrʲiːdʲɪs]

altura (f)	aũkštis (v)	[ˈɑʊkʃtʲɪs]
poço (m) de ar	óro duobẽ (m)	[ˈorɔ dʊɑˈbʲeː]

assento (m)	vietà (m)	[vʲiɛˈta]
auscultadores (m pl)	ausìnės (m dgs)	[ɑʊˈsʲɪnʲeːs]
mesa (f) rebatível	atverčiamàsis staliùkas (v)	[atvʲɛrtʂlæˈmasʲɪs staˈlʲʊkas]
vigia (f)	iliuminãtorius (v)	[ɪlʲʊmʲɪˈnaːtorʲʊs]
passagem (f)	praėjìmas (v)	[praeːˈjɪmas]

106. Comboio

comboio (m)	traukinỹs (v)	[traʊkʲɪˈnʲiːs]
comboio (m) suburbano	elektrìnis traukinỹs (v)	[ɛlʲɛkˈtrʲɪnʲɪs traʊkʲɪˈnʲiːs]
comboio (m) rápido	greitàsis traukinỹs (v)	[grʲɛɪˈtasʲɪs traʊkʲɪˈnʲiːs]
locomotiva (f) diesel	motòrvežis (v)	[moˈtorvʲɛʒʲɪs]
locomotiva (f) a vapor	garvežỹs (v)	[garvʲɛˈʒʲiːs]
carruagem (f)	vagònas (v)	[vaˈgonas]
carruagem restaurante (f)	vagònas restorãnas (v)	[vaˈgonas rʲɛstoˈraːnas]
carris (m pl)	bėgiai (v dgs)	[ˈbʲeːgʲɛɪ]
caminho de ferro (m)	geležìnkelis (v)	[gʲɛlʲɛˈʒʲɪŋkʲɛlʲɪs]
travessa (f)	pãbėgis (v)	[ˈpaːbʲeːgʲɪs]
plataforma (f)	platfòrma (m)	[plʲatˈforma]
linha (f)	kẽlias (v)	[ˈkʲælʲæs]
semáforo (m)	semafòras (v)	[sʲɛmaˈforas]
estação (f)	stotìs (m)	[stoˈtʲɪs]
maquinista (m)	mašinìstas (v)	[maʃɪˈnʲɪstas]
bagageiro (m)	nešìkas (v)	[nʲɛˈʃɪkas]
hospedeiro, -a (da carruagem)	kondùktorius (v)	[kɔnˈduktorʲʊs]
passageiro (m)	keleĩvis (v)	[kʲɛˈlʲɛɪvʲɪs]
revisor (m)	kontroliẽrius (v)	[kɔntroˈlʲɛrʲʊs]
corredor (m)	korìdorius (v)	[kɔˈrʲɪdorʲʊs]
freio (m) de emergência	stãbdymo krãnas (v)	[ˈstaːbdʲiːmɔ ˈkraːnas]
compartimento (m)	kupė̃ (m)	[kʊˈpʲeː]
cama (f)	lentýna (f)	[lʲɛnˈtʲiːna]
cama (f) de cima	viršutìnė lentýna (m)	[vʲɪrʃʊˈtʲɪnʲeː lʲɛnˈtʲiːna]
cama (f) de baixo	apatìnė lentýna (m)	[apaˈtʲɪnʲeː lʲɛnˈtʲiːna]
roupa (f) de cama	pãtalynė (m)	[ˈpaːtalʲiːnʲeː]
bilhete (m)	bìlietas (v)	[ˈbʲɪlʲiɛtas]
horário (m)	tvarkãraštis (v)	[tvarˈkaːraʃtʲɪs]
painel (m) de informação	šviẽslentė (m)	[ˈʃvʲɛslʲɛntʲeː]
partir (vt)	išvỹkti	[ɪʃˈvʲiːkˈtʲɪ]
partida (f)	išvykìmas (v)	[ɪʃvʲiːˈkʲɪmas]
chegar (vi)	atvỹkti	[atˈvʲiːkˈtʲɪ]
chegada (f)	atvykìmas (v)	[atvʲiːˈkʲɪmas]
chegar de comboio	atvažiúoti tráukiniu	[atvaˈʒʲʊatʲɪ ˈtraʊkʲɪnʲʊ]
apanhar o comboio	įlìpti į́ tráukinį	[iːˈlʲɪːptʲɪ iː ˈtraʊkʲɪnʲiː]
sair do comboio	išlìpti ìš tráukinio	[ɪʃˈlʲɪptʲɪ ɪʃ ˈtraʊkʲɪnʲɔ]
acidente (m) ferroviário	katastrofà (m)	[katastroˈfa]
descarrilar (vi)	nulė̃kti nuõ bė́gių	[nʊˈlʲeːkˈtʲɪ ˈnʊɑ ˈbʲeːgʲuː]
locomotiva (f) a vapor	garvežỹs (v)	[garvʲɛˈʒʲiːs]
fogueiro (m)	kũrikas (v)	[kuːˈrʲɪkas]
fornalha (f)	kũryklà (m)	[kuːrʲiːˈkʲlʲa]
carvão (m)	anglìs (m)	[angˈlʲɪs]

107. Barco

navio (m)	laivas (v)	[ˈlʲʌɪvas]
embarcação (f)	laivas (v)	[ˈlʲʌɪvas]
vapor (m)	garlaivis (v)	[ˈgarlʲʌɪvʲɪs]
navio (m)	motorlaivis (v)	[moˈtorlʲʌɪvʲɪs]
transatlântico (m)	laineris (v)	[ˈlʲʌɪnʲɛrʲɪs]
cruzador (m)	kreiseris (v)	[ˈkrʲɛɪsʲɛrʲɪs]
iate (m)	jachta (m)	[jaxˈta]
rebocador (m)	vilkikas (v)	[vʲɪlʲˈkʲɪkas]
barcaça (f)	barža (m)	[ˈbarʒa]
ferry (m)	keltas (v)	[ˈkʲɛlʲtas]
veleiro (m)	burinis laivas (v)	[ˈburʲɪnʲɪs ˈlʲʌɪvas]
bergantim (m)	brigantina (m)	[brʲɪgantʲɪˈna]
quebra-gelo (m)	ledlaužis (v)	[ˈlʲædlɑʊʒʲɪs]
submarino (m)	povandeninis laivas (v)	[povandʲɛˈnʲɪnʲɪs ˈlʲʌɪvas]
bote, barco (m)	valtis (m)	[ˈvalʲtʲɪs]
bote, dingue (m)	valtis (m)	[ˈvalʲtʲɪs]
bote (m) salva-vidas	gelbėjimo valtis (m)	[ˈgʲælʲbʲeːjɪmɔ ˈvalʲtʲɪs]
lancha (f)	kateris (v)	[ˈkaːtʲɛrʲɪs]
capitão (m)	kapitonas (v)	[kapʲɪˈtoːnas]
marinheiro (m)	jūreivis (v)	[juːˈrʲɛɪvʲɪs]
marujo (m)	jūrininkas (v)	[ˈjuːrʲɪnʲɪŋkas]
tripulação (f)	ekipažas (v)	[ɛkʲɪˈpaːʒas]
contramestre (m)	bocmanas (v)	[ˈbotsmanas]
grumete (m)	junga (m)	[ˈjʊnga]
cozinheiro (m) de bordo	virėjas (v)	[vʲɪˈrʲeːjas]
médico (m) de bordo	laivo gydytojas (v)	[ˈlʲʌɪvɔ ˈgʲiːdʲiːtoːjɛs]
convés (m)	denis (v)	[ˈdʲænʲɪs]
mastro (m)	stiebas (v)	[ˈstʲiɛbas]
vela (f)	burė (m)	[ˈburʲeː]
porão (m)	triumas (v)	[ˈtrʲʊmas]
proa (f)	laivo priekis (v)	[ˈlʲʌɪvɔ ˈprʲiɛkʲɪs]
popa (f)	laivagalis (v)	[lʌɪˈvaːgalʲɪs]
remo (m)	irklas (v)	[ˈɪrklʲas]
hélice (f)	sraigtas (v)	[ˈsrʌɪktas]
camarote (m)	kajutė (m)	[kaˈjʊtʲeː]
sala (f) dos oficiais	kajutkompanija (m)	[kajʊtkomˈpaːnʲɪjɛ]
sala (f) das máquinas	mašinų skyrius (v)	[maˈʂɪnu ˈskʲiːrʲʊs]
ponte (m) de comando	kapitono tiltelis (v)	[kapʲɪˈtoːnɔ tʲɪlʲˈtʲælʲɪs]
sala (f) de comunicações	radijo kabina (m)	[ˈraːdʲɪjɔ kabʲɪˈna]
onda (f) de rádio	banga (m)	[banˈga]
diário (m) de bordo	laivo žurnalas (v)	[ˈlʲʌɪvɔ ʒʊrˈnaːlʲas]
luneta (f)	žiūronas (v)	[ʒʲuːˈroːnas]
sino (m)	laivo skambalas (v)	[ˈlʲʌɪvɔ ˈskambalʲas]

Português	Lituano	Pronúncia
bandeira (f)	vėliava (m)	[ˈvʲeːlʲæva]
cabo (m)	lynas (v)	[ˈlʲiːnas]
nó (m)	mãzgas (v)	[ˈmaːzgas]
corrimão (m)	turėklai (v dgs)	[tʊˈrʲeːklʲʌɪ]
prancha (f) de embarque	trãpas (v)	[ˈtraːpas]
âncora (f)	iñkaras (v)	[ˈɪŋkaras]
recolher a âncora	pakélti iñkarą	[paˈkʲɛlʲtʲɪ ˈɪŋkaraː]
lançar a âncora	nuléisti iñkarą	[nʊˈlʲɛɪstʲɪ ˈɪŋkaraː]
amarra (f)	iñkaro grandìnė (m)	[ˈɪŋkarɔ granˈdʲɪnʲeː]
porto (m)	úostas (v)	[ˈʊastas]
cais, amarradouro (m)	príeplauka (m)	[ˈprʲiɛplʲɑʊka]
atracar (vi)	prisišvartúoti	[prʲɪsʲɪʃvarˈtʊatʲɪ]
desatracar (vi)	išplaũkti	[ɪʃplʲɑʊktʲɪ]
viagem (f)	kelionė (m)	[kʲɛˈlʲoːnʲeː]
cruzeiro (m)	kruìzas (v)	[krʊˈɪzas]
rumo (m), rota (f)	kùrsas (v)	[ˈkʊrsas]
itinerário (m)	maršrùtas (v)	[marʃrʊtas]
canal (m) navegável	farvãteris (v)	[farˈvaːtʲɛrʲɪs]
banco (m) de areia	sekluma (m)	[sʲɛklʲʊˈma]
encalhar (vt)	užplaũkti ant seklumõs	[ʊʒˈplʲɑʊktʲɪ ant sʲɛklʲʊˈmoːs]
tempestade (f)	audrà (m)	[ɑʊdˈra]
sinal (m)	signãlas (v)	[sʲɪgˈnaːlʲas]
afundar-se (vr)	skęsti	[ˈskʲɛːstʲɪ]
Homem ao mar!	Žmogùs vandenyjè!	[ʒmoˈgʊs vandʲɛnʲiːˈjæ!]
SOS	SOS	[ɛs ɔ ɛs]
boia (f) salva-vidas	gélbėjimosi rãtas (v)	[gʲɛlʲbʲeːjimosʲɪ ˈraːtas]

108. Aeroporto

Português	Lituano	Pronúncia
aeroporto (m)	óro úostas (v)	[ˈorɔ ˈʊastas]
avião (m)	lėktùvas (v)	[lʲeːkˈtʊvas]
companhia (f) aérea	aviakompãnija (m)	[avʲækomˈpaːnʲɪjɛ]
controlador (m) de tráfego aéreo	dispečeris (v)	[dʲɪsˈpʲɛtʂʲɛrʲɪs]
partida (f)	išskridìmas (v)	[ɪʃskrʲɪˈdʲɪmas]
chegada (f)	atskridìmas (v)	[atskrʲɪˈdʲɪmas]
chegar (~ de avião)	atskrìsti	[atsˈkrʲɪstʲɪ]
hora (f) de partida	išvykìmo laĩkas (v)	[ɪʃvʲiːˈkʲɪmɔ ˈlʲʌɪkas]
hora (f) de chegada	atvykìmo laĩkas (v)	[atvʲiːˈkʲɪmɔ ˈlʲʌɪkas]
estar atrasado	vėlúoti	[vʲeːˈlʲʊatʲɪ]
atraso (m) de voo	skrydžio atidėjìmas (v)	[ˈskrʲiːdʒʲɔ atʲɪdʲeːˈjɪmas]
painel (m) de informação	informãcinė šviẽslentė (m)	[ɪnforˈmaːtsʲɪnʲeː ˈʃvʲɛslʲɛntʲeː]
informação (f)	informãcija (m)	[ɪnforˈmaːtsʲɪjɛ]
anunciar (vt)	paskélbti	[pasˈkʲɛlʲptʲɪ]

voo (m) reisas (v) ['rʲɛɪsas]
alfândega (f) muitinė (m) ['mʊɪtʲɪnʲeː]
funcionário (m) da alfândega muitininkas (v) ['mʊɪtʲɪnʲɪŋkas]

declaração (f) alfandegária deklaracija (m) [dʲɛklʲaˈraːtsʲɪjɛ]
preencher (vt) užpildyti [ʊʒˈpʲɪlʲdʲiːtʲɪ]
preencher a declaração užpildyti deklaraciją [ʊʒˈpʲɪlʲdʲiːtʲɪ dʲɛklaˈraːtsɪjaː]
controlo (m) de passaportes pasų kontrolė (m) [paˈsuː konˈtrolʲeː]

bagagem (f) bagažas (v) [baˈgaːʒas]
bagagem (f) de mão rankinis bagažas (v) [ˈraŋkʲɪnʲɪs baˈgaːʒas]
carrinho (m) vežimėlis (v) [vʲɛʒʲɪˈmʲeːlʲɪs]

aterragem (f) įlaipinimas (v) [iːlʲʌɪˈpʲɪːnʲɪmas]
pista (f) de aterragem nusileidimo takas (v) [nʊsʲɪlʲɛɪˈdʲɪmɔ taːkas]
aterrar (vi) leistis [ˈlʲɛɪstʲɪs]
escada (f) de avião laipteliai (v dgs) [lʌɪpˈtʲælʲɛɪ]

check-in (m) registracija (m) [rʲɛɡʲɪsˈtraːtsʲɪjɛ]
balcão (m) do check-in registracijos stalas (v) [rʲɛɡʲɪsˈtraːtsʲɪjɔs ˈstaːlʲas]
fazer o check-in užsiregistruoti [ʊʒsʲɪrʲɛɡʲɪsˈtrʊatʲɪ]
cartão (m) de embarque įlipimo talonas (v) [iːlʲɪˈpʲɪːmɔ taˈlonas]
porta (f) de embarque išėjimas (v) [ɪʃeːˈjɪmas]

trânsito (m) tranzitas (v) [tranˈzʲɪtas]
esperar (vi, vt) laukti [ˈlʲaʊktʲɪ]
sala (f) de espera laukiamasis (v) [lʲaʊkʲæˈmasʲɪs]
despedir-se de … lydėti [lʲiːˈdʲeːtʲɪ]
despedir-se (vr) atsisveikinti [atsʲɪˈsvʲɛɪkʲɪntʲɪ]

T&P Books. Vocabulário Português-Lituano - 5000 palavras

Eventos

109. Férias. Evento

festa (f)	šventė (m)	['ʃventʲeː]
festa (f) nacional	nacionalinė šventė (m)	[natsʲɪjɔ'naːlʲɪnʲe: 'ʃventʲeː]
feriado (m)	šventės diena (m)	['ʃventʲeːs dʲiɛ'na]
festejar (vt)	švęsti	['ʃvʲɛːstʲɪ]
evento (festa, etc.)	įvykis (v)	['iːvʲɪːkʲɪs]
evento (banquete, etc.)	renginys (v)	[rʲɛŋɡʲɪ'nʲiːs]
banquete (m)	banketas (v)	[baŋ'kʲɛtas]
receção (f)	priėmimas (v)	[prʲɪʲeː'mʲɪmas]
festim (m)	puota (m)	[pʊɑ'ta]
aniversário (m)	metinės (m dgs)	['mʲætʲɪnʲeːs]
jubileu (m)	jubiliėjus (v)	[jʊbʲɪ'lʲiɛjʊs]
celebrar (vt)	atšvęsti	[atʲʃvʲɛːstʲɪ]
Ano (m) Novo	Naujieji metai (v dgs)	[nɑʊ'jiɛjɪ 'mʲætʌɪ]
Feliz Ano Novo!	Su Naujaisiais!	['sʊ nɑʊ'jʌɪsʲɛɪs!]
Natal (m)	Kalėdos (m dgs)	[ka'lʲeːdos]
Feliz Natal!	Linksmų Kalėdų!	[lʲɪŋks'muː ka'lʲeːduː!]
árvore (f) de Natal	Kalėdinė eglutė (m)	[ka'lʲeːdʲɪnʲe: eg'lʊtʲe:]
fogo (m) de artifício	saliutas (v)	[sa'lʲʊtas]
boda (f)	vestuvės (m dgs)	[vʲɛs'tʊvʲeːs]
noivo (m)	jaunikis (v)	[jɛʊ'nʲɪkʲɪs]
noiva (f)	jaunoji (m)	[jɛʊ'noːjɪ]
convidar (vt)	kviesti	['kvʲɛstʲɪ]
convite (m)	kvietimas (v)	[kvʲiɛ'tʲɪmas]
convidado (m)	svečias (v)	['svʲætsʲæs]
visitar (vt)	eiti į svečius	['ɛɪtʲɪ iː svʲɛ'tsʲʊs]
receber os hóspedes	sutikti svečius	[sʊ'tʲɪktʲɪ svʲɛ'tsʲʊs]
presente (m)	dovana (m)	[dova'na]
oferecer (vt)	dovanoti	[dova'notʲɪ]
receber presentes	gauti dovanas	['gɑʊtʲɪ 'dovanas]
ramo (m) de flores	puokštė (m)	['pʊɑkʃtʲe:]
felicitações (f pl)	sveikinimas (v)	['svʲɛɪkʲɪnʲɪmas]
felicitar (dar os parabéns)	sveikinti	['svʲɛɪkʲɪntʲɪ]
cartão (m) de parabéns	sveikinimo atvirukas (v)	['svʲɛɪkʲɪnʲɪmɔ atvʲɪ'rʊkas]
enviar um postal	išsiųsti atviruką	[ɪʃ'sʲuːstʲɪ atvʲɪ'rʊkaː]
receber um postal	gauti atviruką	['gɑʊtʲɪ atvʲɪ'rʊkaː]
brinde (m)	tostas (v)	['tostas]

oferecer (vt)	vaišìnti	[vʌɪˈʃɪntʲɪ]
champanhe (m)	šampā̀nas (v)	[ʃamˈpaːnas]

divertir-se (vr)	lìnksmintis	[ˈlʲɪŋksmʲɪntʲɪs]
diversão (f)	linksmỹbė (m)	[lʲɪŋksˈmʲiːbʲeː]
alegria (f)	džiaũgsmas (v)	[ˈdʒʲɛʊgsmas]

dança (f)	šõkis (v)	[ˈʃoːkʲɪs]
dançar (vi)	šókti	[ˈʃoktʲɪ]

valsa (f)	válsas (v)	[ˈvalʲsas]
tango (m)	tángo (v)	[ˈtangɔ]

110. Funerais. Enterro

cemitério (m)	kãpinės (m dgs)	[ˈkaːpʲɪnʲeːs]
sepultura (f), túmulo (m)	kãpas (v)	[ˈkaːpas]
cruz (f)	krỹžius (v)	[ˈkrʲiːʒʲʊs]
lápide (f)	añtkapis (v)	[ˈantkapʲɪs]
cerca (f)	ā̃ptvaras (v)	[ˈaːptvaras]
capela (f)	koplyčià (m)	[kɔplʲiːˈtʂʲæ]

morte (f)	mirtìs (m)	[mʲɪrˈtʲɪs]
morrer (vi)	mìrti	[ˈmʲɪrtʲɪ]
defunto (m)	veliónis (v)	[vʲɛˈlʲonʲɪs]
luto (m)	gẽdulas (v)	[ˈgʲædʊlʲas]

enterrar, sepultar (vt)	láidoti	[ˈlʲʌɪdotʲɪ]
agência (f) funerária	láidojimo biùras (v)	[ˈlʲʌɪdojɪmɔ ˈbʲʊras]
funeral (m)	láidotuvės (m dgs)	[ˈlʲʌɪdotʊvʲeːs]

coroa (f) de flores	vainìkas (v)	[vʌɪˈnʲɪkas]
caixão (m)	kar̃stas (v)	[ˈkarstas]
carro (m) funerário	katafálkas (v)	[kataˈfalʲkas]
mortalha (f)	lavõndengtė (m)	[lʲaˈvoːndeŋktʲeː]

procissão (f) funerária	gẽdulo procèsija (m)	[ˈgʲædʊlʲɔ proˈtsʲɛsʲɪjɛ]
urna (f) funerária	urnà (m)	[ˈʊrna]
crematório (m)	krematòriumas (v)	[krʲɛmaˈtorʲʊmas]

obituário (m), necrologia (f)	nekrològas (v)	[nʲɛkroˈlʲogas]
chorar (vi)	ver̃kti	[ˈvʲɛrktʲɪ]
soluçar (vi)	raudóti	[rɑʊˈdotʲɪ]

111. Guerra. Soldados

pelotão (m)	būrỹs (v)	[buːˈrʲiːs]
companhia (f)	kuópa (m)	[ˈkʊɑpa]
regimento (m)	pul̃kas (v)	[ˈpʊlʲkas]
exército (m)	ármija (m)	[ˈarmʲɪjɛ]
divisão (f)	divìzija (m)	[dʲɪˈvʲɪzʲɪjɛ]
destacamento (m)	būrỹs (v)	[buːˈrʲiːs]

hoste (f)	kariúomenė (m)	[ka'rʲʊamenʲeː]
soldado (m)	kareĩvis (v)	[ka'rʲɛɪvʲɪs]
oficial (m)	karininkas (v)	[karʲɪ'nʲɪŋkas]
soldado (m) raso	eilìnis (v)	[ɛɪ'lʲɪnʲɪs]
sargento (m)	seržántas (v)	[sʲɛr'ʒantas]
tenente (m)	leitenántas (v)	[lʲɛɪtʲɛ'nantas]
capitão (m)	kapitõnas (v)	[kapʲɪ'toːnas]
major (m)	majõras (v)	[ma'jɔːras]
coronel (m)	pulkinìnkas (v)	['puʎkʲɪnʲɪŋkas]
general (m)	generõlas (v)	[gʲɛnʲɛ'roːlʲas]
marujo (m)	jũrininkas (v)	['juːrʲɪnʲɪŋkas]
capitão (m)	kapitõnas (v)	[kapʲɪ'toːnas]
contramestre (m)	bòcmanas (v)	['botsmanas]
artilheiro (m)	artilerìstas (v)	[artʲɪlʲɛ'rʲɪstas]
soldado (m) paraquedista	desántininkas (v)	[dʲɛ'santʲɪnʲɪŋkas]
piloto (m)	lakũnas (v)	[lʲa'kuːnas]
navegador (m)	štùrmanas (v)	['ʃturmanas]
mecânico (m)	mechãnikas (v)	[mʲɛ'xaːnʲɪkas]
sapador (m)	pioniẽrius (v)	[pʲɪjo'nʲɛrʲʊs]
paraquedista (m)	parašiùtininkas (v)	[para'ʃutʲɪnʲɪŋkas]
explorador (m)	žvalgas (v)	['ʒvalʲgas]
franco-atirador (m)	snáiperis (v)	['snʌɪpʲɛrʲɪs]
patrulha (f)	patrùlis (v)	[pat'rʊlʲɪs]
patrulhar (vt)	patruliúoti	[patrʊ'lʲʊatʲɪ]
sentinela (f)	sargýbinis (v)	[sar'gʲiːbʲɪnʲɪs]
guerreiro (m)	karỹs (v)	[ka'rʲiːs]
patriota (m)	patriòtas (v)	[patrʲɪ'jotas]
herói (m)	dìdvyris (v)	['dʲɪdvʲiːrʲɪs]
heroína (f)	dìdvyrė (m)	['dʲɪdvʲiːrʲeː]
traidor (m)	išdavìkas (v)	[ɪʃda'vʲɪkas]
trair (vt)	išdúoti	[ɪʃ'dʊatʲɪ]
desertor (m)	dezertỹras (v)	[dʲɛzʲɛr'tʲiːras]
desertar (vt)	dezertyrúoti	[dʲɛzʲɛrtʲiː'rʊatʲɪ]
mercenário (m)	samdinỹs (v)	[samdʲɪ'nʲiːs]
recruta (m)	naujõkas (v)	[nɑʊ'jɔːkas]
voluntário (m)	savanõris (v)	[sava'noːrʲɪs]
morto (m)	nužudýtasis (v)	[nʊʒʊ'dʲiːtasʲɪs]
ferido (m)	sužeistàsis (v)	[sʊʒʲɛɪ'stasʲɪs]
prisioneiro (m) de guerra	belaĩsvis (v)	[bʲɛ'lʲʌɪsvʲɪs]

112. Guerra. Ações militares. Parte 1

guerra (f)	kãras (v)	['kaːras]
guerrear (vt)	kariáuti	[ka'rʲæʊtʲɪ]
guerra (f) civil	piliẽtinis kãras (v)	[pʲɪ'lʲɛtʲɪnʲɪs 'kaːras]

T&P Books. Vocabulário Português-Lituano - 5000 palavras

perfidamente	klastìngai	[klʲas'tʲɪŋʌɪ]
declaração (f) de guerra	paskelbìmas (v)	[paskʲɛlʲ'bʲɪmas]
declarar (vt) guerra	paskélbti	[pas'kʲɛlʲptʲɪ]
agressão (f)	agrèsija (m)	[ag'rʲɛsʲɪjɛ]
atacar (vt)	pùlti	['pʊlʲtʲɪ]

invadir (vt)	užgróbti	[ʊʒ'groptʲɪ]
invasor (m)	užgrobìkas (v)	[ʊʒgro'bʲɪkas]
conquistador (m)	užkariáutojas (v)	[ʊʒka'rʲæʊtoːjɛs]

defesa (f)	gynýba (m)	[gʲiː'nʲiːba]
defender (vt)	gìñti	['gʲɪntʲɪ]
defender-se (vr)	gìntis	['gʲɪntʲɪs]

inimigo (m)	príešas (v)	['prʲiɛʃas]
adversário (m)	príešininkas (v)	['prʲiɛʃɪnʲɪŋkas]
inimigo	príešo	['prʲiɛʃɔ]

| estratégia (f) | stratègija (m) | [stra'tʲɛgʲɪjɛ] |
| tática (f) | tàktika (m) | ['taːktʲɪka] |

ordem (f)	įsãkymas (v)	[iː'saːkʲɪːmas]
comando (m)	kománda (m)	[kɔ'manda]
ordenar (vt)	įsakýti	[iːsa'kʲiːtʲɪ]
missão (f)	užduotìs (m)	[ʊʒdʊɑ'tʲɪs]
secreto	slãptas	['slʲaːptas]

| batalha (f) | mūšis (v) | ['muːʃɪs] |
| combate (m) | kautỹnės (m dgs) | [kaʊ'tʲiːnʲeːs] |

ataque (m)	atakà (m)	[ata'ka]
assalto (m)	štùrmas (v)	['ʃtʊrmas]
assaltar (vt)	šturmúoti	[ʃtʊr'mʊɑtʲɪ]
assédio, sítio (m)	apgulà (m)	[apgʊ'lʲa]

| ofensiva (f) | puolìmas (v) | [pʊɑ'lʲɪmas] |
| passar à ofensiva | pùlti | ['pʊlʲtʲɪ] |

| retirada (f) | atsitraukìmas (v) | [atsʲɪtraʊ'kʲɪmas] |
| retirar-se (vr) | atsitráukti | [atsʲɪ'traʊktʲɪ] |

| cerco (m) | apsupìmas (v) | [apsʊ'pʲɪmas] |
| cercar (vt) | apsùpti | [ap'sʊptʲɪ] |

bombardeio (m)	bombardãvimas (v)	[bombar'daːvʲɪmas]
lançar uma bomba	numèsti bombą	[nʊ'mʲɛstʲɪ 'bomba:]
bombardear (vt)	bombardúoti	[bombar'dʊɑtʲɪ]
explosão (f)	sprogìmas (v)	[spro'gʲɪmas]

tiro (m)	šūvis (v)	['ʃuːvʲɪs]
disparar um tiro	iššáuti	[ɪʃ'ʃaʊtʲɪ]
tiroteio (m)	šáudymas (v)	['ʃaʊdʲiːmas]

apontar para ...	táikytis į ...	['tʌɪkʲiːtʲɪs iː ..]
apontar (vt)	nutáikyti	[nʊ'tʌɪkʲiːtʲɪ]
acertar (vt)	patáikyti	[pa'tʌɪkʲiːtʲɪ]

afundar (um navio)	paskandìnti	[paskanˈdʲɪntʲɪ]
brecha (f)	pradaužà (m)	[pradɑʊˈʒa]
afundar-se (vr)	grim̃zti į dùgną	[ˈgrʲɪmztʲɪ iː ˈdʊgnaː]

frente (m)	fròntas (v)	[ˈfrɔntas]
evacuação (f)	evakuãcija (m)	[ɛvakʊˈaːtsʲɪjɛ]
evacuar (vt)	evakúoti	[ɛvaˈkʊatʲɪ]

arame (m) farpado	spygliúotoji vielà (m)	[spʲiːgˈlʲʊatɔjɪ vʲiɛˈla]
obstáculo (m) anticarro	ùžtvara (m)	[ˈʊʒtvara]
torre (f) de vigia	bókštas (v)	[ˈbɔkʃtas]

hospital (m)	kãro ligóninė (m)	[ˈkaːrɔ lʲɪˈgɔnʲɪnʲeː]
ferir (vt)	sužeĩsti	[sʊˈʒʲɛɪstʲɪ]
ferida (f)	žaizdà (m)	[ʒʌɪzˈda]
ferido (m)	sužeistàsis (v)	[sʊʒʲɛɪˈstasʲɪs]
ficar ferido	bū́ti sužeistám	[ˈbuːtʲɪ sʊʒʲɛɪsˈtam]
grave (ferida ~)	sunkùs	[sʊŋˈkʊs]

113. Guerra. Ações militares. Parte 2

cativeiro (m)	nelaĩsvė (m)	[nʲɛˈlʲʌɪsvʲeː]
capturar (vt)	paim̃ti į nelaĩsvę	[ˈpʌɪmtʲɪ iː nʲɛˈlʲʌɪsvʲɛː]
estar em cativeiro	bū́ti nelaĩsvėje	[ˈbuːtʲɪ nɛˈlʲʌɪsvʲeːje]
ser aprisionado	patèkti į nelaĩsvę	[paˈtʲɛktʲɪ iː nʲɛˈlʲʌɪsvʲɛː]

campo (m) de concentração	koncentrãcijos stovyklà (m)	[kɔntsʲɛnˈtraːtsɪjɔs stɔvʲiːkˈlʲa]
prisioneiro (m) de guerra	belaĩsvis (v)	[bʲɛˈlʲʌɪsvʲɪs]
escapar (vi)	bė́gti iš nelaĩsvės	[ˈbʲeːktʲɪ ɪʃ nɛˈlʲʌɪsvʲeːs]

trair (vt)	išdúoti	[ɪʃˈdʊatʲɪ]
traidor (m)	išdavìkas (v)	[ɪʃdaˈvʲɪkas]
traição (f)	išdavỹstė (m)	[ɪʃdaˈvʲiːstʲeː]

| fuzilar, executar (vt) | sušáudyti | [sʊˈʃaʊdʲiːtʲɪ] |
| fuzilamento (m) | sušáudymas (v) | [sʊˈʃaʊdʲiːmas] |

equipamento (m)	aprangà (m)	[apranˈga]
platina (f)	añtpetis (v)	[ˈantpʲɛtʲɪs]
máscara (f) antigás	dujókaukė (m)	[dʊˈjɔkaʊkʲeː]

rádio (m)	rãdijo stotẽlė (m)	[ˈraːdʲɪjɔ stɔˈtʲælʲeː]
cifra (f), código (m)	šìfras (v)	[ˈʃɪfras]
conspiração (f)	konspirãcija (m)	[kɔnspʲɪˈraːtsʲɪjɛ]
senha (f)	slaptãžodis (v)	[slʲapˈtaːʒɔdʲɪs]

mina (f)	minà (m)	[mʲɪˈna]
minar (vt)	užminúoti	[ʊʒmʲɪˈnʊatʲɪ]
campo (m) minado	mìnų laũkas (v)	[ˈmʲɪnʊ ˈlʲaʊkas]

alarme (m) aéreo	óro pavõjus (v)	[ˈɔrɔ paˈvoːjʊs]
alarme (m)	aliármas (v)	[aˈlʲæːrmas]
sinal (m)	signãlas (v)	[sʲɪgˈnaːlʲas]
sinalizador (m)	signãlinė raketà (m)	[sʲɪgˈnaːlʲɪnʲeː rakɛˈta]

estado-maior (m)	štabas (v)	[ˈʃtaːbas]
reconhecimento (m)	žvalgýba (m)	[ʒvalʲˈgʲiːba]
situação (f)	padėtìs (m)	[padʲeːˈtʲɪs]
relatório (m)	raportas (v)	[ˈraːportas]
emboscada (f)	pasalà (m)	[pasaˈlʲa]
reforço (m)	pastiprinimas (v)	[pasˈtʲɪprʲɪnʲɪmas]
alvo (m)	taikinỹs (v)	[tʌɪkʲɪˈnʲiːs]
campo (m) de tiro	poligonas (v)	[polʲɪˈgonas]
manobras (f pl)	kariniai mókymai (v dgs)	[kaˈrʲɪnʲɛɪ ˈmokʲiːmʌɪ]
pânico (m)	panika (m)	[ˈpaːnʲɪka]
devastação (f)	suirutė (m)	[sʊiˈrʊtʲeː]
ruínas (f pl)	griovìmai (m)	[grʲoˈvʲɪmas]
destruir (vt)	griáuti	[ˈgrʲæʊtʲɪ]
sobreviver (vi)	išgyvénti	[ɪʃgʲiːˈvʲɛntʲɪ]
desarmar (vt)	nuginkluoti	[nʊgʲɪŋˈklʲʊatʲɪ]
manusear (vt)	naudotis	[nɑʊˈdotʲɪs]
Firmes!	Ramiaĩ!	[raˈmʲɛɪ!]
Descansar!	Laisvaĩ!	[lʲʌɪsˈvʌɪ!]
façanha (f)	žýgdarbis (v)	[ˈʒʲiːgdarbʲɪs]
juramento (m)	príesaika (m)	[ˈprʲiɛsʌɪka]
jurar (vi)	prisíekti	[prʲɪˈsʲiɛktʲɪ]
condecoração (f)	apdovanójimas (v)	[apdovaˈnoːjɪmas]
condecorar (vt)	apdovanoti	[apdovaˈnotʲɪ]
medalha (f)	medãlis (v)	[mʲɛˈdaːlʲɪs]
ordem (f)	ordinas (v)	[ˈordʲɪnas]
vitória (f)	pérgalė (m)	[ˈpʲɛrgalʲeː]
derrota (f)	pralaiméjimas (v)	[pralʲʌɪˈmʲɛjɪmas]
armistício (m)	paliáubos (m dgs)	[paˈlʲæʊbos]
bandeira (f)	vėliava (m)	[ˈvʲeːlʲæva]
glória (f)	šlovė̃ (m)	[ʃʎoˈvʲeː]
desfile (m) militar	paradas (v)	[paˈraːdas]
marchar (vi)	žygiúoti	[ʒʲiːˈgʲʊatʲɪ]

114. Armas

arma (f)	giñklas (v)	[ˈgʲɪŋklʲas]
arma (f) de fogo	šaunamasis giñklas (v)	[ʃɑʊnaˈmasʲɪs ˈgʲɪŋklʲas]
arma (f) branca	šaltasis giñklas (v)	[ʃalʲˈtasʲɪs ˈgʲɪŋklʲas]
arma (f) química	cheminis giñklas (v)	[ˈxʲɛmʲɪnʲɪs ˈgʲɪŋklʲas]
nuclear	branduolìnis	[brandʊɑˈlʲɪnʲɪs]
arma (f) nuclear	branduolìnis giñklas (v)	[brandʊɑˈlʲɪnʲɪs ˈgʲɪŋklas]
bomba (f)	bomba (m)	[ˈbomba]
bomba (f) atómica	atominė bomba (m)	[aˈtomʲɪnʲeː ˈbomba]
pistola (f)	pistoletas (v)	[pʲɪstoˈlʲɛtas]

caçadeira (f)	šáutuvas (v)	['ʃɑutuvas]
pistola-metralhadora (f)	automãtas (v)	[ɑuto'maːtas]
metralhadora (f)	kulkósvaidis (v)	[kulʲ'kosvʌɪdʲɪs]
boca (f)	žiótys (m dgs)	['ʒʲotʲiːs]
cano (m)	vamzdis (v)	['vamzdʲɪs]
calibre (m)	kalibras (v)	[ka'lʲɪbras]
gatilho (m)	gaidùkas (v)	[gʌɪ'dukas]
mira (f)	taikiklis (v)	[tʌɪ'kʲɪklʲɪs]
carregador (m)	dėtuvẽ (m)	[dʲeːtu'vʲeː]
coronha (f)	búožė (m)	['buɑʒʲeː]
granada (f) de mão	granatà (m)	[grana'ta]
explosivo (m)	sprogmuõ (v)	['sprogmuɑ]
bala (f)	kulkà (m)	[kulʲ'ka]
cartucho (m)	patronas (v)	[pat'ronas]
carga (f)	šovinỹs (v)	[ʃovʲɪ'nʲiːs]
munições (f pl)	šáudmenys (v dgs)	['ʃɑudmʲɛnʲiːs]
bombardeiro (m)	bombónešis (v)	[bom'bonʲɛʃɪs]
avião (m) de caça	naikintùvas (v)	[nʌɪkʲɪn'tuvas]
helicóptero (m)	sraigtãsparnis (v)	[srʌɪk'taːsparnʲɪs]
canhão (m) antiaéreo	zenitinis pabũklas (v)	[zʲɛ'nʲɪːtʲɪnʲɪs iːrʲɛngʲɪ'nʲɪːs]
tanque (m)	tánkas (v)	['taŋkas]
canhão (de um tanque)	patránka (m)	[pat'raŋka]
artilharia (f)	artilèrija (m)	[artʲɪ'lʲɛrʲɪjɛ]
fazer a pontaria	nutáikyti	[nʊ'tʌɪkʲiːtʲɪ]
obus (m)	sviedinỹs (v)	[svʲiɛdʲɪ'nʲiːs]
granada (f) de morteiro	minà (m)	[mʲɪ'na]
morteiro (m)	minósvaidis (v)	[mʲɪ'nosvʌɪdʲɪs]
estilhaço (m)	skevéldra (m)	[skʲɛ'vʲɛlʲdra]
submarino (m)	povandenìnis laĩvas (v)	[povandʲɛ'nʲɪnʲɪs 'lʲʌɪvas]
torpedo (m)	torpedà (m)	[torpʲɛ'da]
míssil (m)	raketà (m)	[rakʲɛ'ta]
carregar (uma arma)	užtaisýti	[ʊʒtʌɪ'sʲiːtʲɪ]
atirar, disparar (vi)	šáuti	['ʃɑutʲɪ]
apontar para …	táikytis į̃ …	['tʌɪkʲiːtʲɪs iː ..]
baioneta (f)	durtuvas (v)	['dʊrtuvas]
espada (f)	špagà (m)	[ʃpa'ga]
sabre (m)	kárdas (v)	['kardas]
lança (f)	íetis (m)	['ɪɛtʲɪs]
arco (m)	lankas (v)	['lʲaŋkas]
flecha (f)	strėlẽ (m)	[strʲeː'lʲeː]
mosquete (m)	muškietà (m)	[mʊʃkʲiɛ'ta]
besta (f)	arbalètas (v)	[arba'lʲɛtas]

115. Povos da antiguidade

primitivo	pirmýkštis	[pʲɪrˈmʲiːkʃtʲɪs]
pré-histórico	priešistòrinis	[prʲiɛʃɪˈstorʲɪnʲɪs]
antigo	senóvinis	[sʲɛˈnovʲɪnʲɪs]
Idade (f) da Pedra	Akmeñs ámžius (v)	[akˈmʲɛns ˈamʒʲʊs]
Idade (f) do Bronze	Žálvario ámžius (v)	[ˈʒalʲvarʲɔ ˈamʒʲʊs]
período (m) glacial	ledýnmetis (v)	[lʲɛˈdʲiːnmʲɛtʲɪs]
tribo (f)	gentìs (m)	[gʲɛnˈtʲɪs]
canibal (m)	žmogė́dra (m)	[ʒmoˈgʲeːdra]
caçador (m)	medžiótojas (v)	[mʲɛˈdʒʲotoːjɛs]
caçar (vi)	medžióti	[mʲɛˈdʒʲotʲɪ]
mamute (m)	mamùtas (v)	[maˈmʊtas]
caverna (f)	ùrvas (v)	[ˈʊrvas]
fogo (m)	ugnìs (v)	[ʊgˈnʲɪs]
fogueira (f)	láužas (v)	[ˈlʲɑʊʒas]
pintura (f) rupestre	piešinỹs ant olõs síenos (v)	[pʲiɛʃɪˈnʲiːs ant oˈlʲoːs ˈsʲiɛnos]
ferramenta (f)	dárbo įrankis (v)	[ˈdarbɔ ˈiːraŋkʲɪs]
lança (f)	íetis (m)	[ˈɪɛtʲɪs]
machado (m) de pedra	akmenìnis kir̃vis (v)	[akmʲɛˈnʲɪnʲɪs ˈkʲɪrvʲɪs]
guerrear (vt)	kariáuti	[kaˈrʲæʊtʲɪ]
domesticar (vt)	prijaukìnti	[prʲɪjɛʊˈkʲɪntʲɪ]
ídolo (m)	stãbas (v)	[ˈstaːbas]
adorar, venerar (vt)	gárbinti	[ˈgarbʲɪntʲɪ]
superstição (f)	príetaras (v)	[ˈprʲiɛtaras]
evolução (f)	evoliùcija (m)	[ɛvoˈlʲʊtsʲɪjɛ]
desenvolvimento (m)	výstymasis (v)	[ˈvʲiːstʲiːmasʲɪs]
desaparecimento (m)	išnykìmas (v)	[ɪʃnʲiːˈkʲɪmas]
adaptar-se (vr)	prisitáikyti	[prʲɪsʲɪˈtʌɪkʲiːtʲɪ]
arqueologia (f)	archeològija (m)	[arxʲɛoˈlʲogʲɪjɛ]
arqueólogo (m)	archeològas (v)	[arxʲɛoˈlʲogas]
arqueológico	archeològinis	[arxʲɛoˈlʲogʲɪnʲɪs]
local (m) das escavações	kasinė́jimai (m dgs)	[kasʲɪˈnʲɛjɪmʌɪ]
escavações (f pl)	kasinė́jimai (m dgs)	[kasʲɪˈnʲɛjɪmʌɪ]
achado (m)	radinỹs (v)	[radʲɪˈnʲiːs]
fragmento (m)	fragmeñtas (v)	[fragˈmʲɛntas]

116. Idade média

povo (m)	tautà (m)	[tɑʊˈta]
povos (m pl)	tautõs (m dgs)	[tɑʊˈtoːs]
tribo (f)	gentìs (m)	[gʲɛnˈtʲɪs]
tribos (f pl)	geñtys (m dgs)	[ˈgʲɛntʲiːs]
bárbaros (m pl)	bárbarai (v dgs)	[ˈbarbarʌɪ]
gauleses (m pl)	gãlai (v dgs)	[ˈgaːlʲʌɪ]

111

T&P Books. Vocabulário Português-Lituano - 5000 palavras

godos (m pl)	gòtai (v dgs)	['gotʌɪ]
eslavos (m pl)	slāvai (m dgs)	['slʲaːvʌɪ]
víquingues (m pl)	vìkingai (v)	['vʲɪkʲɪngʌɪ]

| romanos (m pl) | roménas (v) | [roˈmʲeːnas] |
| romano | roméniškas | [roˈmʲeːnʲɪʃkas] |

bizantinos (m pl)	bizantiẽčiai (v dgs)	[bʲɪzanˈtʲɛtʂʲɛɪ]
Bizâncio	Bizántija (m)	[bʲɪˈzantʲɪjɛ]
bizantino	bizántiškas	[bʲɪˈzantʲɪʃkas]

imperador (m)	imperãtorius (v)	[ɪmpʲɛˈraːtorʲʊs]
líder (m)	vãdas (v)	['vaːdas]
poderoso	galìngas	[gaˈlʲɪngas]
rei (m)	karãlius (v)	[kaˈraːlʲʊs]
governante (m)	valdõvas (v)	[valʲˈdoːvas]

cavaleiro (m)	rìteris (v)	['rʲɪtʲɛrʲɪs]
senhor feudal (m)	feodãlas (v)	[fʲɛoˈdaːlʲas]
feudal	feodãlinis	[fʲɛoˈdaːlʲɪnʲɪs]
vassalo (m)	vasãlas (v)	[vaˈsaːlʲas]

duque (m)	hèrcogas (v)	['ɣʲɛrtsogas]
conde (m)	grãfas (v)	['graːfas]
barão (m)	baronas (v)	[baˈroːnas]
bispo (m)	výskupas (v)	['vʲiːskʊpas]

armadura (f)	šarvuõtė (m)	[ʃarˈvʊɑtʲeː]
escudo (m)	sky̆das (v)	['skʲiːdas]
espada (f)	kárdas (v)	['kardas]
viseira (f)	añtveidis (v)	['antvʲɛɪdʲɪs]
cota (f) de malha	šarvìniai marškiniaĩ (v dgs)	[ʃarˈvʲɪnʲɛɪ marʃkʲɪˈnʲɛɪ]

| cruzada (f) | kry̆žiaus žy̆gis (v) | ['krʲiːʒʲɛʊs 'ʒʲiːgʲɪs] |
| cruzado (m) | kryžiuõtis (v) | [krʲiːʒʲʊˈoːtʲɪs] |

território (m)	teritòrija (m)	[tʲɛrʲɪˈtorʲɪjɛ]
atacar (vt)	pùlti	['pʊlʲtʲɪ]
conquistar (vt)	užkariáuti	[ʊʒkaˈrʲæʊtʲɪ]
ocupar, invadir (vt)	užgróbti	[ʊʒˈgroptʲɪ]

assédio, sítio (m)	apgulà (m)	[apgʊˈlʲa]
sitiado	àpgultas	['apgʊlʲtas]
assediar, sitiar (vt)	apgùlti	[apˈgʊlʲtʲɪ]

inquisição (f)	inkvizìcija (m)	[ɪŋkvʲɪˈzʲɪtsʲɪjɛ]
inquisidor (m)	inkvizìtorius (v)	[ɪŋkvʲɪˈzʲɪtorʲʊs]
tortura (f)	kankìnimas (v)	[kaŋˈkʲɪnʲɪmas]
cruel	žiaurùs	[ʒʲɛʊˈrʊs]
herege (m)	erètikas (v)	[ɛˈrʲɛtʲɪkas]
heresia (f)	erèzija (m)	[ɛˈrʲɛzʲɪjɛ]

navegação (f) marítima	navigãcija (m)	[navʲɪˈgaːtsʲɪjɛ]
pirata (m)	pirãtas (v)	[pʲɪˈraːtas]
pirataria (f)	piratãvimas (v)	[pʲɪraˈtaːvʲɪmas]
abordagem (f)	abordažas (v)	[aborˈdaʒas]

| presa (f), butim (m) | grõbis (v) | ['gro:bʲɪs] |
| tesouros (m pl) | lõbis (v) | ['lʲo:bʲɪs] |

descobrimento (m)	atradìmas (v)	[atra'dʲɪmas]
descobrir (novas terras)	atràsti	[at'rastʲɪ]
expedição (f)	ekspedìcija (m)	[ɛkspʲɛ'dʲɪtsʲɪjɛ]

mosqueteiro (m)	muškiẽtininkas (v)	[mʊʃ'kʲɛtʲɪnʲɪŋkas]
cardeal (m)	kardinõlas (v)	[kardʲɪ'no:lʲas]
heráldica (f)	heráldika (m)	[ɣʲɛ'ralʲdʲɪka]
heráldico	heráldikos	[ɣʲɛ'ralʲdʲɪkos]

117. Líder. Chefe. Autoridades

rei (m)	karãlius (v)	[ka'ra:lʲʊs]
rainha (f)	karalíenė (m)	[kara'lʲiɛnʲe:]
real	karãliškas	[ka'ra:lʲɪʃkas]
reino (m)	karalỹstė (m)	[kara'lʲi:stʲe:]

| príncipe (m) | prìncas (v) | ['prʲɪntsas] |
| princesa (f) | princèsė (m) | [prʲɪn'tsʲɛsʲe:] |

presidente (m)	prezideñtas (v)	[prʲɛzʲɪ'dʲɛntas]
vice-presidente (m)	viceprezideñtas (v)	[vʲɪtsʲɛprʲɛzʲɪ'dʲɛntas]
senador (m)	senãtorius (v)	[sʲɛ'na:torʲʊs]

monarca (m)	monárchas (v)	[mo'narxas]
governante (m)	valdõvas (v)	[valʲ'do:vas]
ditador (m)	diktãtorius (v)	[dʲɪk'ta:torʲʊs]
tirano (m)	tirõnas (v)	[tʲɪ'ro:nas]
magnata (m)	magnãtas (v)	[mag'na:tas]

diretor (m)	dirèktorius (v)	[dʲɪ'rʲɛktorʲʊs]
chefe (m)	šèfas (v)	['ʃɛfas]
dirigente (m)	valdýtojas (v)	[valʲ'dʲi:to:jɛs]
patrão (m)	bõsas (v)	['bo:sas]
dono (m)	savinińkas (v)	[savʲɪ'nʲɪŋkas]

líder, chefe (m)	vãdas (v)	['va:das]
chefe (~ de delegação)	vadõvas (v)	[va'do:vas]
autoridades (f pl)	valdžiõs òrganai (v dgs)	[valʲ'dʒʲo:s 'organʌɪ]
superiores (m pl)	vadovýbė (m)	[vado'vʲi:bʲe:]

governador (m)	gubernãtorius (v)	[gʊbʲɛr'na:torʲʊs]
cônsul (m)	kònsulas (v)	['konsʊlʲas]
diplomata (m)	diplomãtas (v)	[dʲɪplʲo'ma:tas]

| Presidente (m) da Câmara | mèras (v) | ['mʲɛras] |
| xerife (m) | šerìfas (v) | [ʃɛrʲɪfas] |

imperador (m)	imperãtorius (v)	[ɪmpʲɛ'ra:torʲʊs]
czar (m)	cãras (v)	['tsa:ras]
faraó (m)	faraònas (v)	[fara'onas]
cã (m)	chãnas (v)	['xa:nas]

118. Viloação da lei. Criminosos. Parte 1

bandido (m)	banditas (v)	[ban'dʲɪtas]
crime (m)	nusikaltimas (v)	[nʊsʲɪkalʲˈtʲɪmas]
criminoso (m)	nusikaltėlis (v)	[nʊsʲɪˈkaltʲeːlʲɪs]
ladrão (m)	vagis (v)	[vaˈgʲɪs]
roubar (vt)	vogti	[ˈvoːktʲɪ]
furto, roubo (m)	vagystė (m)	[vaˈgʲiːstʲeː]
raptar (ex. ~ uma criança)	pagrobti	[pagˈroptʲɪ]
rapto (m)	pagrobėjas (v)	[pagroˈbʲeːjas]
raptor (m)	pagrobimas (v)	[pagroˈbʲɪmas]
resgate (m)	išpirka (m)	[ˈɪʃpʲɪrka]
pedir resgate	reikalauti išpirkos	[rʲɛɪkaˈlʲɑʊtʲɪ ˈɪʃpʲɪrkos]
roubar (vt)	plėšikauti	[plʲeːʃɪˈkɑʊtʲɪ]
assalto, roubo (m)	apiplėšimas (v)	[apʲɪˈplʲeːʃɪmas]
assaltante (m)	plėšikas (v)	[plʲeːˈʃɪkas]
extorquir (vt)	prievartauti	[prʲiɛvarˈtɑʊtʲɪ]
extorsionário (m)	prievartautojas (v)	[prʲiɛvarˈtɑʊtoːjɛs]
extorsão (f)	prievartavimas (v)	[prʲiɛvarˈtaːvʲɪmas]
matar, assassinar (vt)	nužudyti	[nʊʒʊˈdʲiːtʲɪ]
homicídio (m)	nužudymas (v)	[nʊˈʒʊdʲiːmas]
homicida, assassino (m)	žudikas (v)	[ʒʊˈdʲɪkas]
tiro (m)	šūvis (v)	[ˈʃuːvʲɪs]
dar um tiro	iššauti	[ɪʃˈʃɑʊtʲɪ]
matar a tiro	nušauti	[nʊˈʃɑʊtʲɪ]
atirar, disparar (vi)	šaudyti	[ˈʃɑʊdʲiːtʲɪ]
tiroteio (m)	šaudymas (v)	[ˈʃɑʊdʲiːmas]
incidente (m)	įvykis (v)	[ˈiːvʲɪːkʲɪs]
briga (~ de rua)	muštynės (m dgs)	[mʊʃˈtʲiːnʲeːs]
Socorro!	Gelbėkit!	[ˈgʲɛlʲbʲeːkʲɪt!]
vítima (f)	auka (m)	[ɑʊˈka]
danificar (vt)	sugadinti	[sʊgaˈdʲɪntʲɪ]
dano (m)	nuostolis (v)	[ˈnʊɑstolʲɪs]
cadáver (m)	lavonas (v)	[lʲaˈvonas]
grave	sunkus	[sʊŋˈkʊs]
atacar (vt)	užpulti	[ʊʒˈpʊlʲtʲɪ]
bater (espancar)	mušti	[ˈmʊʃtʲɪ]
espancar (vt)	sumušti	[sʊˈmʊʃtʲɪ]
tirar, roubar (dinheiro)	atimti	[aˈtʲɪmtʲɪ]
esfaquear (vt)	papjauti	[paˈpjɑʊtʲɪ]
mutilar (vt)	sužaloti	[sʊʒaˈlʲotʲɪ]
ferir (vt)	sužaloti	[sʊʒaˈlʲotʲɪ]
chantagem (f)	šantažas (v)	[ʃanˈtaːʒas]
chantagear (vt)	šantažuoti	[ʃantaˈʒʊɑtʲɪ]

T&P Books. Vocabulário Português-Lituano - 5000 palavras

chantagista (m)	šantažúotojas (v)	[ʃanta'ʒuato:jɛs]
extorsão	reketas (v)	['rʲɛkʲɛtas]
(em troca de proteção)		
extorsionário (m)	reketúotojas (v)	[rʲɛkʲɛ'tuato:jɛs]
gângster (m)	gángsteris (v)	['gangstʲɛrʲɪs]
máfia (f)	mãfija (m)	['ma:fʲɪjɛ]

carteirista (m)	kišénvagis (v)	[kʲɪ'ʃʲɛnvagʲɪs]
assaltante, ladrão (m)	įsilaužělis (v)	[i:sʲɪlɑu'ʒʲe:lʲɪs]
contrabando (m)	kontrabánda (m)	[kɔntra'banda]
contrabandista (m)	kontrabándininkas (v)	[kɔntra'bandʲɪnʲɪŋkas]

falsificação (f)	klastōtė (m)	[klʲas'to:tʲe:]
falsificar (vt)	klastóti	[klʲas'totʲɪ]
falsificado	klastōtė	[klʲas'to:tʲe:]

119. Viloação da lei. Criminosos. Parte 2

violação (f)	išprievartãvimas (v)	[ɪʃprʲiɛvar'ta:vʲɪmas]
violar (vt)	išprievartáuti	[ɪʃprʲiɛvar'tɑutʲɪ]
violador (m)	prievartáutojas (v)	[prʲiɛvar'tɑuto:jɛs]
maníaco (m)	maniãkas (v)	[manʲɪ'jakas]

prostituta (f)	prostitùtė (m)	[prostʲɪ'tutʲe:]
prostituição (f)	prostitùcija (m)	[prostʲɪ'tutsʲɪjɛ]
chulo (m)	suteneris (v)	[suˈtʲɛnʲɛrʲɪs]

toxicodependente (m)	narkomãnas (v)	[narko'ma:nas]
traficante (m)	prekiáutojas narkòtikais (v)	[prʲɛ'kʲæuto:jɛs nar'kotʲɪkʌɪs]

explodir (vt)	susprogdìnti	[susprog'dʲɪntʲɪ]
explosão (f)	sprogìmas (v)	[spro'gʲɪmas]
incendiar (vt)	padėgti	[pa'dʲɛktʲɪ]
incendiário (m)	padegéjas (v)	[padʲɛ'gʲe:jas]

terrorismo (m)	terorìzmas (v)	[tʲɛro'rʲɪzmas]
terrorista (m)	terorìstas (v)	[tʲɛro'rʲɪstas]
refém (m)	įkaitas (v)	['i:kʌɪtas]

enganar (vt)	apgáuti	[ap'gɑutʲɪ]
engano (m)	apgavýstė (m)	[apga'vʲi:stʲe:]
vigarista (m)	sukčius (v)	['suktʂʲus]

subornar (vt)	papìrkti	[pa'pʲɪrktʲɪ]
suborno (atividade)	papirkìmas (v)	[papʲɪr'kʲɪmas]
suborno (dinheiro)	kýšis (v)	['kʲi:ʃʲɪs]

veneno (m)	nuōdas (v)	['nuadas]
envenenar (vt)	nunuōdyti	[nu'nuadʲi:tʲɪ]
envenenar-se (vr)	nusinuōdyti	[nusʲɪnuadʲi:tʲɪ]

suicídio (m)	savižudýbė (m)	[savʲɪʒu'dʲi:bʲe:]
suicida (m)	savìžudis (v)	[sa'vʲɪʒudʲɪs]
ameaçar (vt)	grasìnti	[gra'sʲɪntʲɪ]

115

T&P Books. Vocabulário Português-Lituano - 5000 palavras

ameaça (f)	grasìnimas (v)	[gra'sʲɪnʲɪmas]
atentar contra a vida de ...	kėsìntis	[kʲeː'sʲɪntʲɪs]
atentado (m)	pasikėsìnimas (v)	[pasʲɪkʲeː'sʲɪnʲɪmas]

| roubar (o carro) | nuvarýti | [nʊva'rʲiːtʲɪ] |
| desviar (o avião) | nuvarýti | [nʊva'rʲiːtʲɪ] |

| vingança (f) | kerštas (v) | ['kʲɛrʃtas] |
| vingar (vt) | keršyti | ['kʲɛrʃɪːtʲɪ] |

torturar (vt)	kankìnti	[kaŋ'kʲɪntʲɪ]
tortura (f)	kankìnimas (v)	[kaŋ'kʲɪnʲɪmas]
atormentar (vt)	kankìnti	[kaŋ'kʲɪntʲɪ]

pirata (m)	pirātas (v)	[pʲɪ'raːtas]
desordeiro (m)	chuligãnas (v)	[xʊlʲɪ'gaːnas]
armado	ginkluotas	[gʲɪŋkʲlʲʊɑtas]
violência (f)	príevarta (m)	['prʲiɛvarta]

| espionagem (f) | špionãžas (v) | [ʃpʲo'naːʒas] |
| espionar (vi) | šnipinėti | [ʃnʲɪpʲɪ'nʲeːtʲɪ] |

120. Polícia. Lei. Parte 1

| justiça (f) | teĩsmas (v) | ['tʲɛɪsmas] |
| tribunal (m) | teĩsmas (v) | ['tʲɛɪsmas] |

juiz (m)	teisėjas (v)	[tʲɛɪ'sʲeːjas]
jurados (m pl)	prisíekusieji (v)	[prʲɪ'sʲiɛkʊsʲiɛji]
tribunal (m) do júri	prisíekusiųjų teĩsmas (v)	[prʲɪ'sʲiɛkʊsʲuːjuː 'tʲɛɪsmas]
julgar (vt)	teĩsti	['tʲɛɪstʲɪ]

advogado (m)	advokãtas (v)	[advo'kaːtas]
réu (m)	teisiamàsis (v)	[tʲɛɪsʲæ'masʲɪs]
banco (m) dos réus	teisiamųjų suolas (v)	[tʲɛɪsʲæ'muːjuː 'sʊɑlʲas]

| acusação (f) | káltinimai (v) | ['kalʲtʲɪnʲɪmʌɪ] |
| acusado (m) | káltinamasis (v) | ['kalʲtʲɪnamasʲɪs] |

| sentença (f) | núosprendis (v) | ['nʊɑsprʲɛndʲɪs] |
| sentenciar (vt) | nuteĩsti | [nʊ'tʲɛɪstʲɪ] |

culpado (m)	kaltinìnkas (v)	[kalʲtʲɪ'nʲɪŋkas]
punir (vt)	nubaũsti	[nʊ'baʊstʲɪ]
punição (f)	bausmė̃ (m)	[baʊs'mʲeː]

multa (f)	baudà (m)	[baʊ'da]
prisão (f) perpétua	kalėjimas ikì gyvõs galvos (v)	[ka'lʲɛjɪmas ikʲɪ gʲiː'voːs galʲ'voːs]
pena (f) de morte	mirtiẽs bausmė̃ (m)	[mʲɪr'tʲɛs baʊs'mʲeː]
cadeira (f) elétrica	elèktros kėdė̃ (m)	[e'lʲɛktros kʲeː'dʲeː]
forca (f)	kártuvės (m dgs)	['kartʊvʲeːs]
executar (vt)	baũsti mirtimì	['baʊstʲɪ mʲɪrtʲɪ'mʲɪ]
execução (f)	baudìmas mirtimì (v)	[baʊ'dʲɪmas mʲɪrtʲɪ'mʲɪ]

| prisão (f) | kalėjimas (v) | [ka'lʲɛjɪmas] |
| cela (f) de prisão | kamera (m) | ['ka:mʲɛra] |

escolta (f)	konvojus (v)	[kɔn'vojʊs]
guarda (m) prisional	prižiūrėtojas (v)	[prʲɪʒʲu:'rʲe:to:jɛs]
preso (m)	kalinỹs (v)	[kalʲɪ'nʲi:s]

| algemas (f pl) | antrankiai (v dgs) | ['aňtrakʲɛɪ] |
| algemar (vt) | uždėti antrankius | [ʊʒ'dʲe:tʲɪ 'aňtraŋkʲʊs] |

fuga, evasão (f)	pabėgimas (v)	[pabʲe:'gʲɪmas]
fugir (vi)	pabėgti	[pa'bʲe:ktʲɪ]
desaparecer (vi)	dingti	['dʲɪŋktʲɪ]
soltar, libertar (vt)	paleisti	[pa'lʲɛɪstʲɪ]
amnistia (f)	amnestija (m)	[am'nʲɛstʲɪjɛ]

polícia (instituição)	policija (m)	[po'lʲɪtsʲɪjɛ]
polícia (m)	policininkas (v)	[po'lʲɪtsʲɪnʲɪŋkas]
esquadra (f) de polícia	policijos nuovada (m)	[po'lʲɪtsʲɪjɔs 'nʊavada]
cassetete (m)	guminis pagalỹs (v)	[gʊ'mʲɪnʲɪs paga'lʲi:s]
megafone (m)	garsiakalbis (v)	[garsʲækalʲbʲɪs]

carro (m) de patrulha	patrulio mašina (m)	[pat'rʊlʲɔ maʃɪ'na]
sirene (f)	sirena (m)	[sʲɪrʲɛ'na]
ligar a sirene	įjungti sirėną	[i:'jʊŋktʲɪ sʲɪ'rʲɛna:]
toque (m) da sirene	sirėnos kaukimas (v)	[sʲɪ'rʲɛnos kaʊ'kʲɪmas]

cena (f) do crime	ívykio vietã (m)	['i:vʲɪ:kʲɔ vʲiɛ'ta]
testemunha (f)	liudininkas (v)	['lʲʊdʲɪnʲɪŋkas]
liberdade (f)	laisvė (m)	['lʲʌɪsvʲe:]
cúmplice (m)	bendrininkas (v)	['bʲɛndrʲɪnʲɪŋkas]
escapar (vi)	pasislėpti	[pasʲɪ'slʲe:ptʲɪ]
traço (não deixar ~s)	pėdsakas (v)	['pʲe:dsakas]

121. Polícia. Lei. Parte 2

procura (f)	paieška (m)	[paʲiɛʃ'ka]
procurar (vt)	ieškoti	[ɪɛʃ'kotʲɪ]
suspeita (f)	įtarimas (v)	[i:ta'rʲɪ:mas]
suspeito	įtartinas	[i:'tartʲɪnas]
parar (vt)	sustabdyti	[sʊstab'dʲi:tʲɪ]
deter (vt)	sulaikyti	[sʊlʲʌɪ'kʲi:tʲɪ]

caso (criminal)	byla (m)	[bʲi:'lʲa]
investigação (f)	tyrimas (v)	[tʲi:'rʲɪmas]
detetive (m)	detektỹvas (v)	[dʲɛtʲɛkʲtʲi:vas]
investigador (m)	tyrėjas (v)	[tʲi:'rʲe:jas]
versão (f)	versija (m)	['vʲɛrsʲɪjɛ]

motivo (m)	motỹvas (v)	[mo'tʲi:vas]
interrogatório (m)	apklausa (m)	[apklʲaʊ'sa]
interrogar (vt)	apklausti	[ap'klʲaʊstʲɪ]
questionar (vt)	apklausti	[ap'klʲaʊstʲɪ]
verificação (f)	patikrinimas (v)	[pa'tʲɪkrʲɪnʲɪmas]

batida (f) policial	gaudỹnės (m dgs)	[gɑʊˈdʲiːnʲeːs]
busca (f)	krata (m)	[kraˈta]
perseguição (f)	vijìmasis (v)	[vʲɪˈjɪmasʲɪs]
perseguir (vt)	sekti	[ˈsʲɛktʲɪ]
seguir (vt)	sekti	[ˈsʲɛktʲɪ]

prisão (f)	ãreštas (v)	[ˈaːrʲɛʃtas]
prender (vt)	areštúoti	[arʲɛʃˈtʊɑtʲɪ]
pegar, capturar (vt)	pagáuti	[paˈgɑʊtʲɪ]
captura (f)	pagavìmas (v)	[pagaˈvʲɪmas]

documento (m)	dokumeñtas (v)	[dokʊˈmʲɛntas]
prova (f)	įródymas (v)	[iːˈrodʲɪːmas]
provar (vt)	įródyti	[iːˈrodʲɪːtʲɪ]
pegada (f)	pėdsakas (v)	[ˈpʲeːdsakas]
impressões (f pl) digitais	pir̃štų añtspaudai (v dgs)	[ˈpʲɪrʃtuː ˈantspɑʊdʌɪ]
prova (f)	įkaltis (v)	[ˈiːkalʲtʲɪs]

álibi (m)	ãlibi (v)	[ˈaːlʲɪbʲɪ]
inocente	nekáltas	[nʲɛˈkalʲtas]
injustiça (f)	neteisingùmas (v)	[nʲɛtʲɛɪsʲɪnˈgʊmas]
injusto	neteisìngas	[nʲɛtʲɛɪˈsʲɪngas]

criminal	kriminãlinis	[krʲɪmʲɪˈnaːlʲɪnʲɪs]
confiscar (vt)	konfiskúoti	[kɔnfʲɪsˈkʊɑtʲɪ]
droga (f)	narkòtikas (v)	[narˈkotʲɪkas]
arma (f)	giñklas (v)	[ˈgʲɪŋklʲas]
desarmar (vt)	nuginklúoti	[nʊgʲɪŋˈklʲʊɑtʲɪ]
ordenar (vt)	įsakinė́ti	[iːsakʲɪˈnʲeːtʲɪ]
desaparecer (vi)	diñgti	[ˈdʲɪŋktʲɪ]

lei (f)	įstãtymas (v)	[iːˈstaːtiːmas]
legal	teisétas	[tʲɛɪˈsʲeːtas]
ilegal	neteisétas	[nʲɛtʲɛɪˈsʲeːtas]

| responsabilidade (f) | atsakomýbė (m) | [atsakoˈmʲiːbʲeː] |
| responsável | atsakìngas | [atsaˈkʲɪngas] |

NATUREZA

A Terra. Parte 1

122. Espaço sideral

Português	Lituano	Pronúncia
cosmos (m)	kòsmosas (v)	['kɔsmosas]
cósmico	kòsminis	['kɔsmʲɪnʲɪs]
espaço (m) cósmico	kòsminė erdvė̃ (m)	['kɔsmʲɪnʲe: ɛrd'vʲe:]
mundo (m)	visatà (m)	[vʲɪsa'ta]
universo (m)	pasáulis (v)	[pa'sɑʊlʲɪs]
galáxia (f)	galãktika (m)	[ɡa'lʲa:ktʲɪka]
estrela (f)	žvaigždė̃ (m)	[ʒvʌɪɡ'ʒdʲe:]
constelação (f)	žvaigždýnas (v)	[ʒvʌɪɡʒ'dʲi:nas]
planeta (m)	planetà (m)	[plʲanʲɛ'ta]
satélite (m)	palydõvas (v)	[palʲi:'do:vas]
meteorito (m)	meteorìtas (v)	[mʲɛtʲɛo'rʲɪtas]
cometa (m)	kometà (m)	[kɔmʲɛ'ta]
asteroide (m)	asteròidas (v)	[astʲɛ'rɔɪdas]
órbita (f)	orbità (m)	[ɔrbʲɪ'ta]
girar (vi)	sùktis	['sʊktʲɪs]
atmosfera (f)	atmosferà (m)	[atmosfʲɛ'ra]
Sol (m)	Sáulė (m)	['sɑʊlʲe:]
Sistema (m) Solar	Sáulės sistemà (m)	['sɑʊlʲe:s sʲɪste'ma]
eclipse (m) solar	Sáulės užtemìmas (v)	['sɑʊlʲe:s ʊʒtʲɛ'mʲɪmas]
Terra (f)	Žẽmė (m)	['ʒʲæmʲe:]
Lua (f)	Ménulis (v)	[mʲe:'nʊlʲɪs]
Marte (m)	Márs̀as (v)	['marsas]
Vénus (f)	Venerà (m)	[vʲɛnʲɛ'ra]
Júpiter (m)	Jupìteris (v)	[jʊ'pʲɪtʲɛrʲɪs]
Saturno (m)	Satùrnas (v)	[sa'tʊrnas]
Mercúrio (m)	Merkùrijus (v)	[mʲɛr'kʊrʲɪjʊs]
Urano (m)	Urãnas (v)	[ʊ'ra:nas]
Neptuno (m)	Neptū̃nas (v)	[nʲɛp'tu:nas]
Plutão (m)	Plutònas (v)	[plʲʊ'tonas]
Via Láctea (f)	Paũkščių Tãkas (v)	['pɑʊkʃtsʲu: 'ta:kas]
Ursa Maior (f)	Didíeji Grį̀žulo Rãtai (v dgs)	[dʲɪ'dʲiɛjɪ 'ɡrʲɪːʒʊlʲɔ 'ra:tʌɪ]
Estrela Polar (f) marciano (m)	Šiaurìnė žvaigždė̃ (m) marsiẽtis (v)	[ʃɛʊ'rʲɪnʲe: ʒvʌɪɡ'ʒdʲe:] [mar'sʲɛtʲɪs]
extraterrestre (m)	atei̇̃vis (v)	[a'tʲɛɪvʲɪs]

| alienígena (m) | ateivis (v) | [a'tʲɛɪvʲɪs] |
| disco (m) voador | skraidanti lėkštė (m) | ['skrʌɪdantʲɪ lʲeːkʃʲtʲeː] |

nave (f) espacial	kosminis laivas (v)	['kosmʲɪnʲɪs 'lʲʌɪvas]
estação (f) orbital	orbitos stotis (m)	[or'bʲɪtos sto'tʲɪs]
lançamento (m)	startas (v)	['startas]

motor (m)	variklis (v)	[va'rʲɪklʲɪs]
bocal (m)	tūta (m)	[tuː'ta]
combustível (m)	kuras (v)	['kʊras]

cabine (f)	kabina (m)	[kabʲɪ'na]
antena (f)	antena (m)	[antʲɛ'na]
vigia (f)	iliuminatorius (v)	[ɪlʲʊmʲɪ'naːtorʲʊs]
bateria (f) solar	saulės baterija (m)	['sɑʊlʲeːs ba'tʲɛrʲɪjɛ]
traje (m) espacial	skafandras (v)	[ska'fandras]

| imponderabilidade (f) | nesvarumas (v) | [nʲɛsva'rumas] |
| oxigénio (m) | deguonis (v) | [dʲɛ'gʊɑnʲɪs] |

| acoplagem (f) | susijungimas (v) | [sʊsʲɪjʊn'gʲɪmas] |
| fazer uma acoplagem | susijungti | [sʊsʲɪ'jʊŋkʲtʲɪ] |

observatório (m)	observatorija (m)	[obsʲɛrva'torʲɪjɛ]
telescópio (m)	teleskopas (v)	[tʲɛlʲɛ'skopas]
observar (vt)	stebėti	[stɛ'bʲeːtʲɪ]
explorar (vt)	tyrinėti	[tʲiːrʲɪ'nʲeːtʲɪ]

123. A Terra

Terra (f)	Žemė (m)	['ʒʲæmʲeː]
globo terrestre (Terra)	žemės rutulys (v)	['ʒʲæmʲeːs rʊtʊ'lʲiːs]
planeta (m)	planeta (m)	[plʲanʲɛ'ta]

atmosfera (f)	atmosfera (m)	[atmosfʲɛ'ra]
geografia (f)	geografija (m)	[gʲɛo'graːfʲɪjɛ]
natureza (f)	gamta (m)	[gam'ta]

globo (mapa esférico)	gaublys (v)	[gɑʊb'lʲiːs]
mapa (m)	žemėlapis (v)	[ʒɛ'mʲeːlʲapʲɪs]
atlas (m)	atlasas (v)	['aːtlʲasas]

| Europa (f) | Europa (m) | [ɛʊro'pa] |
| Ásia (f) | azija (m) | ['aːzʲɪjɛ] |

| África (f) | afrika (m) | ['aːfrʲɪka] |
| Austrália (f) | Australija (m) | [ɑʊs'traːlʲɪjɛ] |

América (f)	Amerika (m)	[a'mʲɛrʲɪka]
América (f) do Norte	Šiaurės Amerika (m)	['ʃæʊrʲeːs a'mʲɛrʲɪka]
América (f) do Sul	Pietų Amerika (m)	[pʲiɛ'tuː a'mʲɛrʲɪka]

| Antártida (f) | Antarktida (m) | [antarktʲɪ'da] |
| Ártico (m) | Arktika (m) | ['arktʲɪka] |

124. Pontos cardeais

norte (m)	šiáurė (m)	[ˈʃʲæʊrʲeː]
para norte	į̃ šiáurę	[iː ˈʃʲæʊrʲɛː]
no norte	šiáurėje	[ˈʃʲæʊrʲeːje]
do norte	šiaurinis	[ʃʲɛʊˈrʲɪnʲɪs]
sul (m)	pietùs (v)	[pʲiɛˈtʊs]
para sul	į̃ pietùs	[iː pʲiɛˈtʊs]
no sul	pietuosè	[pʲiɛtʊɑˈsʲɛ]
do sul	pietìnis	[pʲiɛˈtʲɪnʲɪs]
oeste, ocidente (m)	vakaraĩ (v dgs)	[vakaˈrʌɪ]
para oeste	į̃ vākarus	[iː ˈvaːkarʊs]
no oeste	vakaruosè	[vakarʊɑˈsʲɛ]
ocidental	vakariẽtiškas	[vakaˈrʲɛtʲɪʃkas]
leste, oriente (m)	rytaĩ (v dgs)	[rʲiːˈtʌɪ]
para leste	į̃ rýtus	[iː ˈrʲiːtʊs]
no leste	rytuosè	[rʲiːtʊɑˈsʲɛ]
oriental	rytiẽtiškas	[rʲiːˈtʲɛtʲɪʃkas]

125. Mar. Oceano

mar (m)	júra (m)	[ˈjuːra]
oceano (m)	vandenýnas (v)	[vandʲɛˈnʲiːnas]
golfo (m)	į́lanka (m)	[ˈiːlʲaŋka]
estreito (m)	sąsiauris (v)	[ˈsaːsʲɛʊrʲɪs]
continente (m)	žemýnas (v)	[ʒʲɛˈmʲiːnas]
ilha (f)	salà (m)	[saˈlʲa]
península (f)	pusiāsalis (v)	[pʊˈsʲæsalʲɪs]
arquipélago (m)	archipelāgas (v)	[arxʲɪpʲɛˈlʲaːgas]
baía (f)	užùtekis (v)	[ʊʒʊtʲɛkʲɪs]
porto (m)	úostas (v)	[ˈʊɑstas]
lagoa (f)	lagūnà (m)	[lʲaguːˈna]
cabo (m)	iškyšulỹs (v)	[ɪʃkʲiːʃʊˈlʲiːs]
atol (m)	atòlas (v)	[aˈtolʲas]
recife (m)	rìfas (v)	[ˈrʲɪfas]
coral (m)	korãlas (v)	[kɔˈraːlʲas]
recife (m) de coral	korãlų rìfas (v)	[kɔˈraːlʲuː ˈrʲɪfas]
profundo	gilùs	[gʲɪˈlʲʊs]
profundidade (f)	gỹlis (v)	[ˈgʲiːlʲɪs]
abismo (m)	bedùgnė (m)	[bʲɛˈdʊgnʲeː]
fossa (f) oceânica	į́duba (m)	[ˈiːdʊba]
corrente (f)	srovė̃ (m)	[srɔˈvʲeː]
banhar (vt)	skaláuti	[skaˈlʲɑʊtʲɪ]
litoral (m)	pajūris (v)	[ˈpajuːrʲɪs]
costa (f)	pakrántė (m)	[pakˈrantʲeː]

maré (f) alta	antplūdis (v)	['antplʲu:dʲɪs]
refluxo (m), maré (f) baixa	atoslūgis (v)	[a'toslʲu:gʲɪs]
restinga (f)	atabradas (v)	[a'ta:bradas]
fundo (m)	dugnas (v)	['dʊgnas]
onda (f)	banga (m)	[ban'ga]
crista (f) da onda	bangõs ketera (m)	[ban'go:s kʲɛtʲɛ'ra]
espuma (f)	putos (m dgs)	['pʊtos]
tempestade (f)	audra (m)	[ɑʊd'ra]
furacão (m)	uraganas (v)	[ʊra'ga:nas]
tsunami (m)	cunamis (v)	[tsʊ'na:mʲɪs]
calmaria (f)	štilius (v)	[ʃtʲɪ'lʲʊs]
calmo	ramus	[ra'mʊs]
polo (m)	ašigalis (v)	[a'ʃɪgalʲɪs]
polar	poliarinis	[po'lʲæːrʲɪnʲɪs]
latitude (f)	platuma (m)	[plʲatʊ'ma]
longitude (f)	ilguma (m)	[ɪlʲgʊ'ma]
paralela (f)	paralelé (m)	[para'lʲɛlʲe:]
equador (m)	ekvatorius (v)	[ɛk'va:torʲʊs]
céu (m)	dangus (v)	[dan'gʊs]
horizonte (m)	horizontas (v)	[ɣorʲɪ'zontas]
ar (m)	oras (v)	['oras]
farol (m)	švyturys (v)	[ʃvʲi:tʊ'rʲi:s]
mergulhar (vi)	nardyti	['nardʲi:tʲɪ]
afundar-se (vr)	nuskęsti	[nʊ'skʲɛ:stʲɪ]
tesouros (m pl)	lobis (v)	['lʲo:bʲɪs]

126. Nomes de Mares e Oceanos

Oceano (m) Atlântico	Atlanto vandenýnas (v)	[at'lʲanto vandʲɛ'nʲi:nas]
Oceano (m) Índico	Ìndijos vandenýnas (v)	['ɪndʲɪjos vandʲɛ'nʲi:nas]
Oceano (m) Pacífico	Ramùsis vandenýnas (v)	[ra'mʊsʲɪs vandʲɛ'nʲi:nas]
Oceano (m) Ártico	Árkties vandenýnas (v)	['arktʲiɛs vandʲɛ'nʲi:nas]
Mar (m) Negro	Juodóji jūra (m)	[jʊɑ'do:jɪ 'ju:ra]
Mar (m) Vermelho	Raudonóji jūra (m)	[rɑʊdo'no:jɪ 'ju:ra]
Mar (m) Amarelo	Geltonóji jūra (m)	[gʲɛlʲto'no:jɪ 'ju:ra]
Mar (m) Branco	Baltóji jūra (m)	[balʲ'to:jɪ 'ju:ra]
Mar (m) Cáspio	Kãspijos jūra (m)	['ka:spʲɪjɔs 'ju:ra]
Mar (m) Morto	Negyvoji jūra (m)	[nʲɛgʲi:'vo:jɪ 'ju:ra]
Mar (m) Mediterrâneo	Viduržemio jūra (m)	[vʲɪ'dʊrʒʲɛmʲɔ 'ju:ra]
Mar (m) Egeu	Egejo jūra (m)	[ɛ'gʲæjɔ 'ju:ra]
Mar (m) Adriático	ãdrijos jūra (m)	['a:drʲɪjɔs 'ju:ra]
Mar (m) Arábico	Arābijos jūra (m)	[a'rabʲɪjɔs 'ju:ra]
Mar (m) do Japão	Japonijos jūra (m)	[ja'ponʲɪjɔs ju:ra]
Mar (m) de Bering	Beringo jūra (m)	['bʲɛrʲɪngɔ 'ju:ra]

Mar (m) da China Meridional	Pietų Kinijos jūra (m)	[pʲiɛ'tu: 'kʲɪnʲɪjɔs 'ju:ra]
Mar (m) de Coral	Koralų jūra (m)	[kɔ'ra:lʲu: 'ju:ra]
Mar (m) de Tasman	Tasmanų jūra (m)	[tas'manu: 'ju:ra]
Mar (m) do Caribe	Karibų jūra (m)	[ka'rʲɪbu: 'ju:ra]
Mar (m) de Barents	Barenco jūra (m)	[barʲɛntsɔ 'ju:ra]
Mar (m) de Kara	Karsko jūra (m)	['karskɔ 'ju:ra]
Mar (m) do Norte	Šiaurės jūra (m)	['ʃæurʲe:s 'ju:ra]
Mar (m) Báltico	Baltijos jūra (m)	['balʲtʲɪjɔs 'ju:ra]
Mar (m) da Noruega	Norvegijos jūra (m)	[nɔr'vʲɛgʲɪjɔs 'ju:ra]

127. Montanhas

montanha (f)	kalnas (v)	['kalʲnas]
cordilheira (f)	kalnų virtinė (m)	[kalʲ'nu: vʲɪrtʲɪnʲe:]
serra (f)	kalnagūbris (v)	[kalʲ'na:gu:brʲɪs]
cume (m)	viršūnė (m)	[vʲɪr'ʃu:nʲe:]
pico (m)	pikas (v)	['pʲɪkas]
sopé (m)	papėdė (m)	[pa'pʲe:dʲe:]
declive (m)	nuokalnė (m)	['nuɔkalʲnʲe:]
vulcão (m)	ugnikalnis (v)	[ʊg'nʲɪkalʲnʲɪs]
vulcão (m) ativo	veikiantis ugnikalnis (v)	['vʲɛɪkʲæntʲɪs ʊg'nʲɪkalʲnʲɪs]
vulcão (m) extinto	užgesęs ugnikalnis (v)	[ʊʒ'gʲæsʲɛ:s ʊg'nʲɪkalʲnʲɪs]
erupção (f)	išsiveržimas (v)	[ɪʃsʲɪvʲɛr'ʒʲɪmas]
cratera (f)	krateris (v)	['kra:tʲɛrʲɪs]
magma (m)	magma (m)	[mag'ma]
lava (f)	lava (m)	[lʲa'va]
fundido (lava ~a)	įkaitęs	[i:'kʌɪtʲɛ:s]
desfiladeiro (m)	kanjonas (v)	[ka'njɔ nas]
garganta (f)	tarpukalnė (m)	[tar'pukalʲnʲe:]
fenda (f)	tarpeklis (m)	[tar'pʲæklʲɪs]
passo, colo (m)	kalnakelis (m)	[kalʲ'nakʲɛlʲɪs]
planalto (m)	gulstė (m)	[gʊlʲ'stʲe:]
falésia (f)	uola (m)	[ʊɑ'lʲa]
colina (f)	kalva (m)	[kalʲ'va]
glaciar (m)	ledynas (v)	[lʲɛ'dʲi:nas]
queda (f) d'água	krioklys (v)	[krʲɔk'lʲi:s]
géiser (m)	geizeris (v)	['gʲɛɪzʲɛrʲɪs]
lago (m)	ežeras (v)	['ɛʒʲɛras]
planície (f)	lyguma (m)	[lʲi:gʊ'ma]
paisagem (f)	peizažas (v)	[pʲɛɪ'za:ʒas]
eco (m)	aidas (v)	['ʌɪdas]
alpinista (m)	alpinistas (v)	[alʲpʲɪ'nʲɪstas]
escalador (m)	uolakopys (v)	[ʊɑlʲakɔ'pʲi:s]
conquistar (vt)	pavergti	[pa'vʲɛrktʲɪ]
subida, escalada (f)	kopimas (v)	[kɔ'pʲɪmas]

128. Nomes de montanhas

Português	Lituano	Pronúncia
Alpes (m pl)	Álpės (m dgs)	[ˈalʲpʲeːs]
monte Branco (m)	Monblãnas (v)	[monˈblʲaːnas]
Pirineus (m pl)	Pirėnai (v)	[pʲɪˈrʲeːnʌɪ]
Cárpatos (m pl)	Karpãtai (v dgs)	[karˈpaːtʌɪ]
montes (m pl) Urais	Urãlo kalnaĩ (v dgs)	[uˈraːlɔ kalʲˈnʌɪ]
Cáucaso (m)	Kaukãzas (v)	[kɑʊˈkaːzas]
Elbrus (m)	Elbrùsas (v)	[ɛlʲˈbrʊsas]
Altai (m)	Altãjus (v)	[alʲˈtaːjʊs]
Tian Shan (m)	Tian Šãnis (v)	[tʲæn ˈʃaːnʲɪs]
Pamir (m)	Pamỹras (v)	[paˈmʲiːras]
Himalaias (m pl)	Himalãjai (v dgs)	[ɣʲɪmaˈlʲaːjʌɪ]
monte (m) Everest	Everèstas (v)	[ɛvʲɛˈrʲɛstas]
Cordilheira (f) dos Andes	Añdai (v)	[ˈandʌɪ]
Kilimanjaro (m)	Kilimandžãras (v)	[kʲɪlʲɪmanˈdʒaːras]

129. Rios

Português	Lituano	Pronúncia
rio (m)	ùpė (m)	[ˈʊpʲeː]
fonte, nascente (f)	šaltìnis (v)	[ʃalʲˈtʲɪnʲɪs]
leito (m) do rio	vagà (m)	[vaˈga]
bacia (f)	baseĩnas (v)	[baˈsʲɛɪnas]
desaguar no ...	įtekėti į ...	[iːtʲɛˈkʲeːtʲɪ iː ..]
afluente (m)	añtplūdis (v)	[ˈantplʲuːdʲɪs]
margem (do rio)	krañtas (v)	[ˈkrantas]
corrente (f)	srově (m)	[sroˈvʲeː]
rio abaixo	pasroviuĩ	[pasroˈvʲʊɪ]
rio acima	priẽš sróvę	[ˈprʲɛʃ ˈsroːvʲɛː]
inundação (f)	pótvynis (v)	[ˈpotvʲiːnʲɪs]
cheia (f)	póplūdis (v)	[ˈpoplʲuːdʲɪs]
transbordar (vi)	išsilíeti	[ɪʃsʲɪˈlʲiɛtʲɪ]
inundar (vt)	tvìndyti	[ˈtvʲɪndʲiːtʲɪ]
banco (m) de areia	seklumà (m)	[sʲɛklʲʊˈma]
rápidos (m pl)	sleñkstis (v)	[ˈslʲɛŋkstʲɪs]
barragem (f)	ùžtvanka (m)	[ˈʊʒtvaŋka]
canal (m)	kanãlas (v)	[kaˈnaːlʲas]
reservatório (m) de água	vandeñs saugyklà (m)	[vanˈdʲɛns sɑʊgʲiːkˈlʲa]
eclusa (f)	šliùzas (v)	[ˈʃlʲʊzas]
corpo (m) de água	vandeñs telkinỹs (v)	[vanˈdʲɛns tʲɛlʲkʲɪˈnʲiːs]
pântano (m)	pélkė (m)	[ˈpʲɛlʲkʲeː]
tremedal (m)	liũnas (v)	[ˈlʲuːnas]
remoinho (m)	verpẽtas (v)	[vʲɛrˈpʲætas]
arroio, regato (m)	upẽlis (v)	[ʊˈpʲælʲɪs]

| potável | gėriamas | ['gʲærʲæmas] |
| doce (água) | gėlas | ['gʲeːlʲas] |

| gelo (m) | lẽdas (v) | ['lʲædas] |
| congelar-se (vr) | užšálti | [ʊʒ'ʃalʲtʲɪ] |

130. Nomes de rios

| rio Sena (m) | Sená (m) | [sʲɛ'na] |
| rio Loire (m) | Luará (m) | [lʲʊa'ra] |

rio Tamisa (m)	Tem̃zė (m)	['tʲɛmzʲeː]
rio Reno (m)	Reĩnas (v)	['rʲɛɪnas]
rio Danúbio (m)	Dunõjus (v)	[dʊ'noːjʊs]

rio Volga (m)	Vòlga (m)	['volʲga]
rio Don (m)	Dònas (v)	['donas]
rio Lena (m)	Lená (m)	[lʲɛ'na]

rio Amarelo (m)	Geltonóji ùpė (m)	[gʲɛlʲto'noːjɪ 'ʊpʲeː]
rio Yangtzé (m)	Jangdzẽ (m)	[jang'dzʲeː]
rio Mekong (m)	Mekòngas (v)	[mʲɛ'kongas]
rio Ganges (m)	Gángas (v)	['gangas]

rio Nilo (m)	Nìlas (v)	['nʲɪlʲas]
rio Congo (m)	Kòngas (v)	['kongas]
rio Cubango (m)	Okavángas (v)	[oka'va ngas]
rio Zambeze (m)	Zambèzė (m)	[zam'bʲɛzʲeː]
rio Limpopo (m)	Limpopò (v)	[lʲɪmpo'po]
rio Mississípi (m)	Misisipė̀ (m)	[mʲɪsʲɪ'sʲɪpʲeː]

131. Floresta

| floresta (f), bosque (m) | mìškas (v) | ['mʲɪʃkas] |
| florestal | miškìnis | [mʲɪʃ'kʲɪnʲɪs] |

mata (f) cerrada	tankumýnas (v)	[taŋkʊ'mʲiːnas]
arvoredo (m)	giráitė (m)	[gʲɪ'rʌɪtʲeː]
clareira (f)	laũkas (v)	['lʲɑʊkas]

| matagal (m) | žolýnas, beržýnas (v) | [ʒo'lʲiːnas], [bʲɛr'ʒʲiːnas] |
| mato (m) | krūmýnas (v) | [kruː'mʲiːnas] |

| vereda (f) | takẽlis (v) | [ta'kʲælʲɪs] |
| ravina (f) | griovỹs (v) | [grʲo'vʲiːs] |

árvore (f)	mẽdis (v)	['mʲædʲɪs]
folha (f)	lãpas (v)	['lʲaːpas]
folhagem (f)	lapijà (m)	[lʲapʲɪ'ja]

| queda (f) das folhas | lãpų kritìmas (v) | ['lʲaːpuː krʲɪ'tʲɪmas] |
| cair (vi) | krìsti | ['krʲɪstʲɪ] |

topo (m)	viršū́nė (f)	[vʲɪrʲˈʃuːnʲeː]
ramo (m)	šakà (f)	[ʃaˈka]
galho (m)	šakà (f)	[ʃaˈka]
botão, rebento (m)	pum̃puras (v)	[ˈpʊmpʊras]
agulha (f)	spyglỹs (v)	[spʲɪːgˈlʲiːs]
pinha (f)	kankorė́žis (v)	[kaŋˈkorʲeːʒʲɪs]

buraco (m) de árvore	úoksas (v)	[ˈʊɑksas]
ninho (m)	lìzdas (v)	[ˈlʲɪzdas]
toca (f)	olà (m)	[oˈlʲa]

tronco (m)	kamíenas (v)	[kaˈmʲiɛnas]
raiz (f)	šaknìs (m)	[ʃakˈnʲɪs]
casca (f) de árvore	ževė̃ (m)	[ʒʲiɛˈvʲeː]
musgo (m)	sãmana (m)	[ˈsaːmana]

arrancar pela raiz	ráuti	[ˈrɑʊtʲɪ]
cortar (vt)	kir̃sti	[ˈkʲɪrstʲɪ]
desflorestar (vt)	iškìrsti	[ɪʃˈkʲɪrstʲɪ]
toco, cepo (m)	kélmas (v)	[ˈkʲɛlʲmas]

fogueira (f)	láužas (v)	[ˈlʲɑʊʒas]
incêndio (m) florestal	gaĩsras (v)	[ˈgʌɪsras]
apagar (vt)	gesìnti	[gʲɛˈsʲɪntʲɪ]

guarda-florestal (m)	mìškininkas (v)	[ˈmʲɪʃkʲɪnʲɪŋkas]
proteção (f)	apsaugà (m)	[apsɑʊˈga]
proteger (a natureza)	sáugoti	[ˈsɑʊgotʲɪ]
caçador (m) furtivo	brakoniẽrius (v)	[brakoˈnʲɛrʲʊs]
armadilha (f)	spą́stai (v dgs)	[ˈspaːstʌɪ]

colher (cogumelos)	grybáuti	[grʲiːˈbɑʊtʲɪ]
colher (bagas)	uogáuti	[ʊɑˈgɑʊtʲɪ]
perder-se (vr)	pasiklỹsti	[pasʲɪˈklʲiːstʲɪ]

132. Recursos naturais

recursos (m pl) naturais	gamtìniai ìštekliai (v dgs)	[gamˈtʲɪnʲɛɪ ˈɪʃtʲɛklʲɛɪ]
minerais (m pl)	naudìngos iškasenos (m dgs)	[nɑʊˈdʲɪngos ˈɪʃkasʲɛnos]
depósitos (m pl)	telkiniaĩ (v dgs)	[tʲɛlʲkʲɪˈnʲɛɪ]
jazida (f)	telkinỹs (v)	[tʲɛlʲkʲɪˈnʲiːs]

extrair (vt)	iškàsti	[ɪʃˈkastʲɪ]
extração (f)	laimìkis (v)	[ˈlʲʌɪˈmʲɪkʲɪs]
minério (m)	rūdà (m)	[ruːˈda]
mina (f)	rūdýnas (v)	[ruːˈdʲiːnas]
poço (m) de mina	šachtà (m)	[ʃaxˈta]
mineiro (m)	šachtininkas (v)	[ˈʃaːxtʲɪnʲɪŋkas]

gás (m)	dùjos (m dgs)	[ˈdʊjɔs]
gasoduto (m)	dujótiekis (v)	[dʊˈjotʲiɛkʲɪs]

petróleo (m)	naftà (m)	[nafˈta]
oleoduto (m)	naftótiekis (v)	[nafˈtotʲiɛkʲɪs]

poço (m) de petróleo	naftos bokštas (v)	['na:ftos 'bokʃtas]
torre (f) petrolífera	gręžimo bokštas (v)	['grʲɛ:ʒʲɪmɔ 'bokʃtas]
petroleiro (m)	tanklaivis (v)	['taŋklʲʌɪvʲɪs]
areia (f)	smėlis (v)	['smʲe:lʲɪs]
calcário (m)	kalkinis akmuõ (v)	['kalʲkʲɪnʲɪs ak'muɑ]
cascalho (m)	žvyras (v)	['ʒvʲi:ras]
turfa (f)	durpės (m dgs)	['durpʲe:s]
argila (f)	mólis (v)	['molʲɪs]
carvão (m)	anglìs (m)	[ang'lʲɪs]
ferro (m)	geležìs (v)	[gʲɛlʲɛ'ʒʲɪs]
ouro (m)	auksas (v)	['ɑuksas]
prata (f)	sidabras (v)	[sʲɪ'da:bras]
níquel (m)	nikelis (v)	['nʲɪkʲɛlʲɪs]
cobre (m)	varis (v)	['va:rʲɪs]
zinco (m)	cinkas (v)	['tsʲɪŋkas]
manganês (m)	manganas (v)	[man'ga:nas]
mercúrio (m)	gyvsidabris (v)	['gʲi:vsʲɪdabrʲɪs]
chumbo (m)	švinas (v)	['ʃvʲɪnas]
mineral (m)	mineralas (v)	[mʲɪnʲɛ'ra:lʲas]
cristal (m)	kristalas (v)	[krʲɪs'ta:lʲas]
mármore (m)	marmuras (v)	['marmuras]
urânio (m)	uranas (v)	[ʊ'ra:nas]

A Terra. Parte 2

133. Tempo

tempo (m)	óras (v)	['oras]
previsão (f) do tempo	óro prognòzė (m)	['orɔ prog'nozʲeː]
temperatura (f)	temperatūrà (m)	[tʲempʲɛratuːˈra]
termómetro (m)	termomètras (v)	[tʲɛrmoˈmʲɛtras]
barómetro (m)	baromètras (v)	[baroˈmʲɛtras]
húmido	drėgnas	[ˈdrʲeːgnas]
humidade (f)	drėgmė̃ (m)	[drʲeːgˈmʲeː]
calor (m)	karštis (v)	[ˈkarʃtʲɪs]
cálido	karštas	[ˈkarʃtas]
está muito calor	karšta	[ˈkarʃta]
está calor	šĩlta	[ˈʃɪlʲta]
quente	šĩltas	[ˈʃɪlʲtas]
está frio	šalta	[ˈʃalʲta]
frio	šaltas	[ˈʃalʲtas]
sol (m)	sáulė (m)	[ˈsɑʊlʲeː]
brilhar (vi)	šviẽsti	[ˈʃvʲɛstʲɪ]
de sol, ensolarado	saulėta	[sɑʊˈlʲeːta]
nascer (vi)	pakìlti	[paˈkʲɪlʲtʲɪ]
pôr-se (vr)	leĩstis	[ˈlʲɛɪstʲɪs]
nuvem (f)	debesìs (v)	[dʲɛbʲɛˈsʲɪs]
nublado	debesúota	[dʲɛbʲɛˈsʊɑta]
nuvem (f) preta	debesìs (v)	[dʲɛbʲɛˈsʲɪs]
escuro, cinzento	apsiniáukę	[apsʲɪˈnʲæʊkʲɛː]
chuva (f)	lietùs (v)	[lʲiɛˈtʊs]
está a chover	lỹja	[ˈlʲiːja]
chuvoso	lietìngas	[lʲiɛˈtʲɪŋgas]
chuviscar (vi)	lynóti	[lʲiːˈnotʲɪ]
chuva (f) torrencial	liūtis (m)	[ˈlʲuːtʲɪs]
chuvada (f)	liūtis (m)	[ˈlʲuːtʲɪs]
forte (chuva)	stiprùs	[stʲɪpˈrʊs]
poça (f)	balà (m)	[baˈlʲa]
molhar-se (vr)	šlàpti	[ˈʃlʲaptʲɪ]
nevoeiro (m)	rūkas (v)	[ˈruːkas]
de nevoeiro	miglótas	[mʲɪgˈlʲotas]
neve (f)	sniẽgas (v)	[ˈsnʲɛgas]
está a nevar	sniñga	[ˈsnʲɪŋga]

134. Tempo extremo. Catástrofes naturais

trovoada (f)	perkūnija (m)	[pʲɛrˈkuːnʲɪjɛ]
relâmpago (m)	žaibas (v)	[ˈʒʌɪbas]
relampejar (vi)	žaibúoti	[ʒʌɪˈbʊɑtʲɪ]

trovão (m)	griaustìnis (v)	[grʲɛʊsˈtʲɪnʲɪs]
trovejar (vi)	griáudėti	[ˈgrʲæʊdʲeːtʲɪ]
está a trovejar	griáudėja griaustìnis	[ˈgrʲæʊdʲeːja grʲɛʊsˈtʲɪnʲɪs]

granizo (m)	krušà (m)	[krʊˈʃa]
está a cair granizo	kriñta krušà	[ˈkrʲɪnta krʊˈʃa]

inundar (vt)	užlíeti	[ʊʒˈlʲiɛtʲɪ]
inundação (f)	pótvynis (v)	[ˈpotvʲiːnʲɪs]

terremoto (m)	žẽmės drebėjimas (v)	[ˈʒʲæmʲeːs drɛˈbʲɛjɪmas]
abalo, tremor (m)	smũgis (m)	[ˈsmuːgʲɪs]
epicentro (m)	epiceñtras (v)	[ɛpʲɪˈtsʲɛntras]

erupção (f)	išsiveržìmas (v)	[ɪʃʲɪvʲɛrˈʒʲɪmas]
lava (f)	lavà (m)	[lʲaˈva]

turbilhão (m)	víesulas (v)	[ˈvʲiɛsʊlʲas]
tornado (m)	tornãdo (v)	[torˈnaːdɔ]
tufão (m)	taifũnas (v)	[tʌɪˈfuːnas]

furacão (m)	uragãnas (v)	[ʊraˈgaːnas]
tempestade (f)	audrà (m)	[ɑʊdˈra]
tsunami (m)	cunãmis (v)	[tsʊˈnaːmʲɪs]

ciclone (m)	ciklònas (v)	[tsʲɪkˈlʲonas]
mau tempo (m)	dárgana (m)	[ˈdargana]
incêndio (m)	gaĩsras (v)	[ˈgʌɪsras]
catástrofe (f)	katastrofà (m)	[katastroˈfa]
meteorito (m)	meteorìtas (v)	[mʲɛtʲɛoˈrʲɪtas]

avalanche (f)	lavinà (m)	[lʲavʲɪˈna]
deslizamento (m) de neve	griũtìs (m)	[grʲuːˈtʲɪs]
nevasca (f)	pūgà (m)	[puːˈga]
tempestade (f) de neve	pūgà (m)	[puːˈga]

Fauna

135. Mamíferos. Predadores

predador (m)	plėšrūnas (v)	[plʲeːʃruːnas]
tigre (m)	tìgras (v)	['tʲɪgras]
leão (m)	liūtas (v)	['lʲuːtas]
lobo (m)	vìlkas (v)	['vʲɪlʲkas]
raposa (f)	lãpė (m)	['lʲaːpʲeː]
jaguar (m)	jaguāras (v)	[jagʊ'aːras]
leopardo (m)	leopárdas (v)	[lʲɛo'pardas]
chita (f)	gepárdas (v)	[gʲɛ'pardas]
pantera (f)	panterà (m)	[pantʲɛ'ra]
puma (m)	pumà (m)	[pʊ'ma]
leopardo-das-neves (m)	snieginìs leopárdas (v)	[snʲiɛ'gʲɪnʲɪs lʲɛo'pardas]
lince (m)	lū́šis (m)	['lʲuːʃɪs]
coiote (m)	kojòtas (v)	[kɔ'jɔ tas]
chacal (m)	šakãlas (v)	[ʃa'kaːlʲas]
hiena (f)	hienà (m)	[ɣʲiɛ'na]

136. Animais selvagens

animal (m)	gyvūnas (v)	[gʲiː'vuːnas]
besta (f)	žvėrìs (v)	[ʒvʲe:'rʲɪs]
esquilo (m)	voverė̃ (m)	[vove'rʲeː]
ouriço (m)	ežỹs (v)	[ɛʒʲiːs]
lebre (f)	kìškis, zuĩkis (v)	['kʲɪʃkʲɪs], ['zʊɪkʲɪs]
coelho (m)	triùšis (v)	['trʲʊʃɪs]
texugo (m)	barsùkas (v)	[bar'sʊkas]
guaxinim (m)	meškėnas (v)	[mʲɛʃ'kʲeːnas]
hamster (m)	žiurkėnas (v)	[ʒʲʊr'kʲeːnas]
marmota (f)	švilpìkas (v)	[ʃvʲɪlʲ'pʲɪkas]
toupeira (f)	kùrmis (v)	['kʊrmʲɪs]
rato (m)	pelė̃ (m)	[pʲɛ'lʲeː]
ratazana (f)	žiùrkė (m)	['ʒʲʊrkʲeː]
morcego (m)	šikšnósparnis (v)	[ʃʲɪkʃ'nosparnʲɪs]
arminho (m)	šermuonė̃lis (v)	[ʃermʊɑ'nʲeːlʲɪs]
zibelina (f)	sãbalas (v)	['saːbalʲas]
marta (f)	kiáunė (m)	['kʲæʊnʲeː]
doninha (f)	žebenkštìs (m)	[ʒʲɛbʲɛŋkʃ'tʲɪs]
vison (m)	audìnė (m)	[ɑʊ'dʲɪnʲeː]

castor (m)	bẽbras (v)	['bʲæbras]
lontra (f)	ū̃dra (m)	['uːdra]
cavalo (m)	arklỹs (v)	[arkʲlʲiːs]
alce (m)	briedis (v)	['brʲiɛdʲɪs]
veado (m)	élnias (v)	['ɛlʲnʲæs]
camelo (m)	kupranugãris (v)	[kʊpranʊ'gaːrʲɪs]
bisão (m)	bizonas (v)	[bʲɪ'zonas]
auroque (m)	stum̃bras (v)	['stʊmbras]
búfalo (m)	buĩvolas (v)	['bʊivolʲas]
zebra (f)	zebras (v)	['zʲɛbras]
antílope (m)	antilopė (m)	[antʲɪ'lʲopʲe:]
corça (f)	stirna (m)	['stʲɪrna]
gamo (m)	danielius (v)	[da'nʲɛlʲʊs]
camurça (f)	gemzė (m)	['gʲɛmzʲeː]
javali (m)	šérnas (v)	['ʃʲɛrnas]
baleia (f)	bangìnis (v)	[banʲgʲɪnʲɪs]
foca (f)	ruõnis (v)	['rʊɑnʲɪs]
morsa (f)	véplỹs (v)	[vʲeːpʲlʲiːs]
urso-marinho (m)	kotikas (v)	['kotʲɪkas]
golfinho (m)	delfinas (v)	[dʲɛlʲˈfɪnas]
urso (m)	lokỹs (v), meška (m)	[lʲo'kʲiːs], [mʲɛʃˈka]
urso (m) branco	baltàsis lokỹs (v)	[balʲ'tasʲɪs lʲo'kʲiːs]
panda (m)	pánda (m)	['panda]
macaco (em geral)	beždžionė (m)	[bʲɛʒ'dʒʲoːnʲeː]
chimpanzé (m)	šimpánzė (m)	[ʃɪm'panzʲeː]
orangotango (m)	orangutángas (v)	[orangʊ'tangas]
gorila (m)	gorilà (m)	[gorʲɪ'tʲla]
macaco (m)	makakà (m)	[maka'ka]
gibão (m)	gibonas (v)	[gʲɪ'bonas]
elefante (m)	dramblỹs (v)	[dram'blʲiːs]
rinoceronte (m)	raganosis (v)	[raga'noːsʲɪs]
girafa (f)	žirafà (m)	[ʒʲɪra'fa]
hipopótamo (m)	begemòtas (v)	[bʲɛgʲɛ'motas]
canguru (m)	kengūrà (m)	[kʲɛn'guːra]
coala (m)	koalà (m)	[kɔa'lʲa]
mangusto (m)	mangustà (m)	[mangʊs'ta]
chinchila (m)	šinšilà (m)	[ʃɪnʃɪ'lʲa]
doninha-fedorenta (f)	skùnkas (v)	['skuŋkas]
porco-espinho (m)	dygliuotis (v)	[dʲiːgʲlʲʊotʲɪs]

137. Animais domésticos

gata (f)	katė̃ (m)	[ka'tʲeː]
gato (m) macho	kãtinas (v)	['kaːtʲɪnas]
cão (m)	šuõ (v)	['ʃʊɑ]

cavalo (m)	arklỹs (v)	[ark'lʲiːs]
garanhão (m)	eržilas (v)	['ɛrʒʲɪlʲas]
égua (f)	kumẽlė (m)	[kʊ'mʲælʲeː]

vaca (f)	kárvė (m)	['karvʲeː]
touro (m)	bùlius (v)	['bʊlʲʊs]
boi (m)	jáutis (v)	['jaʊtʲɪs]

ovelha (f)	avìs (m)	[a'vʲɪs]
carneiro (m)	ãvinas (v)	['aːvʲɪnas]
cabra (f)	ožkà (m)	[oʒ'ka]
bode (m)	ožỹs (v)	[o'ʒʲiːs]

burro (m)	ãsilas (v)	['aːsʲɪlʲas]
mula (f)	mùlas (v)	['mʊlʲas]

porco (m)	kiaũlė (m)	['kʲɛʊlʲeː]
leitão (m)	paršẽlis (v)	[par'ʃælʲɪs]
coelho (m)	triùšis (v)	['trʲʊʃɪs]

galinha (f)	vištà (m)	[vʲɪʃ'ta]
galo (m)	gaidỹs (v)	[gʌɪ'dʲiːs]

pata (f)	ántis (m)	['antʲɪs]
pato (macho)	ãntinas (v)	['antʲɪnas]
ganso (m)	žą̃sinas (v)	['ʒaːsʲɪnas]

peru (m)	kalakùtas (v)	[kalʲa'kʊtas]
perua (f)	kalakùtė (m)	[kalʲa'kʊtʲeː]

animais (m pl) domésticos	namìniai gyvūnai (v dgs)	[na'mʲɪnʲɛɪ gʲiː'vuːnʌɪ]
domesticado	prijaukìntas	[prʲɪʲjɛʊ'kʲɪntas]
domesticar (vt)	prijaukìnti	[prʲɪʲjɛʊ'kʲɪntʲɪ]
criar (vt)	augìnti	[aʊ'gʲɪntʲɪ]

quinta (f)	ferma (m)	['fʲɛrma]
aves (f pl) domésticas	namìnis paūkštis (v)	[na'mʲɪnʲɪs 'paʊkʃtʲɪs]
gado (m)	galvìjas (v)	[gal'vʲɪjɛs]
rebanho (m), manada (f)	bandà (m)	[ban'da]

estábulo (m)	arklìdė (m)	[ark'lʲɪdʲeː]
pocilga (f)	kiaulìdė (m)	[kʲɛʊ'lʲɪdʲeː]
estábulo (m)	karvìdė (m)	[kar'vʲɪdʲeː]
coelheira (f)	triušìdė (m)	[trʲʊ'ʃɪdʲeː]
galinheiro (m)	vištìdė (m)	[vʲɪʃ'tʲɪdʲeː]

138. Pássaros

pássaro (m), ave (f)	paūkštis (v)	['paʊkʃtʲɪs]
pombo (m)	balañdis (v)	[ba'lʲandʲɪs]
pardal (m)	žvìrblis (v)	['ʒvʲɪrblʲɪs]
chapim-real (m)	zýlė (v)	['zʲiːlʲeː]
pega-rabuda (f)	šárka (m)	['ʃarka]
corvo (m)	var̃nas (v)	['varnas]

gralha (f) cinzenta	várna (m)	['varna]
gralha-de-nuca-cinzenta (f)	kúosa (m)	['kuɑsa]
gralha-calva (f)	kovàs (v)	[kɔ'vas]

pato (m)	ántis (m)	['antʲɪs]
ganso (m)	žą́sinas (v)	['ʒaːsʲɪnas]
faisão (m)	fazãnas (v)	[fa'zaːnas]

águia (f)	erẽlis (v)	[ɛ'rʲælʲɪs]
açor (m)	vãnagas (v)	['vaːnagas]
falcão (m)	sãkalas (v)	['saːkalʲas]
abutre (m)	grìfas (v)	['grʲɪfas]
condor (m)	kondòras (v)	[kɔn'doras]

cisne (m)	gulbė̃ (m)	['gʊlʲbʲeː]
grou (m)	gérvė (m)	['gʲɛrvʲeː]
cegonha (f)	gañdras (v)	['gandras]

papagaio (m)	papūgà (m)	[papuː'ga]
beija-flor (m)	kolìbris (v)	[kɔ'lʲɪbrʲɪs]
pavão (m)	póvas (v)	['povas]

avestruz (m)	strùtis (v)	['strʊtʲɪs]
garça (f)	garnỹs (v)	[gar'nʲiːs]
flamingo (m)	flamìngas (v)	[flʲa'mʲɪngas]
pelicano (m)	pelikãnas (v)	[pʲɛlʲɪ'kaːnas]

| rouxinol (m) | lakštiñgala (m) | [lʲakʃ'tʲɪŋgalʲa] |
| andorinha (f) | kregždė̃ (m) | [krʲɛgʒ'dʲeː] |

tordo-zornal (m)	strãzdas (v)	['straːzdas]
tordo-músico (m)	strãzdas giesminiñkas (v)	['straːzdas gʲiɛsmʲɪ'nʲɪŋkas]
melro-preto (m)	juodãsis strãzdas (v)	[jʊɑ'dasʲɪs s'traːzdas]

andorinhão (m)	čiurlỹs (v)	[tʃʲʊr'lʲiːs]
cotovia (f)	vyturỹs, vieversỹs (v)	[vʲiːtʊ'rʲiːs], [vʲiɛvɛr'sʲiːs]
codorna (f)	pùtpelė (m)	['pʊtpelʲeː]

pica-pau (m)	genỹs (v)	[gʲɛ'nʲiːs]
cuco (m)	gegutė̃ (m)	[gʲɛ'gʊtʲeː]
coruja (f)	peléda (m)	[pʲɛ'lʲeːda]
corujão, bufo (m)	apúokas (v)	[a'pʊɑkas]
tetraz-grande (m)	kurtinỹs (v)	[kʊrtʲɪ'nʲiːs]
tetraz-lira (m)	tẽtervinas (v)	['tʲætʲɛrvʲɪnas]
perdiz-cinzenta (f)	kurapkà (m)	[kʊrap'ka]

estorninho (m)	varnénas (v)	[var'nʲeːnas]
canário (m)	kanarė̃lė (m)	[kana'rʲeːlʲeː]
galinha-do-mato (f)	jerubė̃ (m)	[jerʊ'bʲeː]

| tentilhão (m) | kikìlis (v) | [kʲɪ'kʲɪlʲɪs] |
| dom-fafe (m) | sniẽgena (m) | ['snʲɛgʲɛna] |

gaivota (f)	žuvė́dra (m)	[ʒʊ'vʲeːdra]
albatroz (m)	albatròsas (v)	[alʲba't'rosas]
pinguim (m)	pingvìnas (v)	[pʲɪng'vʲɪnas]

139. Peixes. Animais marinhos

brema (f)	karšis (v)	[ˈkarʃʲɪs]
carpa (f)	kárpis (v)	[ˈkarpʲɪs]
perca (f)	ešerỹs (v)	[ɛʃɛˈrʲiːs]
siluro (m)	šãmas (v)	[ˈʃaːmas]
lúcio (m)	lydekà (m)	[lʲiːdʲɛˈka]

salmão (m)	lašišà (m)	[lʲaʃɪˈʃa]
esturjão (m)	erškėtas (v)	[erʃˈkʲeːtas]

arenque (m)	sȋlkė (m)	[ˈsʲɪlʲkʲeː]
salmão (m)	lašišà (m)	[lʲaʃɪˈʃa]
cavala, sarda (f)	skùmbrė (m)	[ˈskumbrʲeː]
solha (f)	plėkšnė (m)	[ˈplʲækʃnʲeː]

lúcio perca (m)	starkis (v)	[ˈstarkʲɪs]
bacalhau (m)	ménkė (m)	[ˈmʲɛŋkʲeː]
atum (m)	tùnas (v)	[ˈtunas]
truta (f)	upétakis (v)	[uˈpʲeːtakʲɪs]

enguia (f)	ungurỹs (v)	[ungʊˈrʲiːs]
raia elétrica (f)	elektrìnė rajà (m)	[ɛlʲɛkˈtrʲɪnʲe: raˈja]
moreia (f)	murėnà (m)	[mʊrʲɛˈna]
piranha (f)	pirãnija (m)	[pʲɪˈraːnʲɪjɛ]

tubarão (m)	ryklỹs (v)	[rʲɪkˈlʲiːs]
golfinho (m)	delfìnas (v)	[dʲɛlʲˈfɪnas]
baleia (f)	bangìnis (v)	[banˈgʲɪnʲɪs]

caranguejo (m)	krãbas (v)	[ˈkraːbas]
medusa, alforreca (f)	medūzà (m)	[mʲɛduːˈza]
polvo (m)	aštuonkójis (v)	[aʃtʊɑŋˈkoːjis]

estrela-do-mar (f)	jū́ros žvaigždė̃ (m)	[ˈjuːros ʒvʌɪgʒˈdʲeː]
ouriço-do-mar (m)	jū́ros ežỹs (v)	[ˈjuːros ɛˈʒʲiːs]
cavalo-marinho (m)	jū́ros arkliùkas (v)	[ˈjuːros arkˈlʲukas]

ostra (f)	áustrė (m)	[ˈɑustrʲeː]
camarão (m)	krevėtė (m)	[krʲɛˈvʲɛtʲeː]
lavagante (m)	omãras (v)	[oˈmaːras]
lagosta (f)	langùstas (v)	[lʲanˈgustas]

140. Amfíbios. Répteis

serpente, cobra (f)	gyvãtė (m)	[gʲiːˈvaːtʲeː]
venenoso	nuodìngas	[nʊɑˈdʲɪngas]

víbora (f)	angìs (v)	[anˈgʲɪs]
cobra-capelo, naja (f)	kobrà (m)	[kɔbˈra]
pitão (m)	pitònas (v)	[pʲɪˈtonas]
jiboia (f)	smauglỹs (v)	[smɑʊgˈlʲiːs]
cobra-de-água (f)	žaltỹs (v)	[ʒalʲˈtʲiːs]

| cascavel (f) | barškuolė (m) | [barʃkʊalʲeː] |
| anaconda (f) | anakonda (m) | [anaˈkonda] |

lagarto (m)	driežas (v)	[ˈdrʲiɛʒas]
iguana (f)	iguana (m)	[ɪɡʊaˈna]
varano (m)	varanas (v)	[vaˈraːnas]
salamandra (f)	salamandra (m)	[salʲaˈmandra]
camaleão (m)	chameleonas (v)	[xamʲɛlʲɛˈonas]
escorpião (m)	skorpionas (v)	[skorpʲɪˈɔnas]

tartaruga (f)	vėžlys (v)	[vʲeːʒˈlʲiːs]
rã (f)	varlė (m)	[varˈlʲeː]
sapo (m)	rupūžė (m)	[ˈrʊpuːʒʲeː]
crocodilo (m)	krokodilas (v)	[krokoˈdʲɪlʲas]

141. Insetos

inseto (m)	vabzdys (v)	[vabzˈdʲiːs]
borboleta (f)	drugelis (v)	[drʊˈɡʲælʲɪs]
formiga (f)	skruzdėlė (m)	[skrʊzˈdʲælʲeː]
mosca (f)	musė (m)	[ˈmʊsʲeː]
mosquito (m)	uodas (v)	[ˈʊɑdas]
escaravelho (m)	vabalas (v)	[ˈvaːbalʲas]

vespa (f)	vapsva (m)	[vapsˈva]
abelha (f)	bitė (m)	[ˈbʲɪtʲeː]
mamangava (f)	kamanė (m)	[kaˈmaːnʲeː]
moscardo (m)	gylys (v)	[ɡʲiːˈlʲiːs]

| aranha (f) | voras (v) | [ˈvoras] |
| teia (f) de aranha | voratinklis (v) | [voˈraːtʲɪŋklʲɪs] |

libélula (f)	laumžirgis (v)	[ˈlʲaʊmʒɪrɡʲɪs]
gafanhoto-do-campo (m)	žiogas (v)	[ˈʒʲogas]
traça (f)	peteliškė (m)	[pʲɛtʲɛˈlʲɪʃkʲeː]

barata (f)	tarakonas (v)	[taraˈkoːnas]
carraça (f)	erkė (m)	[ˈærkʲeː]
pulga (f)	blusa (m)	[blʲʊˈsa]
borrachudo (m)	mašalas (v)	[ˈmaːʃalʲas]

gafanhoto (m)	skėrys (v)	[skʲeːˈrʲiːs]
caracol (m)	sraigė (m)	[ˈsrʌɪɡʲeː]
grilo (m)	svirplys (v)	[svʲɪrpˈlʲiːs]
pirilampo (m)	jonvabalis (v)	[ˈjoːnvabalʲɪs]
joaninha (f)	boružė (m)	[boˈrʊʒʲeː]
besouro (m)	grambuolys (v)	[ɡrambʊɑˈlʲiːs]

sanguessuga (f)	dėlė (m)	[dʲeːˈlʲeː]
lagarta (f)	vikšras (v)	[ˈvʲɪkʃras]
minhoca (f)	sliekas (v)	[ˈslʲiɛkas]
larva (f)	kirmelė (m)	[kʲɪrmeˈlʲeː]

Flora

142. Árvores

árvore (f)	mẽdis (v)	['mʲædʲɪs]
decídua	lapuõtis	[lʲapʊ'atʲɪs]
conífera	spygliuõtis	[spʲi:g'lʲʊo:tʲɪs]
perene	vìszalis	['vʲɪsʒalʲɪs]
macieira (f)	obelìs (m)	[obʲɛ'lʲɪs]
pereira (f)	kriáušė (m)	['krʲæʊʃe:]
cerejeira (f)	trẽšnė (m)	['trʲæʃnʲe:]
ginjeira (f)	vyšnià (m)	[vʲi:ʃnʲæ]
ameixeira (f)	slyvà (m)	[slʲi:'va]
bétula (f)	béržas (v)	['bʲɛrʒas]
carvalho (m)	ą́žuolas (v)	['a:ʒʊalʲas]
tília (f)	líepa (m)	['lʲiɛpa]
choupo-tremedor (m)	drebulẽ (m)	[drebʊ'lʲe:]
bordo (m)	klẽvas (v)	['klʲævas]
espruce-europeu (m)	ẽglė (m)	['ʲæglʲe:]
pinheiro (m)	pušìs (m)	[pʊ'ʃɪs]
alerce, lariço (m)	maũmedis (v)	['maʊmʲɛdʲɪs]
abeto (m)	kẽnis (v)	['kʲe:nʲɪs]
cedro (m)	kèdras (v)	['kʲɛdras]
choupo, álamo (m)	túopa (m)	['tʊapa]
tramazeira (f)	šermùkšnis (v)	[ʃʲɛr'mʊkʃnʲɪs]
salgueiro (m)	glúosnis (v)	['glʲʊasnʲɪs]
amieiro (m)	alksnis (v)	['alʲksnʲɪs]
faia (f)	bùkas (v)	['bʊkas]
ulmeiro (m)	gúoba (m)	['gʊaba]
freixo (m)	úosis (v)	['ʊasʲɪs]
castanheiro (m)	kaštõnas (v)	[kaʃto:nas]
magnólia (f)	magnòlija (m)	[mag'nolʲɪjɛ]
palmeira (f)	pálmė (m)	['palʲmʲe:]
cipreste (m)	kiparìsas (v)	[kʲɪpa'rʲɪsas]
mangue (m)	mañgro mẽdis (v)	['mañgro 'mʲædʲɪs]
embondeiro, baobá (m)	baobãbas (v)	[bao'ba:bas]
eucalipto (m)	eukalìptas (v)	[ɛʊka'lʲɪptas]
sequoia (f)	sekvojà (m)	[sʲɛkvo:'jɛ]

143. Arbustos

arbusto (m)	krū̃mas (v)	['kru:mas]
arbusto (m), moita (f)	krūmýnas (v)	[kru:'mʲi:nas]

| videira (f) | vynuogýnas (v) | [vʲiːnʊɑˈgʲiːnas] |
| vinhedo (m) | vynuogýnas (v) | [vʲiːnʊɑˈgʲiːnas] |

framboeseira (f)	aviẽtė (m)	[aˈvʲɛtʲeː]
groselheira-vermelha (f)	raudonasis serbeñtas (v)	[rɑʊdoˈnasʲɪs sʲɛrˈbʲɛntas]
groselheira (f) espinhosa	agrãstas (v)	[agˈraːstas]

acácia (f)	akãcija (m)	[aˈkaːtsʲɪjɛ]
bérberis (f)	raugeŕškis (m)	[rɑʊˈgʲɛrʃkʲɪs]
jasmim (m)	jazmìnas (v)	[jazˈmʲɪnas]

junípero (m)	kadagỹs (v)	[kadaˈgʲiːs]
roseira (f)	rõžių krũmas (v)	[ˈroːʒʲuː ˈkruːmas]
roseira (f) brava	erškėtis (v)	[erʃˈkʲeːtʲɪs]

144. Frutos. Bagas

fruta (f)	vaĩsius (v)	[ˈvʌɪsʲʊs]
frutas (f pl)	vaĩsiai (v dgs)	[ˈvʌɪsʲɛɪ]
maçã (f)	obuolỹs (v)	[obʊɑˈlʲiːs]
pera (f)	kriáušė (m)	[ˈkrʲæʊʃeː]
ameixa (f)	slyvà (m)	[slʲiːˈva]

morango (m)	brãškė (m)	[ˈbraːʃkʲeː]
ginja (f)	vyšnià (m)	[vʲiːʃˈnʲæ]
cereja (f)	trẽšnė (m)	[ˈtrʲæʃnʲeː]
uva (f)	výnuogės (m dgs)	[ˈvʲiːnʊɑgʲeːs]

framboesa (f)	aviẽtė (m)	[aˈvʲɛtʲeː]
groselha (f) preta	juodíeji serbeñtai (v dgs)	[jʊɑˈdʲiɛjɪ sʲɛrˈbʲɛntʌɪ]
groselha (f) vermelha	raudoníeji serbeñtai (v dgs)	[rɑʊdoˈnʲɛji sʲɛrˈbʲɛntʌɪ]

| groselha (f) espinhosa | agrãstas (v) | [agˈraːstas] |
| oxicoco (m) | spañguolė (m) | [ˈspaŋgʊɑlʲeː] |

laranja (f)	apelsìnas (v)	[apʲɛlʲiˈsʲɪnas]
tangerina (f)	mandarìnas (v)	[mandaˈrʲɪnas]
ananás (m)	ananãsas (v)	[anaˈnaːsas]

| banana (f) | banãnas (v) | [baˈnaːnas] |
| tâmara (f) | datùlė (m) | [daˈtʊlʲeː] |

limão (m)	citrinà (m)	[tsʲɪtrʲɪˈna]
damasco (m)	abrikòsas (v)	[abrʲɪˈkosas]
pêssego (m)	pérsikas (v)	[ˈpʲɛrsʲɪkas]

| kiwi (m) | kìvis (v) | [ˈkʲɪvʲɪs] |
| toranja (f) | greĩpfrutas (v) | [ˈgrʲɛɪpfrʊtas] |

baga (f)	úoga (m)	[ˈʊaga]
bagas (f pl)	úogos (m dgs)	[ˈʊagos]
arando (m) vermelho	bruknės (m dgs)	[ˈbrʊknʲeːs]
morango-silvestre (m)	žémuogės (m dgs)	[ˈʒʲæmʊagʲeːs]
mirtilo (m)	mėlỹnės (m dgs)	[mʲeːˈlʲiːnʲeːs]

145. Flores. Plantas

flor (f)	gėlė̃ (m)	[gʲeː'lʲeː]
ramo (m) de flores	púokštė (m)	['puɑkʃtʲeː]
rosa (f)	rožė̃ (m)	['roːʒʲeː]
tulipa (f)	tùlpė (m)	['tʊlʲpʲeː]
cravo (m)	gvazdìkas (v)	[gvaz'dʲɪkas]
gladíolo (m)	kardẽlis (v)	[kar'dʲælʲɪs]
centáurea (f)	rùgiagėlė̃ (m)	['rʊgʲægʲeːlʲeː]
campânula (f)	varpẽlis (v)	[var'pʲælʲɪs]
dente-de-leão (m)	pienė̃ (m)	['pʲɛnʲeː]
camomila (f)	ramùnė (m)	[ra'mʊnʲeː]
aloé (m)	alijõšius (v)	[alʲɪ'jɔːʃʊs]
cato (m)	kãktusas (v)	['kaːktʊsas]
fícus (m)	fìkusas (v)	['fʲɪkʊsas]
lírio (m)	lelijà (m)	[lʲɛlʲɪ'ja]
gerânio (m)	pelargònija (m)	[pʲɛlʲar'gonʲɪjɛ]
jacinto (m)	hiacìntas (v)	[ɣʲɪja'tsʲɪntas]
mimosa (f)	mimozà (m)	[mʲɪmo'za]
narciso (m)	narcìzas (v)	[nar'tsʲɪzas]
capuchinha (f)	nastùrta (m)	[nas'tʊrta]
orquídea (f)	orchidėja (m)	[orxʲɪ'dʲeːja]
peónia (f)	bijū́nas (v)	[bʲɪ'juːnas]
violeta (f)	našláitė (m)	[naʃ'lʲʌɪtʲeː]
amor-perfeito (m)	daržẽlinė našláitė (m)	[dar'ʒʲælʲɪnʲeː naʃ'lʌɪtʲeː]
não-me-esqueças (m)	neužmirštuõlė (m)	[nʲɛʊʒmʲɪrʃ'tʊalʲeː]
margarida (f)	saulùtė (m)	[sɑʊ'lʲʊtʲeː]
papoula (f)	aguonà (m)	[aguɑ'na]
cânhamo (m)	kanãpė (m)	[ka'naːpʲeː]
hortelã (f)	mė̃ta (m)	[mʲeː'ta]
lírio-do-vale (m)	pakalnùtė (m)	[pakalʲ'nʊtʲeː]
campânula-branca (f)	sniẽgena (m)	['snʲɛgʲɛna]
urtiga (f)	dilgẽlė (m)	[dʲɪlʲ'gʲælʲeː]
azeda (f)	rūgštỹnė (m)	[ruːgʃ'tʲiːnʲeː]
nenúfar (m)	vandeñs lelijà (m)	[van'dʲɛns lʲɛlʲɪ'ja]
feto (m), samambaia (f)	papartìs (v)	[pa'partʲɪs]
líquen (m)	kérpė (m)	['kʲɛrpʲeː]
estufa (f)	oranžèrija (m)	[oran'ʒʲɛrʲɪjɛ]
relvado (m)	gazònas (v)	[ga'zonas]
canteiro (m) de flores	klòmba (m)	['klʲomba]
planta (f)	áugalas (v)	['ɑʊgalʲas]
erva (f)	žolė̃ (m)	[ʒo'lʲeː]
folha (f) de erva	žolẽlė (m)	[ʒo'lʲælʲeː]

folha (f)	lãpas (v)	[ˈlʲaːpas]
pétala (f)	žíedlapis (v)	[ˈʒʲiɛdlʲapʲɪs]
talo (m)	stíebas (v)	[ˈstʲiɛbas]
tubérculo (m)	gumbas (v)	[ˈgʊmbas]
broto, rebento (m)	želmuõ (v)	[ʒʲɛlʲˈmʊɑ]
espinho (m)	spyglỹs (v)	[spʲiːgˈlʲiːs]
florescer (vi)	žydéti	[ʒʲiːˈdʲeːtʲɪ]
murchar (vi)	výsti	[ˈvʲiːstʲɪ]
cheiro (m)	kvãpas (v)	[ˈkvaːpas]
cortar (flores)	nupjáuti	[nʊˈpjɑʊtʲɪ]
colher (uma flor)	nuskìnti	[nʊˈskʲɪntʲɪ]

146. Cereais, grãos

grão (m)	grū́das (v)	[ˈgruːdas]
cereais (plantas)	grūdìnės kultū̃ros (m dgs)	[gruːˈdʲɪnʲeːs kʊlʲˈtuːros]
espiga (f)	várpa (m)	[ˈvarpa]
trigo (m)	kviečiaĩ (v dgs)	[kvʲiɛˈtʂʲɛɪ]
centeio (m)	rugiaĩ (v dgs)	[rʊˈgʲɛɪ]
aveia (f)	ãvižos (m dgs)	[ˈaːvʲɪʒos]
milho-miúdo (m)	sóra (m)	[ˈsora]
cevada (f)	miẽžiai (v dgs)	[ˈmʲɛʒʲɛɪ]
milho (m)	kukurū̃zas (v)	[kʊkʊˈruːzas]
arroz (m)	rỹžiai (v)	[ˈrʲiːʒʲɛɪ]
trigo-sarraceno (m)	grìkiai (v dgs)	[ˈgrʲɪkʲɛɪ]
ervilha (f)	žìrniai (v dgs)	[ˈʒʲɪrnʲɛɪ]
feijão (m)	pupẽlės (m dgs)	[pʊˈpʲælʲeːs]
soja (f)	sojà (m)	[soːˈjɛ]
lentilha (f)	lęšiai (v dgs)	[ˈlʲɛːʃɛɪ]
fava (f)	pupos (m dgs)	[ˈpʊpos]

PAÍSES. NACIONALIDADES

147. Europa Ocidental

| Europa (f) | Europa (m) | [ɛʊro'pa] |
| União (f) Europeia | europiėtis (v) | [ɛʊro'pʲɛtʲɪs] |

Áustria (f)	Áustrija (m)	['aʊstrʲɪjɛ]
Grã-Bretanha (f)	Didžioji Britãnija (m)	[dʲɪ'dʒʲoːjɪ brʲɪ'taːnʲɪjɛ]
Inglaterra (f)	Ánglija (m)	['anglʲɪjɛ]
Bélgica (f)	Bèlgija (m)	['bʲɛlʲgʲɪjɛ]
Alemanha (f)	Vokietija (m)	[vokʲiɛ'tʲɪja]

Países (m pl) Baixos	Nýderlandai (v dgs)	['nʲiːdʲɛrlʲandʌɪ]
Holanda (f)	Olándija (m)	[o'lʲandʲɪjɛ]
Grécia (f)	Graĩkija (m)	['grʌɪkʲɪjɛ]
Dinamarca (f)	Dãnija (m)	['daːnʲɪjɛ]
Irlanda (f)	Aĩrija (m)	['ʌɪrʲɪjɛ]
Islândia (f)	Islándija (m)	[ɪs'lʲandʲɪjɛ]

Espanha (f)	Ispãnija (m)	[ɪs'paːnʲɪjɛ]
Itália (f)	Itãlija (m)	[ɪ'taːlʲɪjɛ]
Chipre (m)	Kìpras (v)	['kʲɪpras]
Malta (f)	Málta (m)	['malʲta]

Noruega (f)	Norvègija (m)	[nor'vʲɛgʲɪjɛ]
Portugal (m)	Portugãlija (m)	[portʊ'gaːlʲɪjɛ]
Finlândia (f)	Súomija (m)	['sʊamʲɪjɛ]
França (f)	Prancūzijà (m)	[prantsuːzʲɪ'ja]

Suécia (f)	Švèdija (m)	['ʃvʲɛdʲɪjɛ]
Suíça (f)	Šveicãrija (m)	[ʃvʲɛɪ'tsaːrʲɪjɛ]
Escócia (f)	Škòtija (m)	['ʃkotʲɪjɛ]

Vaticano (m)	Vatikãnas (v)	[vatʲɪkaːnas]
Liechtenstein (m)	Lìchtenšteinas (v)	['lʲɪxtʲɛnʃtʲɛɪnas]
Luxemburgo (m)	Liùksemburgas (v)	['lʲʊksʲɛmburgas]
Mónaco (m)	Mònakas (v)	['monakas]

148. Europa Central e de Leste

Albânia (f)	Albãnija (m)	[alʲ'baːnʲɪjɛ]
Bulgária (f)	Bulgãrija (m)	[bʊlʲ'gaːrʲɪjɛ]
Hungria (f)	Veñgrija (m)	['vʲɛŋgrʲɪjɛ]
Letónia (f)	Lãtvija (m)	['lʲaːtvʲɪjɛ]

| Lituânia (f) | Lietuvà (m) | [lʲiɛtu'va] |
| Polónia (f) | Lénkija (m) | ['lʲɛŋkʲɪjɛ] |

Roménia (f)	Rumùnija (m)	[rʊ'mʊnʲɪjɛ]
Sérvia (f)	Sèrbija (m)	['sʲɛrbʲɪjɛ]
Eslováquia (f)	Slovãkija (m)	[slʲoˈvaːkʲɪjɛ]

Croácia (f)	Kroãtija (m)	[kroˈaːtʲɪjɛ]
República (f) Checa	Čèkija (m)	[ˈtʂʲɛkʲɪjɛ]
Estónia (f)	Èstija (m)	[ˈɛstʲɪjɛ]

Bósnia e Herzegovina (f)	Bòsnija ĩr Hercegovinà (m)	[ˈbosnʲɪja ir ɣʲɛrtsʲɛɡovʲɪˈna]
Macedónia (f)	Makedònija (m)	[makʲɛˈdonʲɪjɛ]
Eslovénia (f)	Slovènija (m)	[slʲoˈvʲeːnʲɪjɛ]
Montenegro (m)	Juodkalnijà (m)	[jʊɑdkalʲnʲɪˈja]

149. Países da ex-URSS

| Azerbaijão (m) | Azerbaidžãnas (v) | [azʲɛrbʌɪˈdʒaːnas] |
| Arménia (f) | Arménija (m) | [arˈmʲeːnʲɪjɛ] |

Bielorrússia (f)	Baltarùsija (m)	[balʲtaˈrʊsʲɪjɛ]
Geórgia (f)	Grùzija (m)	[ˈɡrʊzʲɪjɛ]
Cazaquistão (m)	Kazãchija (m)	[kaˈzaːxʲɪjɛ]
Quirguistão (m)	Kirgìzija (m)	[kʲɪrˈɡʲɪzʲɪjɛ]
Moldávia (f)	Moldãvija (m)	[molʲˈdaːvʲɪjɛ]

| Rússia (f) | Rùsija (m) | [ˈrʊsʲɪjɛ] |
| Ucrânia (f) | Ukrainà (m) | [ʊkrʌɪˈna] |

Tajiquistão (m)	Tadžìkija (m)	[tadˈʒʲɪkʲɪjɛ]
Turquemenistão (m)	Turkménija (m)	[tʊrkˈmʲeːnʲɪjɛ]
Uzbequistão (f)	Uzbèkija (m)	[ʊzˈbʲɛkʲɪjɛ]

150. Asia

Ásia (f)	ãzija (m)	[ˈaːzʲɪjɛ]
Vietname (m)	Vietnãmas (v)	[vʲɛtˈnaːmas]
Índia (f)	Ìndija (m)	[ˈɪndʲɪjɛ]
Israel (m)	Izraèlis (v)	[ɪzraʲˈɛlʲɪs]

China (f)	Kìnija (m)	[ˈkʲɪnʲɪjɛ]
Líbano (m)	Libãnas (v)	[lʲɪˈbanas]
Mongólia (f)	Mongòlija (m)	[monˈɡolʲɪjɛ]

| Malásia (f) | Malàizija (m) | [maˈlʲɪʌɪzʲɪjɛ] |
| Paquistão (m) | Pakistãnas (v) | [pakʲɪˈstaːnas] |

Arábia (f) Saudita	Saùdo Arãbija (m)	[saˈʊdɔ aˈraːbʲɪjɛ]
Tailândia (f)	Tailàndas (v)	[tʌɪˈlʲandas]
Taiwan (m)	Taivãnis (v)	[tʌɪˈvanʲɪs]
Turquia (f)	Tùrkija (m)	[ˈtʊrkʲɪjɛ]
Japão (m)	Japònija (m)	[jaˈponʲɪjɛ]
Afeganistão (m)	Afganistãnas (v)	[afɡanʲɪˈstaːnas]
Bangladesh (m)	Bangladèšas (v)	[banɡlʲaˈdʲɛʃas]

Indonésia (f)	Indonezijà (m)	[ɪndonʲɛzʲɪʲja]
Jordânia (f)	Jordânija (m)	[jɔrˈdaːnʲɪjɛ]
Iraque (m)	Irãkas (v)	[ɪˈraːkas]
Irão (m)	Irãnas (v)	[ɪˈraːnas]
Camboja (f)	Kambodžà (m)	[kamboˈdʒa]
Kuwait (m)	Kuveĩtas (v)	[kʊˈvʲɛɪtas]
Laos (m)	Laòsas (v)	[lʲaˈosas]
Myanmar (m), Birmânia (f)	Mianmãras (v)	[mʲænˈmaːras]
Nepal (m)	Nepãlas (v)	[nʲɛˈpaːlʲas]
Emirados Árabes Unidos	Jungtìniai Arãbų Emirãtai (v dgs)	[jʊŋkˈtʲɪnʲɛɪ aˈraːbuː ɛmʲɪratʌɪ]
Síria (f)	Sìrija (m)	[ˈsʲɪrʲɪjɛ]
Palestina (f)	Palestìna (m)	[palʲɛsˈtʲɪna]
Coreia do Sul (f)	Pietų Koréja (m)	[pʲiɛˈtuː koˈrʲeːja]
Coreia do Norte (f)	Šiáurės Koréja (m)	[ˈʃæʊrʲeːs koˈrʲeːja]

151. América do Norte

Estados Unidos da América	Jungtìnės Amèrikos Valstìjos (m dgs)	[jʊŋkˈtʲɪnʲeːs aˈmʲɛrʲɪkos valʲsˈtʲɪjɔs]
Canadá (m)	Kanadà (m)	[kanaˈda]
México (m)	Mèksika (m)	[ˈmʲɛksʲɪka]

152. América Central do Sul

Argentina (f)	Argentinà (m)	[argʲɛntʲɪˈna]
Brasil (m)	Brazìlija (m)	[braˈzʲɪlʲɪjɛ]
Colômbia (f)	Kolùmbija (m)	[kɔˈlʲʊmbʲɪjɛ]
Cuba (f)	Kubà (m)	[kʊˈba]
Chile (m)	Čìlė (m)	[ˈtʃʲɪlʲeː]
Bolívia (f)	Bolìvija (m)	[boˈlʲɪvʲɪjɛ]
Venezuela (f)	Venesuelà (m)	[vʲɛnʲɛsʊʲɛˈlʲa]
Paraguai (m)	Paragvãjus (v)	[paragˈvaːjʊs]
Peru (m)	Perù (v)	[pʲɛˈrʊ]
Suriname (m)	Surinãmis (v)	[sʊrʲɪˈnamʲɪs]
Uruguai (m)	Urugvãjus (v)	[ʊrʊgˈvaːjʊs]
Equador (m)	Ekvadòras (v)	[ɛkvaˈdoras]
Bahamas (f pl)	Bahãmų salõs (m dgs)	[baˈɣamuː ˈsalʲoːs]
Haiti (m)	Haìtis (v)	[ɣʌˈɪtʲɪs]
República (f) Dominicana	Dominìkos Respùblika (m)	[domʲɪˈnʲɪkos rʲɛsˈpʊblʲɪka]
Panamá (m)	Panamà (m)	[panaˈma]
Jamaica (f)	Jamáika (m)	[jaˈmʌɪka]

153. Africa

Egito (m)	Egiptas (v)	[ɛ'gʲɪptas]
Marrocos	Marokas (v)	[ma'rokas]
Tunísia (f)	Tunisas (v)	[tʊ'nʲɪsas]
Gana (f)	Gana (m)	[ga'na]
Zanzibar (m)	Zanzibāras (v)	[zanzʲɪ'ba:ras]
Quénia (f)	Kenija (m)	['kʲɛnʲɪjɛ]
Líbia (f)	Libija (m)	['lʲɪbʲɪjɛ]
Madagáscar (m)	Madagaskāras (v)	[madagas'ka:ras]
Namíbia (f)	Namibija (m)	[na'mʲɪbʲɪjɛ]
Senegal (m)	Senegalas (v)	[sʲɛnʲɛ'ga:lʲas]
Tanzânia (f)	Tanzānija (m)	[tan'za:nʲɪjɛ]
África do Sul (f)	Pietų āfrikos respublika (m)	[pʲiɛ'tu: 'a:frʲɪkos rʲɛs'pʊblʲɪka]

154. Austrália. Oceania

Austrália (f)	Austrālija (m)	[aʊs'tra:lʲɪjɛ]
Nova Zelândia (f)	Naujoji Zelandija (m)	[naʊ'jɔ:jɪ zʲɛ'lʲandʲɪjɛ]
Tasmânia (f)	Tasmānija (m)	[tas'ma:nʲɪjɛ]
Polinésia Francesa (f)	Prancūzijos Polinezija (m)	[prantsu:'zʲɪjɔs polʲɪ'nʲɛzʲɪjɛ]

155. Cidades

Amesterdão	Amsterdamas (v)	['amstʲɛrdamas]
Ancara	Ankara (m)	[aŋka'ra]
Atenas	Atėnai (v dgs)	[a'tʲe:nʌɪ]
Bagdade	Bagdādas (v)	[bag'da:das]
Banguecoque	Bankokas (v)	[baŋ'kokas]
Barcelona	Barselona (m)	[barsʲɛlʲo'na]
Beirute	Beirutas (v)	[bʲɛɪ'rʊtas]
Berlim	Berlynas (v)	[bʲɛr'lʲi:nas]
Bombaim	Bombėjus (v)	[bom'bʲe:jʊs]
Bona	Bona (m)	[bo'na]
Bordéus	Bordo (v)	[bor'do]
Bratislava	Bratislava (m)	[bratʲɪslʲa'va]
Bruxelas	Briuselis (v)	['brʲʊsʲɛlʲɪs]
Bucareste	Bukareštas (v)	[bʊka'rʲɛʃtas]
Budapeste	Budapeštas (v)	[bʊda'pʲɛʃtas]
Cairo	Kairas (v)	[kʌ'ɪras]
Calcutá	Kalkuta (m)	[kalʲkʊ'ta]
Chicago	Čikaga (m)	[tʂɪka'ga]
Cidade do México	Meksikas (v)	['mʲɛksʲɪkas]
Copenhaga	Kopenhaga (m)	[kopʲɛnɣa'ga]
Dar es Salaam	Dar es Salāmas (v)	['dar ɛs sa'lʲa:mas]

Deli	Dèlis (v)	['dʲɛlʲɪs]
Dubai	Dubãjus (v)	[dʊ'ba:jʊs]
Dublin, Dublim	Dùblinas (v)	['dʊblʲɪnas]
Düsseldorf	Diùseldorfas (v)	['dʲʊsʲɛlʲdorfas]
Estocolmo	Stòkholmas (v)	['stokʏolʲmas]

Florença	Florèncija (m)	[flʲo'rʲɛntsʲɪjɛ]
Frankfurt	Fránkfurtas (v)	['fraŋkfʊrtas]
Genebra	Ženevà (m)	[ʒʲɛnʲɛ'va]
Haia	Hagà (m)	[ɣa'ga]
Hamburgo	Hàmburgas (v)	['ɣambʊrgas]
Hanói	Hanòjus (v)	[ɣa'nojʊs]
Havana	Havanà (m)	[ɣava'na]

Helsínquia	Hèlsinkis (v)	['ɣʲɛlʲsʲɪŋkʲɪs]
Hiroshima	Hirosimà (m)	[ɣʲɪrosʲɪ'ma]
Hong Kong	Honkòngas (v)	[ɣoŋ'kongas]
Istambul	Stambùlas (v)	[stam'bʊlʲas]
Jerusalém	Jeruzalė̃ (m)	[je'rʊzalʲe:]

Kiev	Kìjevas (v)	['kʲɪjɛvas]
Kuala Lumpur	Kvãla Lùmpuras (v)	['kvalʲa 'lʲʊmpʊras]
Lisboa	Lisabonà (m)	[lʲɪsabo'na]
Londres	Lòndonas (v)	['lʲondonas]
Los Angeles	Lõs Ándželas (v)	[lʲo:s 'andʒʲɛlʲas]
Lion	Liònas (v)	[lʲɪ'jonas]

Madrid	Madrìdas (v)	[mad'rʲɪdas]
Marselha	Marsèlis (v)	[mar'sʲɛlʲɪs]
Miami	Majãmis (v)	[ma'ja:mʲɪs]
Montreal	Monreãlis (v)	[monrʲɛ'a:lʲɪs]
Moscovo	Maskvà (m)	[mask'va]
Munique	Miùnchenas (v)	['mʲʊnxʲɛnas]

Nairóbi	Nairòbis (v)	[nʌɪ'robʲɪs]
Nápoles	Neãpolis (v)	[nʲɛ'a:polʲɪs]
Nice	Nicà (m)	[nʲɪ'tsa]
Nova York	Niujòrkas (v)	[nʲʊ'jɔrkas]

Oslo	Òslas (v)	[oslʲas]
Ottawa	Otavà (m)	[ota'va]
Paris	Parỹžius (v)	[pa'rʲi:ʒʲʊs]
Pequim	Pekìnas (v)	[pʲɛ'kʲɪnas]
Praga	Prahà (m)	[praɣa]

Rio de Janeiro	Rio de Žaneĩras (v)	['rʲɪjo dʲɛ ʒa'nʲɛɪras]
Roma	Romà (m)	[ro'ma]
São Petersburgo	Sankt-Peterbùrgas (v)	[saŋkt-pʲɛtʲɛr'bʊrgas]
Seul	Seùlas (v)	[sʲɛ'ʊ lʲas]
Singapura	Singapū̃ras (v)	[sʲɪnga'pu:ras]
Sydney	Sidnéjus (v)	[sʲɪd'nʲe:jʊs]

Taipé	Taipéjus (v)	[tʌɪ'pʲe:jʊs]
Tóquio	Tòkijas (v)	['tokʲɪjas]
Toronto	Toròntas (v)	[to'rontas]
Varsóvia	Váršuva (m)	['varʃuva]

| Veneza | Venècija (m) | [vʲɛˈnʲɛtsʲɪjɛ] |
| Viena | Víena (m) | [ˈvʲiɛna] |

| Washington | Vãšingtonas (v) | [ˈvaːʃɪŋktonas] |
| Xangai | Šanchãjus (v) | [ʃanˈxaːjʊs] |

www.ingramcontent.com/pod-product-compliance
Lightning Source LLC
Chambersburg PA
CBHW070603050426
42450CB00011B/2962